GÉNÉALOGIE

DE LA

MAISON DE BREHANT

VERSAILLES. — IMPRIMERIE CERF, 59, RUE DU PLESSIS

GÉNÉALOGIE

DE LA MAISON

DE BREHANT

EN BRETAGNE

SCEAU DE GEOFFROI DE BREHANT — MCCCCV.

PARIS

LIBRAIRIE BACHELIN-DEFLORENNE

3, QUAI MALAQUAIS, 3

—

1867

ABRÉVIATIONS

—

Anc. ext. Chev...	Ancienne extraction. Chevalerie.
Col.............	Colonne.
Ev..............	Evêché.
Gén. mss........	Généalogie manuscrite.
Mém. prél........	Mémoire préliminaire.
P...............	Page.
Par.............	Paroisse.
Reg	Registre.
Réf.............	Réformation.
Sgr.............	Seigneur.
T...............	Tome.
V	Voir.

MÉMOIRE PRÉLIMINAIRE

—

L'on avait d'abord pensé à classer ce Mémoire à
la suite de la Généalogie, dont il est le complément
toutes les fois qu'elle donne lieu à des développements
de trop d'étendue pour y trouver place ; mais comme
il contient, en outre, de nombreux renseignements
biographiques sur divers membres de la famille mentionnés dans ladite Généalogie, on a jugé nécessaire
de le mettre préalablement sous les yeux du lecteur.

Tous les auteurs spéciaux qui ont traité de la noblesse bretonne, et les généalogistes en général, sont
d'accord pour affirmer l'origine chevaleresque et l'illustration nobiliaire de la maison de Brehant. L'on
ne s'y arrêtera donc point ici, et avec d'autant plus de
raison qu'il en est question dans l'Introduction à la
Généalogie (Origine et premiers Sujets).

Pour procéder par ordre de date, l'on citera d'a-

bord un passage des *Essais sur Paris* par Saint-Foix
(t. I, p. 176) :

« Rue Sainte-Croix-de-la-Bretonnerie, sous le règne de
» Saint-Louis, il n'y avait encore dans ce quartier que quel-
› ques maisons éparses et éloignées les unes des autres.
» Renaud de Brehant, vicomte de Poodoure et de l'Isle, occu-
» pait une de ces maisons. Il avait épousé, en 1225, la fille de
» Léolyn, prince de Galles, et était venu à Paris pour quelque
› négociation secrète contre l'Angleterre. La nuit du vendredi
» au samedi saint 1228, cinq Anglais entrèrent dans son *ver-*
› *gier*, le défièrent et l'insultèrent. Il n'avait avec lui qu'un
» chapelain et un domestique ; ils le secondèrent si bien que
» trois de ces Anglais furent tués ; deux autres s'enfuirent.
· Le chapelain mourut le lendemain de ses blessures. Brehant,
› avant de quitter Paris, acheta cette maison et le *vergier*, et
· les donna à son brave et fidèle domestique, appelé Galleran.
» Le nom de *Champ-aux-Bretons* qu'on donna au vergier, ou
› jardin, à l'occasion de ce combat, devint le nom de toute la
· rue ; on l'appelait encore, à la fin du XIIIᵉ siècle, la rue du
» Champ-aux-Bretons. »

Saint-Foix n'indique pas la source à laquelle il a
puisé cette anecdote historique, dont l'abbé Lebeuf,
Félibien et Dulaure ne disent rien. Sauval, dans l'*His-*
toire et recherches sur les antiquités de Paris, n'en
parle pas non plus ; mais il rapporte (t. I, liv. 2,
p. 130) que Galleran Breton, porteur, et Orenge, sa
femme, logeaient, en 1260, dans la rue Sainte-Croix-
de-la-Bretonnerie, et il est à croire que ce Galleran
Breton devait être le fidèle serviteur de Renaud de
Brehant, mentionné sous ce nom dans le récit de
Saint-Foix. Maintenant, en supposant le fait exact,
comment admettre que Renaud de Brehant ait appartenu à la branche de l'Isle de préférence à toute autre?
Si, comme on le verra par la suite, il est établi par titres que les premiers sujets du nom de Brehant ont
été vicomtes de Poodoure, ils ne sont par contre qua-

lifiés nulle part vicomtes de l'Isle, si ce n'est dans l'ouvrage de Saint-Foix. D'ailleurs il serait difficile de prouver que la terre de l'Isle, vicomté d'ancienneté dans la paroisse de Ploeuc, existât à la date de 1228. L'abbé Ruffelet se borne à dire que les Brehant de cette branche en étaient possesseurs dès 1426, époque de la première réformation en Bretagne, dans laquelle ils sont compris, époque pareillement où commence leur filiation authentique.

C'est à dater de Jehan de Brehant (I*), qui vivait en 1272, que la filiation des seigneurs de Brehant est littéralement et authentiquement établie. Jehan de Brehant se croisa avec Jean, dit le Roux, duc de Bretagne. Quoique les armes de Brehant ne figurent pas, jusqu'à ce moment, dans les salles des croisades du musée de Versailles, elles possèdent néanmoins un droit incontestable d'y avoir une place. L'on en trouve les preuves : 1° dans un acte de l'an 1110, rapporté par D. Morice au 1er volume des preuves de son Histoire de Bretagne, colonne 552, par lequel Guillaume, fils d'Irfoy de Brehant, fait donation aux moines de Saint-Michel de certaines dîmes « avant d'aller à Jérusalem, » *iturus Jerusalem;* 2° dans un autre acte de 1272 (titres de Boquen), où il est dit que Raoul de Brehant, « à son retour de la Croisade, » donne à l'abbaye de Boquen une dîme, un pré et quelques fiefs. L'on pourrait citer encore à l'appui un acte de 1271, dont il sera parlé plus loin à propos de Sybille de Biaufort, femme de Jehan de Brehant. Le *Dictionnaire historique* de Moréri (édition de 1759), et le

* Les nombres en chiffres romains qu'on rencontrera parfois dans le cours de ce Mémoire correspondent avec ceux indiquant dans la Généalogie les degrés de la filiation.

Dictionnaire généalogique de La Chesnaye-des-Bois et Badier citent les sujets du nom de Brehant qui, selon la tradition et les titres, ont pris part aux Croisades, et cela à une époque (1759 et 1770) où la qualification de *Croisé* n'avait pas encore l'importance nobiliaire qu'elle a acquise depuis l'ouverture de la salle des croisades au musée de Versailles. L'absence de l'écu de Brehant, qu'on a pu y remarquer, doit donc être attribuée uniquement au chef de la famille, qui ne s'est pas trouvé à même de faire, en temps utile, les démarches nécessaires pour en réclamer l'admission.

Jehan de Brehant épousa en premières noces Sybille de Biaufort (Beaufort), fille de monsour Alain de Biaufort. « C'est à tort que quelques auteurs la font » fille de Châteaubriant, attendu qu'à cette époque les » Châteaubriant ne possédaient pas encore la seigneu- » rie de Beaufort (*Gén. mss.*). » D'ailleurs, dans un acte passé en 1272 par Sybille de Beaufort, pendant *le voyage d'outremer* (8ᵉ croisade) de Jehan de Brehant, son mari, il est fait mention de son père, « mon- » sour Alain de Biaufort. » L'auteur de la *Généalogie mss.* dit avoir eu connaissance d'un titre de 1222, scellé d'un écu chargé de trois hermines, dans lequel Alain de Biaufort est qualifié seigneur de Dinan.

La *Généalogie mss.* qu'on vient de citer, et qu'on aura l'occasion de citer souvent, date de la fin du xviiᵉ siècle. En voici le titre : *Mémoires généalogiques de la maison de Brehant, dressés et vérifiés par chartes, titres cartulaires, anciens mémoires, chroniques et autres preuves authentiques citées et rapportées en leur endroit pour éviter un autre tome de preuves. On y trouvera les généalogies de plusieurs* maisons alliées, dont quelques-unes sont péries, et dont on a jugé à propos de conserver la mémoire. Il est nécessaire d'ajouter que cette Généalogie a surtout pour objet la branche de Galinée, de Mauron et de Plélo, et que les autres branches de la famille n'y sont que très-sommairement mentionnées.

Jehan de Brehant, devenu veuf avant 1300, se remaria, mais on ignore le nom de famille de sa seconde femme, « madame Tiphaine ; » on sait seulement, par ces termes de l'acte de partage de 1309, entre les enfants du premier lit de Jehan de Brehant, *les enfants nés et à naître du mariage de ladite dame Tiphaine,* que ce mariage fut fécond.

« On voit par cet acte de partage, » dit encore l'auteur de la *Gén. mss.,* « que la paroisse de Brehant
» était un fief ou féage, et seigneurie de Jehan de Bre-
» hant, hors ce qui avait été donné à l'église par ses
» ancêtres. On lui donne la qualité d'homme gentil,
» qui est la plus relevée pour un homme de grande
» naissance. Les fiefs de Brehant sont appelés ses gen-
» tils, ce qui fait connaître qu'outre la qualité de *che-
» valier,* il possédait des fiefs de chevalerie, c'est-à-
» dire de haubert et d'assise, que, par conséquent, il
» était de ces nobles illustres et de premier rang qui
» se gouvernaient selon l'*Assise,* et qui possédaient de
» ces grands fiefs de *haubert* sur lesquels seuls l'assise
» avait lieu. »

Guillaume de Brehant, dit *Launay,* fils de Pierre, troisième fils de Jehan de Brehant (I), « fut, selon
» la *Gén. mss.,* un chevalier fameux dans les guerres
» du temps de du Guesclin, dont la chronique men-
» tionne en plusieurs endroits Guillaume de Launay,
» employé dans l'ost de Bertrand. »

Il est effectivement cité maintes fois dans le *Romant de Bertrant du Guiesclin* (Bibl. Imp., mss. du fonds de Lancelot, n° 48).

C'est Pierre de Brehant (III), fils puîné de Guillaume, qui forma la branche des seigneurs de Galinée, de Mauron et de Plélo, encore existante, mais sur le point de s'éteindre, et dont il est plus particulièrement question ici et dans la Généalogie qui suivra.

Geoffroi de Brehant (IV), fils aîné de Pierre, épousa en secondes noces Thomine Annor de Penthièvre, fille de Jean Annor de Penthièvre, seigneur de Mouëxigné. Jean Annor de Penthièvre descendait d'Estienne, bâtard d'Estienne, comte de Penthièvre. Il épousa Péronne Annor (*Alias* Alnor), héritière d'une ancienne maison du comté de Lamballe. Son fils prit le nom de sa mère avec celui de Penthièvre, et ses descendants imitèrent son exemple. Quelques-uns d'entre eux ne sont même connus que sous le nom d'Annor. La maison d'Annor de Penthièvre se fondit dans celle de Brehant par le mariage de Geoffroi de Brehant avec Thomine Annor de Penthièvre, unique héritière de tous les biens de sa famille. Les armes d'Annor de Penthièvre étaient *de gueules à une quinte feuille d'hermines.* Dans un sceau de 1346, l'on voit la *quinte feuille* écartelée des armes de Penthièvre, brisées d'une cotice en barre pour indiquer apparemment la bâtardise. « Il est à remarquer que la bâtardise, à cette époque reculée de la féodalité, était en grande estime quand elle prenait son origine dans la haute noblesse, et surtout dans les maisons souveraines. » *(Gén. mss.).* C'est par suite du mariage de Geoffroi de Brehant avec Thomine Annor de Penthièvre que la terre de Belleissue, appelée auparavant La Motte-

Mouëxigné, devint la propriété de la maison de Brehant, qui la conserva pendant plus de deux cents ans.
Belleissue, Beaulieu et Galinée étaient les trois plus
anciennes terres possédées par elle.

> « C'est dans la paroisse de Maroué qu'est situé le manoir
> de Mouëxigné, dit depuis la Motte-Balisson, en raison
> du surnom de *Balisson* assez commun dans la maison de
> Brehant, et depuis par corruption, Bolissuc et Belleissue. »
> (*Gén. mss.*).

Jeanne de Brehant, fille de Geoffroi, épousa Pierre
Jorel et fut la mère de Bertrand Jorel.

> « Bertrand fut mis à mort en mauvaise manière par Jean
> de Lescoüet et Olivier de la Harais. Les enfants de Bertrand
> et de Jacquette de Lesquen, Robin, Bertrand et Julienne
> Jorel poursuivirent la vengeance de ce meurtre et firent
> emprisonner Jean de Lescoüet qui ne recouvra sa liberté
> qu'à l'entrée du duc de Normandie à Moncontour. Le
> 8 mars 1468, à la première arrivée et joyeuse entrée de
> Monseigneur le duc de Normandie en la ville de Moncon-
> tour, on délivra tous les prisonniers chargés de cas,
> confessés ou non-confessés, criminels ou civils, sans que
> jamais sur ce pussent être requis ni repris, entre lesquels
> Jehan de Lescoüet, homicide de Bertrand Jorel, tué l'an
> 1464. » (*D. Morice*, t. III, col. 200). Jean de Lescoüet paya
> par accommodement 620 écus d'or qui furent mis aux mains
> d'Eonnet de Brehant, tant par lesdits sieurs de la Harais
> que par Jean de Lescoüet et Jeanne de la Ville-Marie, sa
> femme. Le sceau de Jorel est un griffon (*Gén. mss.*). »

Jehan de Brehant (VII), connu dans l'*Histoire du
chevalier Bayard* sous la dénomination de *Capitaine
Bonnet*, du nom de sa terre du Clos-Bonnet, ami et
compagnon d'armes de Bayard, se distingua dans les
guerres d'Italie où il commandait mille hommes de
pied « et aux approches seul tué un gaillard gentil-
> homme, le seigneur de Lorges, qui estoit alors lieu-

» tenant du capitaine Bonnet, qui avait mille hommes
» de pied. ».

Guyard de Berville, dans son *Histoire du chevalier
Bayard*, parle d'une brillante affaire avec les Vénitiens, dans laquelle le capitaine Bonnet se fit remarquer par sa bravoure.

« Cette première charge fut vive, dit-il, il y en eut un
» grand nombre de renversés. Le capitaine Bonnet perça d'un
» coup de lance un gendarme de part en part, et des deux cô-
» tés il fut très-bien combattu. »

Le capitaine Bonnet fut présent à la reprise de
Brescia sur les Vénitiens et contribua grandement au
succès de l'entreprise.

« A l'arrivée du duc de Nemours, dit encore Guyard de
» Berville, les Vénitiens, déjà repoussés, abandonnèrent le
» rempart, et feignant de rentrer dans la ville, tentèrent de
» lever le pont, ce qui eût beaucoup retardé les Français ;
» mais ceux-ci les poursuivirent si vivement qu'ils ne leur en
» donnèrent pas le loisir, et entrèrent pêle-mêle avec eux jus-
» que sur la grande Place, où ils trouvèrent toute la cavalerie
» et l'infanterie rangées en bataille. Alors les lansquenets et
» les gens de pied Français firent des prodiges de valeur. Le
» capitaine Bonnet commença l'attaque, qui fut furieuse, et
» où les Français eurent beaucoup à souffrir de la part des
» femmes de la ville, qui, par les fenêtres, les accablaient de
» pierres, de carreaux, d'eau bouillante et de meubles. Le
» combat ne dura guère que demi-heure, sans que les Véni-
» tiens fussent totalement défaits. Il en resta sept à huit mille
» sur la place. »

Mais c'est principalement sur le champ de bataille
de Ravenne, où il resta pour mort, que le capitaine
Bonnet se montra digne de sa renommée.

« Les Français y perdirent le baron de Grammont, les sei-
» gneurs de Maugiron et de Bandassan, qui y avaient fait des
» prodiges ; le capitaine Bonnet y reçut un coup de pique dans
» le front où le fer resta. »

Guyard de Berville parle, p. 159, de Bussy d'Amboise, cousin du Grand-Maître, du seigneur de Bonnet, breton, et de Mipont, « intimes amis de Bayard, « et braves comme lui. » Il est encore question du capitaine Bonnet 1° aux pages 177, 184, 187, 188, 300 et 335 de ce même ouvrage; 2° dans l'*Histoire du chevalier Bayard*, par son secrétaire, le *Loyal Serviteur* (*Recherches sur la France*, d'Etienne Pasquier, Paris, Abraham Paccard, 1616); aux pages 153, 159, 160, 161, 162, 163, 235, 262, 268, 298 et 309 où il est dit, au sujet de la reprise de Brescia : « Le » capitaine Bonnet y feit de grands appertises d'armes. Et sortant de sa trouppe la longueur d'une » picque, marcha droict aux ennemis, et feut aussi » très-bien suivy ; » 3° dans l'*Histoire du chevalier Bayard*, par le prieur de Lonval (Paris, 1702), pages 113, 120, 125, 127, 195 et 197.

Mathurin de Brehant (VIII), fils de Jehan, suivit, comme son père, la carrière des armes, et, comme lui, y acquit la réputation d'un valeureux chevalier. Il fit les guerres de Piémont et d'Italie à la tête de 500 hommes de bandes françaises. Il mourut de ses blessures en son château de Galinée, au mois d'octobre 1538, et fut enterré devant l'autel de la chapelle de Galinée, dans l'église de Saint-Postan. On y voyait encore, au siècle dernier, sa tombe sur laquelle était sculpté l'écu de Brehant, surmonté d'une épée entourée d'un orle d'écussons très-endommagés par le temps.

Dans le cintre de l'ancienne chapelle du château de Galinée, se trouvait aussi une litre rappelant les différentes alliances des seigneurs de Brehant. (*Gén. mss.*; et V. *Estat et procès-verbal de la chapelle du château*

et manoir seigneurial de Galinée, preuves, n° 8).
Cette litre datait de l'époque du mariage de Mathurin
avec Gilette des Cougnets, c'est-à-dire d'environ l'an
1530.

Mathurin de Brehant avait épousé Gilette des Cougnets, dame des Cougnets et de Galinée, héritière de
sa maison. On raconte que Mathurin, ayant voulu for-
cer le seigneur d'Acigné à lui céder la main de Gilette, se battit avec lui, et que le seigneur d'Acigné,
ayant été blessé, passa les monts et alla servir en Italie. Mathurin, dit-on, obligé de s'expatrier pour se
dérober aux accusations et aux poursuites que la disparition de son adversaire lui avait suscitées, le re-
trouva au-delà des Alpes et le contraignit à revenir en
France.

C'est la seigneurie de Galinée qui a donné son nom
à la branche de la maison de Brehant connue sous cette
désignation, parce qu'elle est restée près de 200 ans
dans la famille, n'ayant été aliénée par le comte de
Mauron (XIII. Jean-François-René-Almaric de Brehant) que vers le commencement du XVIII° siècle. Le
comte de Mauron dit, dans ses Mémoires, dont il sera
parlé plus tard :

« J'aurais pu, avec beaucoup d'arrangement et d'économie,
» rembourser peu à peu, sans rien vendre, les emprunts que
» je fus obligé de faire en cette occasion (*l'acquisition de Por-*
» *dic, baronnie d'ancienneté*), et je l'aurais pu, quoiqu'avec
» peine, sur mes revenus, si j'avais bien voulu me retourner
« avec autant d'habileté que je savais le faire, quand je l'avais
» bien entrepris; ce fut même mon dessein dans les commence-
» ments; mais j'eus la faiblesse d'en croire M. Ferrand (inten-
» dant à Rennes) qui me conseilla de me défaire de la terre de
» Galinée pour me libérer et me mettre à mon aise. J'y avais
» beaucoup de répugnance : c'était une des anciennes terres de
» la maison, placée en bon pays et d'un revenu très-sûr. Je

» me laissai persuader et vendis Galinée sans y être contraint
» par une absolue nécessité. J'ai cependant depuis été fâché
» d'avoir laissé sortir de ma maison cette terre qui méritait
» d'y être conservée. »

Elle est appelée alternativement, dans les anciens titres, Galilée et Galinée, mais ce dernier nom a prévalu et a été consacré par l'usage.

« Mathurin de Brehant et Gilette des Cougnets firent une
» fondation aux Augustins de Lamballe qui leur accordè-
» rent une chapelle, avec enfeu, dans leur église, par acte du
» 3 juillet 1534, ratifié par le provincial, le 25 juillet de la
» même année, sur la supplication qui leur en fut faite *ex*
» *parte nobilis et potentis viri domini Mathurini de Brehant.*
» Leurs figures sont représentées dans l'attitude de la prière à
» la principale vitre, l'homme en habit de chevalerie, armé de
» toutes pièces, avec la cotte d'armes chargée de son léopard,
» et la dame en habit de noble dame, sa robe chargée de son
» écusson parti de celui de son mari.
» Gilette des Cougnets (1) était douée de tant de vertus et si
» excellente beauté que la tradition en dure encore dans le
» pays. » (*Gén. mss.*).

Jean de Brehant (IX), fils de Mathurin, ne donne-rait lieu à aucune mention particulière, si son mariage avec Jeanne du Plessis, dame du Plessis-Mauron, de la Morinière, héritière de sa branche par la mort de François du Plessis-Mauron, son frère, tué dans un combat près de Brest, en 1591, ne constituait un fait important dans l'histoire de la maison de Brehant, sous les rapports des avantages matériels et de l'alliance, la maison du Plessis-Mauron (encore existante dans la branche de du Plessis-Mauron de Grenédan) appartenant à une noblesse d'ancienne chevalerie et en haute estime dans la province de Bretagne.

(1) En écrivant des *Cougnets*, maintenant des *Cognets,* l'on s'est conformé à l'orthographe employée dans les titres anciens.

« Les inventaires à la mort de Jean de Brehant, dit la *Gén.*
» *mss.*, sont remplis de grandes richesses ; entre autres un
» fait et conclu le dernier jour de juin 1586, mentionne quan-
» tité de vaisselle d'or et d'argent, des chaînes, boutons, car-
» cans, et bracelets d'or, avec quantité de riches armes, épées,
» corps de cuirasse complets et dorés, brassards, cuissards,
» gorgerins, etc.; quantité de robes et habits de velours de
» toute espèce, tant à l'usage d'homme que de femme ; plu-
» sieurs d'écarlate, de taffetas garnis de broderie et de passe-
» menterie d'or et d'argent ; perles, joyaux, plumes, aigret-
» tes, etc., avec une infinité d'autres meubles. »

Louis de Brehant (X) marcha sur les traces du capitaine Bonnet et de son aïeul, Mathurin de Brehant,
et, à peine sorti de l'enfance, embrassa avec ardeur la
carrière des armes. Voilà ce qu'en dit l'auteur de la
Généalogie manuscrite :

« Louis de Brehant, chevalier, seigneur de Galinée, Belleissue
» et Mouexigné, de la Lande, des Cougnets, Beaulieu, la Sorays,
» la Morinière, la Haye-Bouttier, du Plessis-Mauron, etc., che-
» valier de l'ordre du roi, gentilhomme ordinaire de sa Cham-
» bre, mestre de camp, maréchal de bataille en Allemagne, et
» un des maréchaux de camp de la Ligue, né le 13 avril 1574,
» nommé par Louis de Saint-Méloir, abbé de Saint-Jacut, son
» parent, fit ses premières campagnes au service du roy et y
» estait cornette de la compagnie de chevau-légers de François,
» seigneur du Plessis, son oncle et son tuteur, lorsque celui-ci
» fut tué en 1591. Il eut encore plusieurs commissions et com-
» mandements pour le parti de la Ligue, et, en 1593, une com-
» pagnie de 200 hommes de guerre ; il n'avait alors que dix-
» sept ans. Louis de Brehant fut l'année suivante fait prison-
» nier de guerre par François de Saint-Pern, le seigneur de
» la Motte Basse et Artus de Cabideuc dans une rencontre près
» du château de Montmuran.
» Louis de Brehant fut blessé à la bataille de Craon en 1592,
» et fut depuis encore prisonnier de guerre de François du Val,
» seigneur de Lestang, capitaine des gardes du prince de
» Dombes, duc de Montpensier. Il servit en plusieurs grands
» et considérables emplois. Le duc de Mercœur, général de la
» Ligue en Bretagne, lui donna de plus une compagnie de 200

» hommes de guerre d'infanterie, nonobstant sa compagnie de
» cavalerie qu'il conserva toujours, et à la tête de laquelle il se
» trouva à la défaite de ce régiment dans une rencontre près
» de Maure. Il servit enfin en qualité de mestre de camp et fut
» un des maréchaux de camp de ce parti qui ne finit que par
» la paix qui se fit en 1598. Le duc de Mercœur ayant fait sa
» soumission, présenta au roy Henri IV plusieurs de ses prin-
» cipaux officiers, et Louis de Brehant fut de ce nombre. »

« Henri IV désirait beaucoup marier Louis de Brehant à la
» fille du seigneur de la Roche-Giffard, comme le fait connaître
» la lettre suivante (V. preuves, nº 10); mais ce mariage n'eut
» pas lieu, et l'on croit que la religion en fut l'obstacle. Louis
» de Brehant épousa, l'année suivante, par contrat du 30 dé-
» cembre 1599, Catherine, dame et héritière de Kerlosquet,
» fille aînée de Jean Huby, seigneur de Kerlosquet, la So-
» rays, etc. »

« Le duc de Mercœur qui, méprisant l'oisiveté de la Cour,
» était allé faire la guerre en Hongrie contre les Turcs, manda
» à Louis de Brehant de venir le trouver. Il y alla et y eut des
» emplois considérables. Il y servit même quelques années
» après la mort du duc en qualité de maréchal de bataille. En-
» fin, rompu par les fatigues de la guerre, incommodé de plu-
» sieurs blessures, il fut contraint de se retirer en son château
» de Galinée. Il recueillit la succession de Jeanne du Plessis,
» sa mère, morte en 1621, et la partagea noblement, suivant
» l'assise, avec Hélène de Brehant, sa sœur, et avec Guy du
» Gouray, seigneur de la Coste, et Catherine du Gouray, dame
» de Traus, ses frère et sœur utérins, enfants du deuxième lit
» de sa mère. Louis de Brehant fit son testament en 1624, et
» mourut à Galinée, le 6 avril 1633. »

C'est en faveur de Jean de Brehant (XI), d'abord
capitaine de cavalerie, et ensuite conseiller au Parlement de Bretagne, que la terre de Mauron fut érigée
en baronnie par lettres patentes du mois de mai 1653,
et en vicomté en 1658, selon Toussaint de Saint-Luc.
Jean fit partie des *Commissaires du roi pour la réformation de la noblesse en la province de Bretagne en*
1668.

Il est dit dans la Généalogie qui suivra que Jean-

Claude et Jean-Gilles de Brehant, connu sous le nom de *chevalier de Galinée*, fils puînés de Jean de Brehant (XI), furent pages du roi. L'on n'a pas retrouvé, jusqu'à ce moment, dans les archives de Chabrillan, les brevets à l'appui ; mais il existe un document qui supplée à leur absence, et établit authentiquement le fait. M. P. de Courcy n'ayant pas fait figurer Claude de Brehant et son frère sur la liste des pages du roi et de la reine, insérée au 3ᵉ volume de son *Nobiliaire et Armorial de Bretagne*, l'on a cru nécessaire de réparer cette omission, et avec d'autant plus de raison que cet ouvrage fait autorité, son auteur étant généralement très-exact et bien informé.

Jean-Claude de Brehant, qu'on vient de mentionner, avait épousé Françoise de Bouan, dont il eut, entre autres enfants, Claude-Agatif-Hyacinthe de Brehant, et Jeanne, mariée en 1696 à Charles-René d'Andigné, seigneur de la Chasse. Cet Agatif de Brehant, homme d'esprit, mais d'un caractère bizarre, mourut doyen du Grand-Conseil à l'âge de 80 ans, sans avoir été marié, et laissant après lui une grande fortune. Voici ce qu'en dit l'abbé Lioult, dans une lettre du 14 juillet 1755, à Jean-Almaric de Brehant (XV), comte de Mauron :

« Il ne s'est point trouvé de testament de M. de Brehant, au
» moyen de quoi son bien de Bretagne passe à M. de la Chasse
» d'Andigné l'aîné ; messieurs ses frères, l'abbé et le chevalier,
» n'ont rien parce qu'ils sont cadets : et le bien de Paris, qui
» monte à environ cinq cent mille livres, sera partagé entre
» deux dames bretonnes nommées de Roscanvec et du Bois de
» la Motte, qui étant plus près d'un degré, excluent MM. d'An-
» digné. Personne ne conçoit la façon de penser de M. de
» Brehant d'avoir laissé tout son bien à ces deux dames, et de
» n'avoir fait aucune disposition en votre faveur, ni en faveur

» de MM. d'Andigné. Il a bien soutenu jusqu'à la mort son ca-
» ractère d'homme indéfinissable. »

Les d'Andigné, dont il est question ici, étaient les
neveux d'Agatif de Brehant, c'est-à-dire les enfants de
sa sœur Jeanne de Brehant.

Maurille de Brehant (XII), comte de Mauron et de
Plélo, fils aîné de Jean, épousa Louise de Quélen, héritière de la branche de Saint-Bihi. Cette alliance est
une de celles qui font le plus d'honneur à l'arbre généalogique des Brehant. La maison de Quélen est trop
bien connue et appréciée en Bretagne pour qu'il y ait
lieu d'insister à cet égard. L'on rappellera seulement
que les quatre frères, Eon, François, Christophe et
Jean de Quélen, fils d'Olivier de Quélen et de Jeanne
de Penhoët, prirent part à la septième croisade.

Maurille de Brehant, riche d'au moins 60,000 livres
de rente, était un des plus opulents seigneurs bretons
de l'époque. L'on en peut juger par le montant des
biens de son fils, le comte de Mauron, évalués à l'ouverture de la succession, en 1737, à la somme de
2,266,924 livres, somme très-considérable pour le
temps ; et si l'on s'en rapporte au passage suivant des
Mémoires de ce dernier, cette fortune devait atteindre,
du vivant de son père, un chiffre plus élevé encore :
« Avec une somme d'environ cent mille livres que je
» tirai de la vente de ces terres (la Grée et Belleissue),
» j'achevai de payer les créanciers et de purger nos
» biens de toutes les hypothèques et de toutes les
» dettes que ma mère et mon frère les avaient infec-
» tés. »

Cette brillante position de fortune provenait de ce
que plusieurs membres de la maison de Brehant
avaient épousé, comme il est dit dans la Généalogie,

des héritières d'ancienne noblesse qui leur apportèrent de grands biens.

Maurille de Brehant mourut en 1688, et fut enterré dans l'église des Carmes déchaussés de Rennes où Louise de Quélen, sa veuve, lui fit élever un riche monument. Il fut le père de Jeanne-Marguerite de Brehant (dont il sera parlé plus loin) mariée en 1684 à Charles, marquis de Sévigné.

Louis de Brehant, comte de Plélo, fils aîné de Maurille, qu'il ne faut pas confondre avec son neveu, Louis-Robert-Hyppolite de Brehant, comte de Plélo, nous offre l'opportunité d'entrer dans quelques détails rétrospectifs qui doivent trouver place dans ce Mémoire. Il est dit dans la Généalogie que Jeanne, fille de Geoffroi de Brehant, petite-fille de Guillaume de Brehant (II), épousa Robin du Gouray; mais comment expliquer que ses descendants soient devenus possesseurs des fiefs et de la seigneurie de Brehant-Moncontour, que possédaient les premiers sujets du nom de Brehant dès l'an 1124, comme on le verra dans l'introduction à la Généalogie? L'on en pourrait conclure que Jeanne de Brehant avait été héritière principale et noble de Geoffroy de Brehant, si tout ne prouvait le contraire. Il y a donc lieu de croire, avec l'auteur de la *Généalogie manuscrite*, que ce transfert de la seigneurie de Brehant-Moncontour dans la maison du Gouray a dû s'opérer par suite d'échange ou de quelque traité de famille. Il est rapporté dans l'induction de la maison du Gouray produite à l'époque de la Réformation de la noblesse de 1668, que le capitaine du Mas, aux temps des guerres civiles de Bretagne, força le château de la Coste, y tint garnison, en abattit les bois, et y brûla les titres de cette maison (*Gén.*

mss.). Après cela, il devint impossible d'obtenir des Gouray aucun renseignement positif au sujet du transfert des fiefs de Brehant-Moncontour dans leur famille.

Un des descendants de Robin du Gouray, Jacques du Gouray, fils de Roland, eut pour seconde femme Magdeleine de Brehant, dame de la Ville-Gourantou, comme on le voit par un acte du 18 septembre 1543, et environ cent cinquante ans plus tard, Louis de Brehant, comte de Plélo, épousa Sainte du Gouray, marquise de la Coste, comtesse de Goësbriant, baronne de Sazé, dame de Brehant, sa cousine au quatrième degré par Jeanne du Plessis-Mauron, veuve de Jean de Brehant, qui, comme on l'a dit précédemment, épousa en secondes noces Jean du Gouray, seigneur de la Coste.

« Ainsi, à la suite d'une révolution assez peu ordinaire, la
» terre de Brehant-Moncontour, après plusieurs siècles de
» séparation, rentra par ce mariage dans les mains de ses
» seigneurs naturels (*Gén. mss.*). »

Mais ce ne fut pas pour longtemps, car Louis de Brehant mourut en 1704 sans laisser de postérité. Jeanne-Madeleine du Gouray, sœur puînée de la comtesse de Plélo, fut mariée à Jean Andrault, comte de Laugeron, Grand-Croix de Saint-Louis, lieutenant-général des armées navales et gouverneur de la Charité. La comtesse de Langeron recueillit, à la mort de sa sœur, la comtesse de Plélo, toute la succession de la maison du Gouray dans laquelle se trouvait compris les fiefs de Brehant-Moncontour. Selon Ogée, les Langeron les possédaient encore en 1778.

Le comte de Mauron parle en termes très-dénigrants dans ses Mémoires de sa belle-sœur, la comtesse douairière de Plélo. L'on sait par lui qu'elle était fort en

2

faveur à la cour de Sceaux et que le duc et la duchesse du Maine l'avaient admise dans leur cercle intime.

L'on voit, par ce qui précède, et par la Généalogie, à l'article Jean de Brehant (IX), que les liens de parenté entre les Gouray et les Brehant étaient nombreux et dataient de loin.

Jean-François-René-Almaric de Brehant (XIII), comte de Mauron, fils de Maurille, a écrit des Mémoires dont il ne reste que quelques fragments, le manuscrit original ayant été lacéré dans plusieurs de ses parties, on ne sait pourquoi et quand. Ces Mémoires, étrangers à la politique et à l'Histoire, ne manquent pas d'un certain intérêt comme peinture des idées, des habitudes et des mœurs d'un gentilhomme au commencement du siècle dernier.

Le comte de Mauron fut conseiller au parlement de Bretagne, comme l'avaient été son père, Maurille, et son grand-père, Jean de Brehant. Le comte de Mauron se défit de sa charge, en 1714, pour la somme de 70,000 livres. C'est ici le cas de citer une particularité qui n'est pas sans quelque valeur au point de vue nobiliaire. Avant la Révolution, la noblesse de robe, à Paris et en province, prenait son origine dans la haute bourgeoisie enrichie par le commerce ; aussi cette noblesse était-elle peu considérée, généalogiquement parlant. Quand on parcourt la liste des membres du Parlement de Paris depuis sa formation, c'est à peine si l'on y rencontre quelques noms appartenant à la noblesse de race ou d'épée. Parmi les exceptions, on peut citer les Voyer d'Argenson. Il n'en était pas ainsi du Parlement de Bretagne où les plus anciennes maisons de la province, celles déclarées de vieille extraction, ou admises plus tard aux honneurs de la Cour,

avaient leurs représentants. L'on y voit figurer dans
le nombre, les d'Andigné, de Bec-de-Lièvre, de Boisgelin, du Breil, de Bourblanc, de Bruc, de la Bour-
donnay-Blossac, de Coëtlogon, du Couëdic, de Cornulier, de Châteaubriant, de Derval, du Guesclin, de
Guémadeuc, du Halegoët, Hay des Nestumières, de
Kergu, de Lantivy, de Montbourcher, de la Moussaye,
du Poulpry, de Piré de Rosnyniven, du Plessis d'Argentré, du Plessis-Mauron (de Grenédan), de Quélen,
de Talhouet, etc. Guy le Borgne, dans son *Armorial
de Bretagne,* dit que la charge de conseiller au Parlement était successive de père en fils dans la maison de
Sévigné.

« Ce serait, » dit M. P. de Courcy, « une grande erreur de
» supposer que l'ancienne noblesse dédaignât de faire partie
» du Parlement et de la Chambre des Comptes ; nous y retrou-
» vons souvent, au contraire, les noms les plus illustres de la
» province. »

M. de Courchamps, dans le dernier volume des
Mémoires de Créqui, consacré entièrement à des sujets traitant de la noblesse, ne compte, pour tout le
royaume, que « quarante maisons d'ancienne extrac-
» tion ayant quitté l'épée pour la robe, ou bien ayant
» occupé temporairement des charges de judicature. »
Il fallait qu'il fût bien peu au fait de l'histoire généalogique de la province de Bretagne, car on ne le voit
citer dans sa liste que sept noms seulement de gentilshommes bretons, et parmi eux ne se trouvent ni les
d'Andigné, ni les de Bruc, ni les Coëtlogon, ni les
Châteaubriant, ni les Derval, ni les Du Guesclin, ni les
Sévigné, etc.

Renée du Halegoët, femme de Gilles de Quélen et
mère de Louise de Quélen, mariée en 1654 à Maurille

de Brehant, père du comte de Mauron, était sœur de Philippe du Halegoët, dont la fille, Madelaine du Halegoët, épousa Armand de Cambout, duc de Coislin. Leurs enfants furent Henri du Cambout, évêque de Metz, devenu duc de Coislin, par le décès de son frère aîné, mort sans postérité, et Armande du Cambout, mariée en 1689, à Maximilien de Béthune, duc de Sully, mort pareillement sans enfants en 1712. Le passage suivant des Mémoires du comte de Mauron établit le degré de parenté qui existait entre eux et lui. Il renferme d'ailleurs quelques informations utiles au point de vue de ce Mémoire, et explique à quel titre le marquis de Brehant (XV), et son frère, le comte de Brehant, furent appelés, en 1764, au partage de la succession du duc de Coislin, évêque de Metz.

« J'eus dans ces temps-là un desmeslé fort vif avec la Duchesse de Sully et l'Evesque de Metz son frère. J'étois leur cousin issu de germain, et leur héritier dans les biens maternels aux droits de ma grand'mère qui consistaient en huit belles terres valant environ soixante mille livres de rente. Un jour que j'avois disné avec la Duchesse à l'Hostel de Sully, elle me dit après bien des façons, qu'elle ne sçavait comment m'annoncer une chose qu'elle venoit de faire, mais qu'enfin il valoit mieux que j'apprisse d'elle que de tout autre, qu'elle venoit de vendre sur une procuration de son frère, tous les biens de leur mère, et dont après eux je devois un jour hériter. Je lui dis que je n'avois nul droit de le trouver mauvais, et que chacun faisoit de son bien ce qu'il vouloit, mais que je ne pouvois me dispenser de retirer par retrait lignager quelques-unes de ces terres qui estoient trop à ma bienséance pour les laisser échapper. Eh mais, me répondit-elle, que ne le disiez-vous? je vous les aurois vendues préférablement à tout autre. On ne se presse guère, lui dis-je, d'acheter les terres dont on doit hériter; mais puisqu'elles sont vendues, je suis dans la nécessité de faire valoir mes droits. Puis-je sçavoir de vous, Madame, avec qui vous avez traité, et qui est l'acquéreur? Oh ! mon cousin, reprit-

» elle, je ne veux pas que vous l'inquiétiez, c'est M. Croizat.
» Eh bien, lui répondis-je, M. Croizat, soit; il ne fera pas
» apparemment difficulté de me laisser ce que je lui demande,
» pour le même prix qu'il l'a eu de vous. C'est ce que je ne
» crois pas, reprit-elle, et je ne vous conseille pas mesme de
» le lui proposer. J'en veux estre éclairci dans le moment, lui
» dis-je, et de ce pas je vais m'en expliquer avec lui. J'allai
» effectivement chez Croizat qui fut choqué de la proposition
» que je lui fis de me céder les terres de Beaumanoir, de la
» Villepied et de Chef du Pont. Il me dit qu'il ne pouvoit con-
» sentir à un démembrement aussi considérable de son acqui-
» sition et qu'il aimoit mieux y renoncer et qu'il croyait que
» je me contenterais de quelque lopin (c'est le terme dont il
» se servit). Me prenez-vous, lui dis-je fièrement, pour un
» homme à lopins? si je vous en laisse quelque chose, c'est que
» cela ne me convient pas. Je parvins à me faire craindre au
» point que pour se garantir de mes prétentions, il donna
» trois mille pistoles à Mme de Sully pour l'engager à couvrir
» de son nom tous les retraits lignagers que je voudrois faire
» sur les terres contenues en son contrat d'aquest, parce qu'en
» Bretagne, où elles sont situées, le retrait appartient au plus
» proche parent, par conséquent la sœur l'emporte sur le
» cousin germain, jurant que c'est sans fraude et sans collu-
» sion. Ce traité estoit secret, et il étoit de mon interest de le
» rendre public pour le détruire, estant contre l'équité natu-
» relle et contre la conscience et les loix qui défendent de
» prester son nom en pareille occasion, et qui obligent mesme
» tout retrayer de jurer qu'il retire de bonne foy et pour lui.
» La Duchesse, en faveur des pistoles de Croizat, se presta à
» tous ses desseins, au préjudice de son honneur et au hasard
» d'un faux serment. Aussi quand je voulus agir contre Croizat,
» je trouvai la Duchesse en teste qui demanda le retrait à mon
» préjudice. Il lui estoit dû sans conteste, et il ne restoit que
» la voye de prouver son intelligence avec Croizat... En somme
» tout ce que je pus faire, ce fut d'obtenir par accommodement
» la terre de la Villepied qu'on sçavoit bien que je ne laisserais
» pas échapper estant enclavée dans ma seigneurie de Plélo,
» et qu'on me céda sur le mesme pied que Croizat l'avoit
» achetée par le contrat d'aquest. »

Le comte de Mauron, en participation avec son
beau-frère, Paul Hay, baron de Tizé et des Nétumières,

et son cousin, Agatif-Hyacinthe de Brehant, plus tard doyen du Grand-Conseil, recueillit, en 1713, la succession de sa tante, Marguerite de Brehant, baronne du Poulpry, morte cette même année à Saint-Pol-de-Léon. Il fait un récit piquant, dans ses Mémoires, de son entrée en possession de cet héritage :

« Nous arrivâmes à Mauron et peu de jours après à Rennes, où » j'appris la mort de la Baronne de Poulpry, ma tante, morte à » Saint-Pol, au fond de la Basse-Bretagne. C'estoit une femme » difficile à définir, mélancolique, toujours mécontente sans » sçavoir de quoy, louangeuse éternelle des gens du temps » passé. Sa conscience estoit gouvernée par un de ces orgueil- » leux ecclésiastiques insatiables de legs et de fondations, sans » quartier pour les familles. Ses affaires estoient entre les » mains d'un insigne fripon, procureur fiscal dans sa terre de » Kérouzeré, et qui trafiquoit publiquement des droit   des » titres de sa terre. Sa personne d'ailleurs et sa maison e oient » sous la domination d'une vieille parente acariâtre nommée » Ker****, qui persuadée qu'on ne pouvoit assez récompenser » l'honneur qu'elle faisoit à ma tante de la gouverner, se ré- » compensoit par ses mains, et usoit des biens de sa pupille » comme des siens propres : Voilà au vray l'estat où elle estoit lors » de sa mort. On m'escrivit que tout se dissipoit, qu'il se pas- » soit peu de nuits qu'on n'enlevast des charretées de meubles, » et que ma présence estoit nécessaire. J'en donnai avis à » Messieurs de Brehant et de Tizé qui y avoient quelque inté- » rêt, et sans me presser, je me rendis à Saint-Pol et descendis » à la Galère, qu'on me dit estre la bonne auberge du lieu. » Je fus à peine hors de ma chaise qu'un vieux gentilhomme, » nommé Kermenguy, qui passoit, et qui me reconnut aux » housses de mes chevaux de main, me vint dire que j'ignorois » apparemment avoir une belle maison dans Saint-Pol, et qu'il » m'y conduiroit si je le souhaitois. Je lui avouai que je ne » le scavois pas en effet, et y allai avec lui. Nous trouvasmes » les portes fermées, et nous sonnasmes comme dans un » couvent. Une vieille sœur en noir, avec une croix d'argent » au col, nommée Marguerite, vint nous ouvrir, et avec une fi- » gure béate nous mena dans une salle basse ou nous trouvasmes » la demoiselle de Ker****, fille d'esprit rustique et de figure » baroque, qui nous reçut d'un air embarrassé. La présence

» de l'héritier de ces biens, dont elle s'estoit fait une douce
» habitude de jouir depuis longtemps, parut la gêner.

» A peine fus-je assis, qu'en sanglotant elle me présenta un
» papier qu'elle m'assura estre le testament de ma tante. Je le
» pris, et ayant jeté les yeux dessus, je lui dis que ce n'estoit
» qu'un projet sans date et non signé. Il est vray, Monsieur,
» me dit-elle, mais il auroit eu toutes ses formes si Madame
» n'avoit pas esté surprise, et vous estes trop généreux pour
» manquer à vostre devoir pour quelque défaut de formalité.
» Mon devoir, lui répondis-je, est d'en conférer avec mes cou-
» sins qui ont interest dans la succession, et je mis l'escrit entre
» les mains d'un homme d'affaires. Comme ce mémoire testa-
» mentaire estoit farci de legs et de donations à la Ker****,
» elle fut outrée de l'air dont je parus la rebuter. Je demandai
» si la maison où nous estions avoit un nom, si elle avoit des
» dépendances et depuis quand ma tante l'avoit achetée. On me
» dit qu'elle s'appeloit le Manoir des Salles, qu'il y avoit de
» beaux jardins et un parc assez considérable avec de grandes
» terrasses toutes en vue de la mer. La Ker*'**, rouge comme
» écarlate, reprit que c'estoit une belle bicoque, et que quand
» Madame la lui avait donnée et à sa sœur Marguerite, elle
» croyoit leur avoir fait un gros présent parce qu'elle l'aimoit,
» mais que dans le fond ce n'estoit pas grand'chose. Comment,
» Mademoiselle, interrompis-je, cecy est à vous? Ouy, Monsieur,
» répondit-elle, et elle tira d'une armoire un papier qu'elle
» me présenta d'un air moqueur, en me disant, pour celuy-cy
» il est en bonne forme et vous n'aurez point à en conférer...

» Mes cousins estant arrivés, nous delogasmes au plus vite,
» d'une maison qui n'estoit plus à nous pour aller à Kerouzéré,
» principal effet de cette succession. Nous trouvasmes un beau
» et grand chasteau bâti à l'antique, avec tours et mâchicoulis,
» grands fossés, fermé de murs, et de belle apparence sur le
» bord de la mer, entre deux gros bouquets de bois, avec plu-
» sieurs paroisses de sa dépendance, mais presque sans meu-
» bles et fort indigent de réparations.

» Je craignois fort que nous ne pussions nous accommoder
» à l'amiable sur nos partages, et les deux hommes avec qui
» j'avois à faire estoient d'espèce si différente que je ne croyois
» pas pouvoir terminer avec eux sans ministère de justice ;
» Brehant, homme de beaucoup d'esprit, mais dur à l'excès,
» me faisoit tout craindre de sa part, et l'autre, Tizé, ne me
» faisoit espérer rien de mieux de sa part. Cependant après

» bien des difficultés de la part de Tizé, mes conditions furent
» acceptées. Je rachetai leurs tiers d'une somme d'argent,
» moyennant laquelle je me trouvois subrogé dans leur part et
» portion, et toute la terre de Kerouzéré me demeura sans
» division et sans partage. Ce traité, bon en apparence, tout
» avantageux pour moi et qui mettait dans la famille un gros
» chasteau avec une belle baronnie, me jetta dans des embar-
» ras qui m'ont pensé désespérer par l'énorme désordre où
» estoit cette terre. Fiefs mouvances, franchises, chef-rentes
» et jusqu'aux droits honorifiques, tout y estoit en contesta-
» tion. Plus de prières nominales, plus de litres, une juridic-
» tion qui faisait horreur, un vrai coupe-gorge où la justice
» se trafiquoit ouvertement, etc. »

Cette terre de Kerouzéré, principal effet de la succession, était une baronnie d'ancienneté, dont le château est célèbre dans l'histoire de la Ligue en Bretagne par le siége qu'il soutint contre les ennemis du
roi.

L'on regrette que le manque d'espace ne permette
pas d'insérer dans le cours de cette notice quelques
autres passages des Mémoires du comte de Mauron,
dignes peut-être d'une mention particulière, et qu'on
doive se borner à des citations d'un intérêt purement
de famille.

La lettre autographe suivante de D. Lobineau au
comte de Mauron a été retrouvée dans les Archives de
Chabrillan.

« Dès que vous convenez des principes, Monsieur, je n'ai
» plus de morale à vous faire, puisqu'il ne s'agit plus de rai-
» sonner conséquemment et que personne ne raisonne mieux
» que vous. D'ailleurs vous peignez si bien votre estat dans
» le style de Saint-Paul que je ne doute plus que vous ayez vu
» les cieux ouverts comme lui; ainsi si vous m'offrez vostre
» témoignage pour ma canonization, je commence de mon
» costé à compter sur la vostre. Ce sera un grand sujet de
» consolation pour nos Bretons de voir un Saint-Brient dans
» le catalogue de leurs saints. Je m'offre dès à présent d'estre

» vostre Albert le Grand, et je commencerai la légende par
» adopter tout ce que vous me dites sur les Brient, à quoi j'a-
» jouterai que je crois qu'ils ont esté vicomtes de Poodouro, à
» cause d'un certain *Alanus Brientii filius Pooduriæ Vicomes*
» qui vivait en 1184, et qui fut père de Geoffroi Balisson : je
» pense que ce système embellirait le vostre sans le détruire.
» Vous en jugerez mieux que moi sur la connaissance que
» vous avez des lieux et des tenants et aboutissants. Pour ce
» qui regarde M. de Piré, il est fâcheux pour moi que vous
» me croiiez ou peu sincère ou de mauvais goust. De vous
» avouer aussi que je suis railleur, c'est ce que je ne ferai pas,
» de peur que vous n'eussiez l'indiscrétion de l'aller dire à la
» partie intéressée. Mais enfin prenez garde de ce que vous
» ferez de votre petit Mauron. Si vous le mettez dans la toge,
» je saurai bien vous demander que seront devenus ces beaux
» sentiments que vous me marquez. Il y a encore du temps
» d'ici là, et les années pourront bien vous les faire oublier.
» Ce que je souhaite que vous n'oubliiez jamais, c'est que je suis
» avec tout le respect et la reconnaissance possible, Monsieur,
» vostre très-humble et très-obéissant serviteur.

» LOBINEAU.

» Aux Blancs-Manteaux, le 29 janvier 1707. »

A quoi cette lettre fait-elle allusion? il serait difficile de le dire d'une manière précise, car il n'a été découvert aucun autre document de nature à en donner
l'explication. L'on avait d'abord pensé qu'il s'agissait
de quelque personnage du nom de Brehant qui, à une
époque reculée, se serait fait remarquer par sa grande
piété et ses vertus, et l'on s'attendait à le voir figurer,
à ce titre, dans l'*Histoire des Saints de Bretagne* de
D. Lobineau. Cette attente a été déçue ; l'ouvrage du
savant bénédictin, qu'on a compulsé attentivement,
ne mentionne aucun saint breton, aucune personne
d'une éminente piété du nom de *Brient* ou *Brehant*.
Le dom Briant dont parle le père Lobineau dans la
Vie du R. P. Maunoir, et qui vivait en 1647, n'a évidemment aucune connexité avec l'objet de sa lettre.

L'auteur de ce Mémoire se rappelle très-bien avoir vu, chez son père, au sortir du collège, deux gros volumes in-f°, manuscrits, d'une grande et belle écriture du commencement du siècle dernier, qui très-probablement devaient être la légende que D. Lobineau s'était proposé d'écrire ; mais il (l'auteur) était alors à une époque de la vie où il est rare qu'on ait le goût des lectures sérieuses et des vieux livres, où le présent offre trop de séductions pour qu'on se préoccupe beaucoup du passé ; aussi n'a-t-il fait que parcourir à la hâte ce manuscrit qui traitait longuement des Brehant des premiers temps. Quel en était le sujet ? Ses souvenirs sont trop fugitifs sur ce point pour qu'il lui soit possible de le dire après tant d'années écoulées. Il a depuis lors disparu, et l'on n'en a pas trouvé de traces au décès du marquis de Brehant, ce qui est fort à regretter si, comme on le présume, D. Lobineau en était l'auteur.

Le comte de Mauron, antérieurement à la mort de Louis de Brehant, comte de Plélo, son frère aîné, et quand il n'était encore que fils puîné, avait dû épouser, en 1693, Françoise de Brehant, fille de Louis-Antoine de Brehant (X) vicomte de l'Isle (V. Branche H), mais ce mariage n'eut pas lieu, et Françoise se fit religieuse. Le comte de Mauron ne parle pas de cette union projetée dans les fragments de ses Mémoires qui ont été conservés.

Le marquis de Sévigné, beau-frère du comte de Mauron, est un personnage trop connu pour qu'il soit nécessaire de s'y arrêter antérieurement à son mariage. Ce n'est donc qu'à partir de ce moment qu'il en sera question. Voici ce qu'en dit la *Biographie bretonne* :

« La Providence unit à son sort une femme pieuse, simple

» et instruite, qui opéra sa conversion complète; mademoiselle
» Jeanne-Marguerite de Brehant-Mauron, devenue le 8 fé-
» vrier 1684, marquise de Sévigné, donna le goût des choses
» sérieuses à son mari qui, revenu de ses égarements et avide
» de repos, répara les désordres de sa jeunesse par une vie
» austère et chrétienne, consacrée à l'étude et à la pratique
» des vertus. Il s'éloigna le plus possible du monde, où il
» avait rencontré tant de séduisants périls, et sa femme l'en-
» couragea par son exemple à vivre dans la retraite... Après
» son mariage, Charles de Sévigné se fixa aux Rochers, où
» l'on vint le chercher, en 1689, pour commander l'arrière-
» ban de la noblesse bretonne, nomination qui, d'ailleurs, ne
» l'obligea à rien. Le séjour de la campagne ne suffisant pas à
» leur désir de vivre seuls, les deux époux se décidèrent à se
» retirer à Paris, dans le faubourg Saint-Jacques, où le mar-
» quis mourut sans enfants, le 24 mars 1713, après avoir expié
» ses fautes par vingt-quatre années d'une vie humble, obs-
» cure et mortifiée. »

Madame de Sévigné a tracé le portrait suivant de
sa belle-fille dans une lettre adressée le 1er octobre 1684 à la comtesse de Grignan :

« Mon fils vient de partir pour Rennes. Sa femme est autour
» de moi, entendant très-bien la partie que je fais avec elle
» de ne la voir qu'aujourd'hui. J'ai passé la matinée dans les
» bois avec mon abbé Charrier; elle y va présentement et je
» vais écrire : je vous assure que cela est fort commode. Elle
» a de très-bonnes qualités, du moins je le crois ; mais dans le
» commencement je ne me trouve disposée à la louer que par
» les négatives ; elle n'est point *ceci*, elle n'est point *cela*. Elle
» vous fait mille jolis compliments, elle souhaite d'être aimée
» de nous, mais sans empressement ; *elle n'est donc point em-*
» *pressée*. Je n'ai que ce ton jusqu'ici : elle ne parle pas breton,
» elle n'a point l'accent de Rennes. »

Et, quelques jours après, elle ajoute :

« Mon fils revient aujourd'hui de Rennes : en son absence
» j'ai causé avec sa femme, je l'ai trouvée toute pleine de
» raison, entrant dans toutes nos affaires du temps passé,
» comme une personne, et mieux que toute la Bretagne ; c'est
» beaucoup de n'avoir pas l'esprit *fichu*, ni de travers et de
» voir les choses comme elles sont. »

La marquise Charles de Sévigné, en se séquestrant de la société, obéissait autant aux exigences d'une santé délicate qu'aux scrupules d'une dévotion peut-être exagérée. Si l'on en juge par les passages suivants de la correspondance de madame de Coulanges avec madame de Grignan (années 1702 et 1703), ses amis du monde ressentaient vivement sa persistance à les éviter.

« Il y a longtemps que je n'ai vu madame votre belle-sœur ; » elle a des vapeurs, et quand cela est ainsi, elle est seule sur » son lit. Je lui ferai vos reproches. . Il y a trois mois que je » n'ai vu madame votre belle-sœur ; j'ai été des derniers avec » qui elle a rompu, mais elle ne veut plus de moi, il ne faut » s'en faire accroire... Vraiment, madame, une maison de » campagne n'est pas une retraite digne d'une dévote ; on ne » trouve pas le père Gaffarel à la campagne, et il est vis-à-vis » de la porte où habitera M. de Sévigné : je suis en peine de ce » dernier ; sans sa docilité ce serait un homme perdu ; mais » aussi sans sa docilité n'irait-il point habiter le faubourg » Saint-Jacques... Madame votre belle-sœur est établie au fau- » bourg Saint-Jacques, et monsieur votre frère ira y descen- » dre en arrivant de Bretagne. Je suis persuadé qu'il va être » le compagnon du père Massillon. Les dévots sont, en vérité, » plus heureux que les autres, je les envie, et je voudrais bien » les imiter. »

Si les parents de la marquise Charles de Sévigné n'eurent pas toujours à se louer d'elle en matière d'affaires d'intérêt, c'est un reproche qu'on ne peut lui adresser relativement à sa belle-mère, comme il résulte d'une note annexée à la lettre de madame de Sévigné du 1er mars 1684 (édition de 1818, Blaise) ; mais son frère, le comte de Mauron, et sa nièce, ma-dame de Simiane, la trouvèrent rien moins que bien disposée en leur faveur dans deux circonstances im-portantes. Une lettre de madame de Simiane, en date du 12 juin 1733, mentionne ses griefs contre la marquise Charles de Sévigné qu'elle désigne sous la dénomination d'*une vieille tante*, et en ce qui touche le comte de Mauron, l'extrait suivant de ses Mémoires expliquera suffisamment en quoi il a eu à se plaindre de sa sœur.

« Le marquis de Sévigné qui, après bien de l'ennui et des
» tracasseries essuyées en province, s'en était dégoûté et s'é-
» tait retiré à Paris avec ma sœur, pour mener une vie tran-
» quille et chrétienne, y mourut dans ce temps-là sans enfants,
» et laissa la lieutenance de roi au pays Nantais vacante par
» sa mort. Comme je n'étais occupé qu'à procurer à ma fa-
» mille toutes sortes d'avantages et d'établissements considéra-
» bles, je crus qu'il ne fallait pas laisser sortir de nos mains
» une charge honorable sur laquelle j'avais de si grands
» droits. J'étais libre depuis quelque temps, et tous mes en-
» gagements avec les parlementaires de Bretagne étaient rom-
» pus ; ainsi je pris mes mesures et me donnai les mouve-
» ments nécessaires pour obtenir cet emploi. Je trouvai du
» côté de la Cour toutes les facilités imaginables, et je fus sur-
» pris dans les premières démarches que je fis de ce côté-là de
» voir qu'on me souhaitait autant dans cette charge que je dé-
» sirais moi-même d'y être. Le bureau était si prévenu en ma
» faveur que je n'eus qu'à me présenter pour en obtenir l'a-
» grément, et cela fut si public qu'en revenant et passant à
» Nantes, on m'en fit des compliments. J'avouerai toujours
» avec plaisir et avec reconnaissance que j'en eus la principale
» obligation au maréchal de Chasteaurenaud, commandant en
» Bretagne, qui m'aimait fort, qui témoigna me souhaiter
» avec empressement, et qui en écrivit en Cour, avec de
» grands éloges de moi. Il ne manquait plus à la conclusion
» de cette affaire que de m'accommoder avec ma sœur et le
» marquis de Simiane, geôlier de mon beau-frère : il ne de-
» vait pas s'y trouver de grandes difficultés, en prenant cette
» charge sur le pied de la première finance ; mais avec les
» esprits difficiles tout est difficulté. Ma sœur me traversa en
» tout et me fut si contraire par des intérêts mal entendus,
» qu'elle ne voulut entrer en aucun accommodement avec
» moi ; ainsi mon projet, malgré des mesures si bien prises,
» échoua, et mes espérances s'évanouirent. »

La marquise Charles de Sévigné était évidemment

une femme de sens et de jugement, possédant des qualités essentielles, mais plutôt faites pour attirer l'estime
que la sympathie. Et quel contraste entre elle et son
illustre belle-mère ! Celle-ci toujours si naturellement
gaie, d'humeur si avenante, de dispositions si so-
ciables ; l'autre froide, mélancolique, sans entrain,
fuyant le monde, et plongée dans les pratiques de la
plus haute dévotion, surtout à la fin de sa vie. Il ne
pouvait guère exister des rapprochements bien intimes
entre deux caractères composés d'éléments si divers,
et madame de Sévigné ne devait pas ressentir un at-
trait bien vif pour une personne sur le compte de laquelle elle s'exprime comme il suit :

« Ma belle-fille n'a que des moments de gaîté, car elle est
» tout accablée de vapeurs ; elle change cent fois le jour de
» visage, sans en trouver un bon ; elle est d'une extrême déli-
» catesse ; elle ne se promène quasi pas ; elle a toujours froid;
» à neuf heures du soir elle est toute éteinte, les jours sont
» trop longs pour elle, et le besoin qu'elle a d'être paresseuse,
» fait qu'elle me laisse toute ma liberté afin que je lui laisse la
» sienne ; cela me fait un extrême plaisir. » (Lettre du 24 septembre 1684).

L'on ne connaît de la marquise Charles de Sévigné
que deux lettres intercalées dans la correspondance de
sa belle-mère des 9 juin et 26 octobre 1689. Il est
pourtant à présumer que madame de Sévigné a dû recevoir occasionnellement des lettres d'elle et y ré-
pondre. Cependant ces lettres n'ont pas été retrouvées,
non plus que celles de madame de Sévigné. Cette dernière circonstance est surtout fort à regretter. L'on
avait lieu de penser que si ces lettres existent quelque
part, ce ne pouvait être qu'entre les mains de M. le
marquis de Chabrillan, détenteur légal de la plus
grande partie des titres et papiers de la maison de

Brehant, comme il sera dit plus tard ; mais toutes les recherches faites à cet égard par M. de Chabrillan n'ont eu d'autres résultats que la découverte d'une lettre de madame de Sévigné écrite, à l'époque du mariage de son fils, à Maurille de Brehant, père de Jeanne-Marguerite.

La famille de Brehant possédait encore il y a environ trente ans un portrait presque en pied et de grandeur naturelle, peint par Largilière, et portant cette inscription de l'époque : *Jeanne de Brehant, femme de Charles, marquis de Sévigné*, 1703. Ce portrait, par suite de circonstances qu'il est inutile de mentionner ici, était resté en dépôt chez un ami de la famille. Elle avait donc tout lieu de le croire en sûreté ; mais elle se trompait grandement à cet égard, car lorsqu'elle le réclama quelques années plus tard, il lui fut répondu qu'on ne savait ce qu'il était devenu, et qu'après les minutieuses perquisitions dont il avait été inutilement l'objet, il devenait impossible de faire droit à sa demande. Comment expliquer la disparition d'un tableau de deux mètres de long sur un mètre et demi de large, et signé *Largilière?* Cela est difficile en effet ; aussi rien d'étonnant qu'on n'ait point été entièrement satisfait de la réponse du dépositaire. La famille a beaucoup regretté la perte de ce portrait auquel elle attachait un grand prix parce qu'il était celui d'une personne tenant de près à madame de Sévigné et à son fils. Puisse-t-il être tombé en bonnes mains !

Tous les biographes de madame de Sévigné ont ignoré la date du décès de sa belle-fille, la marquise Charles de Sévigné : grâce à M. le marquis de Chabrillan, possesseur des papiers de la succession de Jeanne de Brehant, marquise de Sévigné, l'on a été à même de remplir cette lacune dans la Généalogie qui suivra.

Passons maintenant au comte de Plélo, fils aîné du comte de Mauron :

« Louis-Robert-Hippolyte de Brehant (XIV), comte de Plélo,
» né à Rennes en 1699, était issu du premier mariage de Jean-
» François-René-Almaric de Brehant, chevalier, comte de
» Mauron et de Plélo, et de dame Catherine-Françoise Lefebvre
» de la Faluère, fille du premier président du Parlement de
» Bretagne de ce nom. Sous-lieutenant des gendarmes Fla-
» mands en 1717, colonel du régiment de dragons de son
» nom, il vint fort jeune à Paris et épousa Louise Phelypeaux,
» sœur du comte de Saint-Florentin, depuis duc de la
» Vrillière, dont il n'eut qu'une fille mariée, en 1740, au
» duc d'Aiguillon.

» Il profita des loisirs de la paix pour étudier les lettres et
» les langues anciennes et vivantes. Ce fut pour se familiari-
» ser avec l'anglais qu'il traduisit l'*Essai sur le poème épique*
» que Voltaire avait composé dans cette langue pour servir
» de préface à son poème de la *Ligue*, édition de Londres,
» 1728, in-4°. La traduction de Plélo, revue plus tard par
» Voltaire, qui y fit des changements et additions, a été insé-
» rée par ce dernier dans l'édition de ses œuvres, publiée en
» 1742, 5 vol. in-12. Tel est, du moins sur ce point, le témoi-
» gnage de l'abbé Desfontaines, à qui cette traduction fut
» longtemps attribuée, et qui en fait honneur au comte de
» Plélo dans un écrit publié en 1739. (Goujet, t. 3, p. 178.)

» A l'époque où Plélo se livrait à ce travail, il était un des
» membres les plus assidus de la société de l'*Entresol*, com-
» posée de personnages du grand monde, tous fort instruits,
» entre autres de lord Bolingbroke, de l'abbé de Saint-Pierre,
» du marquis d'Argenson, etc. Le nom de cette société lui ve-
» nait d'un joli appartement loué à la place Vendôme, dans
» l'hôtel du président Hénault, par l'abbé Alary, de l'Acadé-
» mie française, et précepteur du Dauphin. L'abbé Alary de-
» vint le fondateur et le président de cette Société. On s'as-
» semblait une fois par semaine en hiver, et l'été, on se
» réunissait dans le jardin des Tuileries pour y causer à l'é-
» cart. Là, on s'occupait de recherches historiques, de droit
» public et des nouvelles politiques les plus intéressantes. Le

» cardinal de Fleury protégea d'abord très spécialement cette
» petite académie, qui ne tarda pas à être un objet d'intérêt et
» de curiosité pour les salons de la capitale. Des choix furent
» faits dans son sein pour des emplois publics du premier or-
» dre. L'influence qu'elle exerçait finit par causer de l'ombrage
» au cardinal, qui lui interdit de s'occuper de politique, mais
» dont les défenses furent éludées.

» Le comte de Plélo participa activement aux réunions de
» cette Société à laquelle il fournit des travaux dont la variété
» atteste la flexibilité de son esprit. Bon mathématicien, il fai-
» sait avec méthode et précision des observations astronomi-
» ques, des recherches sur des questions de mécanique. Poète
» facile et agréable, il composait des pièces légères portant le
» cachet de la délicatesse et de la naïveté : on en trouve quel-
» ques-unes dans le *Recueil des meilleurs contes en vers, et
» nouveau recueil faisant suite..... (publié par Sautreau de
» Marsy).* Genève, 1774 et 1784, 2 vol. in-8°. La plus connue,
» insérée dans le *Portefeuille d'un homme de goût,* compila-
» tion de l'abbé de la Porte, est intitulée : *La Manière de
» prendre les Oiseaux.* Le marquis d'Argenson parle très-
» avantageusement des talents du comte de Plélo dans ses
» *Essais,* publiés par son fils en 1785, et réédités par son ar-
» rière-petit-neveu, en 1825, sous le titre de *Mémoires,* dans
» la *Collection des Mémoires relatifs à la Révolution fran-
» çaise.* « M. de Plélo, dit-il, en parlant de la Société de l'*En-
» tresol,* nous a lu le commencement d'une très-belle disser-
» tation sur le gouvernement monarchique et sur les autres
» formes de gouvernement. »

« L'influence de la Société de l'*Entresol,* la parenté du
» comte de Plélo avec M. de Saint-Florentin, sa connaissance
» approfondie des langues du Nord, concoururent à le faire
» nommer, en 1729, ambassadeur de France près la Cour de
» Danemark. Il occupait ce poste et y continuait ses travaux
» scientifiques et littéraires, comme l'attestent et sa correspon-
» dance avec ses amis de Paris et ses Mémoires adressés à l'A-
» cadémie des sciences (*Observations sur l'Aurore boréale du
» 8 octobre 1731,* mentionnées dans le *Traité de l'Aurore
» boréale de Mairan,* p. 60 et 78), lorsque la Russie et l'Au-
» triche se coalisèrent pour écarter Stanislas Leczinski du
» trône de Pologne, où ce prince venait d'être appelé pour la
» seconde fois. Stanislas, obligé de quitter Varsovie, s'était
» retiré à Dantzig, où il attendait les secours que la France

» lui promettait. Cette ville ne tarda pas à être investie par
» trente mille Russes que commandait Munich. Il eût fallu,
» afin de tenir la balance égale, dit Voltaire, que la France
» eût envoyé par mer une nombreuse armée ; mais l'Angle-
» terre n'aurait pas vu ces dispositions sans se déclarer. Le
» cardinal de Fleury, qui ménageait cette puissance, ne voulut
» ni avoir la honte d'abandonner le beau-père de Louis XV,
» ni hasarder de grandes forces pour le soûtenir. Il fit partir,
» sous les ordres du comte de Lamothe, vieil officier d'infan-
» terie, quinze cents hommes de débarquement. Lamothe,
» après avoir reconnu les dispositions des assiégeants, ne crut
» pas devoir engager un combat avec des forces aussi inégales
» que les siennes, et vint mouiller avec son escadre dans le
» port de Copenhague. Plélo, qui avait, on le croit, conseillé
» l'entreprise, réprimanda Lamothe sur sa pusillanimité. Dans
» un conseil tenu chez lui, il voulut qu'on revînt à la charge.
» Un officier lui ayant répondu qu'il était bien facile, dans la
» sûreté du cabinet, de commander une chose impossible,
» Plélo répondit vivement qu'il se chargeait de conduire lui-
» même l'entreprise. Mais comme il savait bien quels dangers
» il allait affronter, avant de s'embarquer il écrivit au cardi-
» nal de Fleury pour lui recommander sa femme et sa fille.
» Le ministre, qui n'avait que médiocrement de sympathie
» pour l'ancien membre de la Société de l'*Entresol*, et qui
» craignait, d'ailleurs, que sa détermination ne suscitât de
» graves embarras à la France, accueillit froidement cette
» communication, et dit que le comte de Plélo avait trop pris
» sur lui en quittant son poste sans ordres. Il répondit même
» assez sèchement à la Reine, qui lui vantait l'héroïque réso-
» lution de l'ambassadeur français, lorsqu'on ne connaissait
» encore que son départ de Copenhague : *Il hasarde sa vie
» et sa fortune. — Oh ! pour sa fortune*, reprit la Reine, *je
» m'en charge, quelle que soit l'issue !* La catastrophe qu'on re-
» doutait ne se fit pas attendre. Arrivé devant Dantzig avec sa
» petite troupe, augmentée de cent Français qui avaient de-
» mandé à le suivre, Plélo ordonna aussitôt l'attaque du camp
» des Russes. En un instant, les palissades furent arrachées, les
» fossés comblés, et Plélo s'était élancé trois fois à l'assaut,
» ruisselant de sang et cherchant à ramener nos soldats re-
» butés par l'inutilité de leurs efforts, lorsqu'il tomba criblé de
» quinze coups de feu, le **27** mai **1734**. Sa mort obligea les
» Français à se replier ; et, après s'être défendus vaillamment

» plusieurs jours, accablés par le nombre, ils capitulèrent. On
» les conduisit à Saint-Pétersbourg, où l'impératrice Anne
» rendit les plus grands honneurs à leur bravoure. L'hé-
» roïsme de Plélo a été célébré par la plupart des écrivains ;
» mais M. de Flassau trouve que son généreux dévouement ne
» peut justifier entièrement sa conduite. « Le vrai mérite, dit-
» il, est dans l'exercice du devoir, et le devoir, loin d'appeler
» le comte de Plélo à Dantzig, l'obligeait à rester en Dane-
» mark. » (V. l'*Histoire de la Diplomatie*, 6ᵉ *époque, liv.* III.)
« Le comte de Plélo étant l'aîné de sa famille, la plus grande
» partie de la fortune et des papiers des Brehant sont tombés
» dans les mains de la famille de Chabrillan par le mariage
» de la fille unique du dernier duc d'Aiguillon avec un mem-
» bre de cette maison. Ces papiers renferment un grand nom-
» bre de productions scientifiques et littéraires inédites de
» Plélo. » (*Biographie bretonne*, t. II, p. 615).

Ce qu'on vient de lire, en grande partie la reproduction de l'article que la biographie des frères
Michaud a consacré au comte de Plélo, renferme deux
erreurs qu'il est à propos de relever. C'est à tort qu'on
y représente le comte de Plélo comme n'ayant eu
qu'une fille de son mariage avec Louise Phelypeaux
de la Vrillière ; la Généalogie démontre le contraire.
L'auteur de la notice s'est également trompé, comme
on le verra plus bas, quand il parle de la « fille unique du dernier duc d'Aiguillon. »

Le comte de Plélo fut inhumé dans la chapelle de
Saint-Bihi (Par. de Plélo), où l'on voit encore son
tombeau qui a été récemment restauré par les soins
de M. le marquis de Chabrillan.

Il nous est impossible de ne pas trouver bien sévère,
nous dirons même injuste, le jugement porté sur le
comte de Plélo, par M. de Flassan, dans son *Histoire
de la Diplomatie*. Il ne faut pas oublier que Plélo était
militaire en même temps que diplomate, et qu'indigné
des expressions blessantes employées à son égard par

un des officiers du corps de débarquement, les lois de l'honneur et une noble susceptibilité lui faisaient un *devoir*, comme soldat et comme Français, de payer de sa personne dans cette délicate circonstance. Tous les hommes de cœur, ceux même qui raisonnent le plus froidement, partageront cette opinion. D'ailleurs, si quelqu'un est à blamer ici, ce ne peut être que le cardinal de Fleury, qui, au lieu d'embrasser la cause du roi de Pologne d'une manière conforme à la dignité et à la puissance du grand royaume dont il avait l'honneur de diriger les affaires, ou de s'abstenir entièrement en invoquant la raison d'état, se borna à une démonstration armée vraiment dérisoire, du moment surtout qu'il s'agissait du père de la reine.

M. le comte A. de Riencourt, dans un article extrait des Mémoires de la Société royale d'émulation d'Abbeville, vol. de 1841, 1842 et 1843, et tiré à part sous le titre de *Dévouement du comte de Plélo*, s'exprime ainsi :

« Ainsi périt à trente-cinq ans le comte de Plélo, victime peut-être d'un dévouement exagéré qui lui fit prendre la résolution héroïque de laver dans son propre sang la tache qu'il croyait avoir été faite au nom français par une retraite trop prudente. L'entreprise de Plélo, pour n'avoir pas réussi, n'en reste pas moins une page très-glorieuse de l'histoire pour les armes françaises. Elle mérite d'être comparée aux actes de dévouement les plus sublimes de l'antiquité. Après soixante-treize ans, ce revers fut vengé sur le même rivage. Quinze mille Russes, pendant le cours du siège de Dantzick en 1807, débarquèrent, comme l'avaient fait deux mille Français en 1734, pour secourir cette place, et au même endroit ils furent culbutés par le maréchal Oudinot. »

Il nous reste une dernière observation à faire au sujet du comte de Plélo : provient-elle d'un sentiment exagéré de famille, d'une appréciation qu'on ne ren-

contrerait pas chez des indifférents? Cela est possible,
quoique nous soyons loin de le penser. Militaire et
diplomate, poète et savant, le comté de Plélo, dont la
mort chevaleresque est consignée dans l'Histoire, est
incontestablement un des personnages les plus distingués auxquels Rennes a donné le jour; aussi doit-on
s'étonner peut-être que la municipalité de cette ville
n'ait jamais songé à en perpétuer le souvenir en don-
nant à quelque place ou rue de la cité le nom d'un
homme qui lui fait honneur et que la Bretagne compte
au nombre de ses plus nobles enfants. Il égala d'Assas,
si ce n'est par l'utilité, du moins par la grandeur du
sacrifice.

Il a paru dans *le Grand Journal*, du 21 janvier au
22 avril 1866, un roman bien écrit et de quelque intérêt, intitulé *le comte de Plélo*. Le héros est un soi-
disant fils du comte de Plélo qui n'a jamais existé que
dans l'imagination de l'auteur, et auquel il donne pour
mère une Allemande. Il est impossible d'en agir plus
sans façon avec la biographie d'un personnage historique. M. d'Almbert n'avait cependant qu'à prendre
la peine d'ouvrir la *Biographie universelle* pour se
convaincre que le comte de Plélo n'a été marié qu'une
fois, à Louise Phelypeaux de la Vrillière, sœur du duc
de la Vrillière; mais il est un reproche bien autrement
grave à lui adresser, c'est d'avoir fait de ce prétendu
comte de Plélo le chef d'une conspiration ourdie par
l'Autriche contre Stanislas, roi de Pologne et duc de
Lorraine, pour la cause duquel son père avait si hé-
roïquement perdu la vie. Une telle supposition est
absurde, inadmissible, et dénuée de toute vraisem-
blance.

La duchesse d'Aiguillon, par représentation de son

père, Louis-Robert-Hippolyte de Brehant, comte de
Plélo, aîné de sa maison, hérita, conformément à la
coutume de Bretagne, des deux tiers de la fortune de
son grand-père, le comte de Mauron. Elle acquit aussi,
au même titre, la possession de la plus grande partie
des archives de la famille, et, entre autres documents,
la « Généalogie des Brehant (celle insérée à la suite
de ce mémoire en est le résumé et le complément jusqu'à nos jours) sur 376 feuillets de grand papier tous
écrits, » comme il est dit dans un inventaire de 1739.
Aussi, quand le marquis de Brehant (XV) eut à faire,
en 1768, ses preuves de 1400 pour être admis aux
honneurs de la Cour, se vit-il dans la nécessité de
s'adresser à son neveu par alliance, le duc d'Aiguillon,
pour en obtenir communication des titres de sa maison. Ils lui furent confiés, ce que d'ailleurs on ne pouvait lui refuser, car si l'aîné et ses représentants sont,
de droit, détenteurs de tous les titres de la famille,
c'est à la charge d'en aider les cadets en toutes circonstances. Ces papiers se trouvent présentement entre
les mains de M. le marquis de Chabrillan, par suite du
mariage contracté, en 1776, entre Joseph-Dominique-
Guigues de Moreton, marquis de Chabrillan, son
grand-père, et Aglaé d'Aiguillon, devenue plus tard
unique héritière de sa maison par la mort de son frère,
le dernier duc d'Aiguillon, décédé à Hambourg, le
17 mai 1800, sans avoir eu d'enfants de Jeanne-Vic-
toire-Henriette de Navailles, qu'il avait épousée en
1785, et qui se remaria en secondes noces au comte
Louis de Girardin.

L'on vient de dire que la duchesse d'Aiguillon hérita des deux tiers des biens de son grand-père, le
comte de Mauron. C'est ici le cas de mentionner une

rectification nécessaire au sujet de la terre de Mauron, que M. le comte Hippolyte du Plessis-Grénedan, dans une généalogie de sa maison publiée en 1843, dit avoir été transmise par héritage aux d'Aiguillon. M. du Plessis-Grénedan a été mal renseigné. Lors du partage des biens de Jean-François-René-Almaric de Brehant (XIII), comte de Mauron, après sa mort, arrivée en 1737, entre sa petite fille Louise-Félicité de Brehant, duchesse d'Aiguillon, fille du comte de Plélo, et ses enfants du second lit, le marquis de Brehant (XV), comte de Mauron, et le comte de Brehant, son frère, les terres de Mauron et du Pellen devinrent la propriété de ceux-ci, qui ne les aliénèrent que vers la fin du siècle dernier. C'est ce qui résulte : 1° Du « partage des biens dépendans de la succession noble » de haut et puissant seigneur messire Jean-François-» René-Almaric de Brehant, chevalier, comte de Mau-» ron, M° Lecointe, notaire, 8 août 1758 ; » 2° d'un acte portant le titre de « Subdivision et partage entre » MM. le comte et chevalier de Mauron, 30 janvier » 1761, M° Hoque de Cerville, notaire. »

Il est vrai de dire que le comte de Mauron, en mariant le comte de Plélo, alors fils unique, et « héritier » présomptif principal et noble, » pour se servir des termes du temps, à Louise Phelypeaux de la Vrillière, lui donna par contrat de mariage les terres de Mauron et du Pellen ; mais il faut ajouter que par « arrêts du » Conseil et jugement des commissaires députés pour » juger définitivement et en dernier ressort les dé-» mandes et contestations relatives au partage de la » succession de M. le comte de Mauron, » les terres de Mauron et du Pellen furent délaissées, à titre de

partage, à ses enfants du second lit, le comte et chevalier de Mauron. (V. Preuves, n° 15.)

L'on pourrait s'étonner peut-être de l'erreur dans
laquelle est tombé le comte Hippolyte du Plessis-
Grénedan au sujet de Mauron, si l'on considère que
cette terre entrée en 1572 dans la maison de Brehant
par le mariage de Jean de Brehant (IX) avec Jeanne
du Plessis-Mauron, héritière de la branche aînée, et
longtemps la propriété des du Plessis-Mauron qui en
prennent encore le nom dans les actes, devait par
cette raison fixer particulièrement son attention et lui
inspirer le désir d'en connaître exactement les possesseurs depuis qu'elle est sortie de sa famille. C'est par
suite du mariage dont on vient de parler que se trouve
dans les archives de Chabrillan un grand nombre de
titres relatifs aux du Plessis-Mauron. Le comte Hippolyte du Plessis-Grénedan ignorait sans doute cette
circonstance, car il n'en a pas demandé communication
avant de faire imprimer la généalogie de sa famille. Il
doit en résulter une lacune regrettable dans son travail,
d'ailleurs, dit-on, fort recommandable.

Les terres de Mauron et du Pellen ont été vendues
par les enfants du comte de Mauron ; la première, en
176., au marquis d'Andigné de la Chasse ; la seconde,
en 1785, à M. Loz de Beaucours, avocat-général au
Parlement de Bretagne.

Le partage des biens provenant de la succession de
Jean-René-François-Almaric de Brehant, comte de
Mauron, rencontra tant de difficultés et donna lieu à
de si longues contestations, que ce ne fut que vingt ans
après le décès de ce dernier, c'est-à-dire en 1758,
qu'il fut définitivement arrêté et signé des parties. Ce
fut l'abbé Lioult, docteur en théologie de la Faculté

de Paris, principal des boursiers du collége d'Harcourt, et « curateur aux causes et tuteur aux actions
» immobilières » des enfants mineurs du comte de
Mauron, qui mena à bonne fin cette épineuse affaire.
Le marquis de Brehant (XV), comte de Mauron, et
son frère, le comte de Brehant, lui en gardèrent toute
leur vie une profonde reconnaissance, et ne cessèrent
jamais, surtout pendant sa vieillesse, de lui témoigner
le plus tendre intérêt. On peut dire de ce respectable
ecclésiastique que, dans cette circonstance, il se fit
légiste par dévouement à ses pupilles, et ses élèves, car
il avait été précédemment le précepteur de MM. de
Brehant. Sa correspondance, dans laquelle se reflète la
vive affection qu'il leur portait, et plusieurs consul-
tations et mémoires fort remarquables rédigés par lui
dans l'intérêt de la cause attestent le fait. L'abbé Lioult
mourut vers 1774, chanoine de l'église cathédrale de
Bayeux.

Il n'est pas hors de propos de dire ici quelques
mots des Phelypeaux de la Vrillière. M. de Maurepas
avait un frère, le comte de Pontchartrain, et deux
sœurs, la marquise de Conflans et la duchesse de
Nivernois. Il avait épousé sa cousine, Marie-Jeanne
Phelypeaux, sœur du duc de la Vrillière et de la comtesse de Plélo. La comtesse de Maurepas fut instituée
légataire universelle de son frère, le duc de la Vrillière,
et laissa son héritage à sa nièce, Louise-Félicité de
Brehant de Plélo, duchesse d'Aiguillon, fille du comte
de Plélo. Du mariage de Louise-Félicité et du duc d'Aiguillon sont nés le dernier duc d'Aiguillon et une fille,
Innocente-Aglaé, mariée en 1766 à Joseph-Guigues
de Moreton de Chabrillan. Leurs fils, Hippolyte-César
de Moreton de Chabrillan, père de M. le marquis de

Chabrillan, et Pierre-Charles-Fortuné de Moreton de Chabrillan, ont réuni sur leurs têtes les successions de la Vrillière et d'Aiguillon. C'est au même titre que M. le marquis de Chabrillan se trouve possesseur des nombreux papiers d'état des Phélypeaux, notamment ceux provenant du duc de la Vrillière et du comte de Maurepas, curieuse collection renfermant des pièces d'un grand intérêt.

La descendance du comte de Plélo, l'aîné du nom de Bréhant, se trouvant représentée de nos jours dans la ligne féminine par les Moreton de Chabrillan, il y a toute raison d'en parler. Conséquemment l'on trouvera, aux Preuves, n° 14, un précis historique et généalogique sur cette ancienne et illustre maison du Dauphiné.

Le marquis de Bréhant (XV) était frère puîné du comte de Plélo, issu du second mariage du comte de Mauron (XIII) avec dame Radegonde le Roy de la Boissière. L'on a déjà eu l'occasion de dire qu'il avait eu l'honneur de monter dans les carosses du roi. Il n'y aurait donc pas à revenir là-dessus, si l'on n'avait à rectifier une légère inexactitude de M. P. de Courcy dans son *Nobiliaire et Armorial de Bretagne*, où il est rapporté à l'article *Brehant, vicomte de l'Isle*, que deux des membres de cette branche ont été admis aux honneurs de la cour; c'est une erreur : un seul d'entre eux a joui en 1751 de cette distinction, le marquis de Bréhant (Marie-Jacques), maréchal de camp, dernier représentant de sa branche, décédé en 1765, dont il sera fait mention à la fin de ce Mémoire et dans le Travail généalogique. L'autre Bréhant présenté à la cour en 1768 fut le marquis de Bréhant, comte de Mauron, dont on s'occupe maintenant.

Le marquis de Brehant avait épousé Anne-Flore Millet, fille de Charles-Simon Millet, Receveur général du Bourbonnais avant la Révolution. La marquise de Brehant était une des plus jolies femmes de son temps, et il en est question sous ce rapport dans quelques Mémoires de l'époque, entre autres dans ceux de Madame de Genlis. « Je voyais aussi souvent chez moi, » dit-elle à la page 319 du 1er volume, « la « marquise de Brehant, une beauté parfaite en minia- « ture, elle était d'une petitesse extrême. » Le célèbre graveur Jeuffroy, plus tard membre de l'Institut, frappé de l'exquise régularité et de la pureté clas- sique de ses traits, en a fixé le souvenir sur cornaline. La reproduction de cette charmante pierre gravée existe en biscuit de Sèvres. La marquise de Brehant y est représentée de profil, la tête couronnée de pampres, à la manière antique.

Madame de Brehant, lors de sa présentation à la cour, fut très-remarquée par la reine Marie-Antoinette qui lui fit le plus gracieux accueil, et parut un instant disposée à l'admettre dans son cercle intime ; mais des circonstances particulières et un éloignement momen- tané de Paris ne lui permirent pas alors de profiter des bonnes intentions de cette aimable princesse, qui au surplus ne cessa jamais de lui témoigner beaucoup d'intérêt.

La marquise de Brehant aimait et cultivait les arts. Elève de David, avant que celui-ci fût devenu un for- cené jacobin, et plus tard un baron de l'Empire, elle peignait avec succès le portrait et la miniature. Ce ta- lent lui fut pendant quelque temps d'une grande utilité à l'époque de l'émigration, surtout durant son premier séjour à Londres où elle peignit de nombreux portraits de la famille royale, notamment celui de *la reine Marie-Antoinette à la Conciergerie* qui, au dire des connaisseurs, n'est pas sans quelque mérite. Dévouée corps et âme à la cause des Bourbons, elle émigra avant le 10 août, et ne revint définitivement en France qu'en 1814, après avoir résidé successivement en Prusse et en Angleterre. Le temps le plus heureux pour elle de cet exil volontaire (dont la durée au-delà des limites d'un dévoùement raisonnable devait compromettre si gravement sa fortune et celle de son fils) fut celui de sa résidence en Prusse, grâce à la bienveillante protection de Frédéric Guillaume II; et à l'intérêt que ce roi ne cessa de lui témoigner. Elle eut surtout beaucoup à se louer des bontés de la reine (Frédérique-Louise de Hesse-Darmstadt) qui voulut bien l'honorer de son amitié, comme le prouvent plusieurs lettres autographes de cette excellente princesse qu'on a retrouvées parmi les papiers de la marquise de Bréhant, qu'elle daignait aller visiter quelquefois dans son modeste hermitage aux environs de Berlin.

Malheureusement cette existence relativement heureuse de la marquise de Bréhant devait bientôt avoir un terme par suite de la mort de Frédéric-Guillaume II et d'un changement de règne. Cependant elle continua à séjourner en Prusse jusqu'à l'arrivée des Français qui détermina son départ pour l'Angleterre, où elle se fixa pour la seconde fois en décembre 1806.

La marquise de Bréhant avait fait en 1787 le voyage des Etats-Unis; voici par suite de quelles circonstances : ayant eu le malheur de perdre, dans le courant de 1783, sa sœur, la comtesse de Moustier, son beau-frère, le comte de Moustier, nommé quelques années après Ministre plénipotentiaire du roi aux Etats-Unis

d'Amérique, pria le marquis de Bréhant de permettre
à sa belle-sœur de l'accompagner dans sa mission pour
tenir sa maison et l'aider à en faire les honneurs.
M. de Bréhant ayant donné son consentement, elle
quitta Paris avec son fils, le 10 octobre 1787, pour
s'embarquer à Brest. Mᵐᵉ de Bréhant a laissé une
relation de son voyage. Le récit qu'elle en fait est
agréablement et facilement écrit, mais ne peut avoir
quelque intérêt de nos jours que comme terme de com-
paraison des Etats-Unis en 1787 et 1867.

Le comte Elie de Moustiers, grand père du ministre
actuel des affaires étrangères (1867), fut successivement avant la révolution ministre du roi à Coblentz,
aux Etats-Unis d'Amérique et en Prusse. Il s'est trouvé
fort mêlé aux affaires de l'émigration en Allemagne et en
Angleterre comme conseiller et agent du roi Louis XVIII
et des princes, dont il fut constamment un des plus
fidèles serviteurs. Le comte de Moustier était un modèle
d'urbanité, de courtoisie et de bienveillance, rare à
notre époque, où le gentilhomme d'aujourd'hui ne res-
semble pas toujours à celui d'autrefois, si pointilleux
alors sur le chapitre des convenances et de la politesse.

La marquise de Brehaut, de retour de l'émigration
en 1814, obtint une pension de 3000 francs sur la
casette du roi, bien faible dédommagement des pertes
que la Révolution et son attachement à la cause des
Bourbons lui avaient fait éprouver.

En ce qui touche le comte de Bréhant, frère du
marquis de Bréhant, nous ferons un nouvel emprunt
à la *Biographie bretonne*.

« Bihy-Almaric, comte de Bréhant né en 1734, eut pour
» précepteur l'abbé Lioult (prêtre docteur en théologie de la

» faculté de Paris. principal des boursiers du Collège d'Har-
» court) dont il conserva dans sa vieillesse un touchant sou-
» venir. Entré dans la carrière des armes, il fit la guerre de
» sept ans, d'abord comme capitaine du régiment des dragons
» de la reine, et assista aux batailles d'Hastembeck et de
» Crevelt. Fait mestre de camp en 1762, il quitta le service à la
» paix avec le grade de colonel, et resta à Paris, où il veut re-
» cherché pour son esprit et ses connaissances de la meil-
» leure société de la capitale. Stanislas, roi de Pologne et duc de
» Lorraine l'avait nommé son chambellan, par brevet du
» 13 septembre 1758, en considération du dévouement que le
« comte de l'Hélo, son frère, avait montré à sa cause. Aux
» connaissances nécessaires à l'officier, le comte de Brehan
» joignait plusieurs talents agréables. Enthousiaste des beaux
» arts, il maniait le crayon et le pinceau avec une habileté
» qui avait déterminé l'Académie de peinture à l'admettre au
» nombre de ses membres... Quoique d'un caractère doux et
» plein d'aménité, il était capable d'une grande énergie. Il le
» prouva lorsque, chargé par le duc d'Aiguillon, son parent,
» de faire rentrer dans l'ordre le régiment du Dauphiné qui
» s'était révolté, il n'hésita pas, bien que retiré du service, à
» accepter cette difficile mission qu'il remplit avec un succès
» dû à l'heureuse alliance de la fermeté et de l'adresse. (V. le
» feuilleton de la Quotidienne du 30 juin 1838). ·

    » Quoique fortement opposé à la Révolution dès son prin-
» cipe, il refusa d'émigrer. Il m'est à peu près égal, disait-il,
» de mourir en France d'un coup de civisme ou de misère dans
» un pays étranger. D'ailleurs j'ai peut-être tort, disait-il,
» mais je tiens à Paris. « Devenu suspect comme noble, il fut
» obligé sous la terreur, d'abandonner son séjour de prédilec-
» tion. Il eut le bonheur de trouver un asile, ignoré des tigres,
» dans un village qu'il ne nomme point, mais qu'on présume
» être Ruelle, et il s'y établit avec ses pinceaux, ses cahiers de
» musique, ses instruments et quelques livres...

    » Doué d'une âme forte, il conservait assez de calme pour
» s'occuper de littérature, puisque ce fut dans cette retraite,
» qu'il composa ses Dérivés du latin. Il ne mit cependant la
» dernière main à cet ouvrage qu'après la chûte de Robes-
» pierre, lorsqu'il lui fut permis de rentrer dans Paris. Il
» vivait encore en 1807, mais on ignore la date de sa mort. Le
» seul ouvrage qu'on connaisse de lui est intitulé: Le Mot et
» la Chose expliquées par les dérivés du latin, Paris, Le Normant,

» 1807, 4 tomes en 2 vol. in-8°. Cet ouvrage dans lequel le
» savant critique Clément trouvait quelques chapitres dignes
» de Sterne, est semé d'anecdotes et de citations qui en ren-
» la lecture aussi amusante qu'instructive. L'auteur y prouve
» qu'on a tort de négliger l'étude du latin, puisque la plupart
» des mots français viennent de cette langue.

» Le dernier représentant de cette branche de la famille de
» Brehant est M. de Brehant, ancien sou--préfet de Loudéac,
» auteur d'un recueil de vers publié sous le simple titre de:
» *Poésies, par le Marquis de Brehant*, Paris. Isidore, Person,
» 1840, in-8°. (*Biographie bretonne*, t. 1er p. 180).

Le passage suivant des *Mémoires secrets* du comte
d'Allonville (t. I, p. 162), a sans aucun doute servi
partiellement à la rédaction de la notice qu'on vient
de lire :

« Nous avons tous connu le comte de Brehan enthousiaste
» des beaux-arts, bon peintre, vieillard aimable, et qui, vu
» l'aménité de son caractère, n'aurait pu facilement être cru
» capable de l'énergie qu'il manifesta dans les circonstances
» épineuses que je vais retracer. Il était demi-frère du comte
» de Plélo à qui nous devons quelques gracieux morceaux de
» de poésie, et qui, ministre de France en Danemarck, vola
» au s cours de Dantzick, assiégé par le maréchal Munich, et
» s'y fit tuer.

» Le comte de Brehan s'était retiré du service, avec le brevet
» de colonel, après la guerre de sept ans, et partageait son
» temps entre ses travaux artistiques et une société choisie
» dont il faisait le charme. Appelé à Versailles par le duc
» d'Aiguillon, son parent et son ami :

« — Je vous ai désigné au roi, lui dit ce ministre, comme le
» seul homme capable de faire rentrer dans l'ordre le régi-
» ment de Dauphiné, en garnison à Marseille, et qui, par son
» insubordination, a trouvé le moyen de chasser successive-
» ment tous les colonels qu'on lui a envoyés. Si c'était une
» faveur que je vous proposasse vous la refusriez, mais c'est
» un acte dévouement, et j'ai été garant de votre acceptation.

« — Vous m'avez rendu justice, répondit Brehan, mais j'y
» mets trois conditions: j'aurai un pouvoir sans bornes pour
» punir et récompenser; on me pardonnera tout ce que je
» ferai de contraire aux lois même; et si je parviens à rendre

» le régiment à la discipline, on ne me forcera pas à le con-
» server plus d'un an.

» Toutes ces demandes lui étant accordées, il part, arrive à
» Marseille, s'y loge dans une petite auberge, en sort vêtu
» d'un simple frac, se rend au café fréquenté par les officiers
» du régiment de Dauphiné, trouve ceux-ci occupés à parler
» de leur nouveau colonel en complotant déjà ce qu'ils auront
» à faire contre lui, reconnaît bientôt que ceux qui parlent
» ainsi sont les principaux chefs d'émeute et leur dit :

« — Vous ne connaissez pas celui que vous voulez faire
» sauter, et je vous conseille d'être plus prudents, ou vous
» vous en touverez mal.

« — Quel est ce polisson qui ose nous donner des conseils?

« — Un homme qui ne souffre pas l'insulte, et qui vous en
» demande raison, répliqua-t-il en déboutonnant son frac et
» en montrant sa croix de Saint-Louis.

» Il sort avec les deux enragés auxquels il s'était principale-
» adressé, ne cessant en route de les persiffler, ce qui les prive
» de tout leur sang-froid, tandis qu'il conserve le sien, ce qui
» lui donne sur eux le plus grand avantage. Aussi les blessa-
» t-il l'un et l'autre. Messieurs, dit-il aux témoins, en voilà,
» je crois assez pour un homme qui a couru nuit et jour
» depuis Paris. Si le cœur dit encore à quelqu'un, il me
» retrouvera; je ne suis pas de ces gens qui se cachent.

» Il les quitte alors, rentre chez lui, met son uniforme, se
» rend chez le commandant de place, et envoie aux officiers
» l'ordre de le venir trouver. Ceux-ci, qui y ont volé avec une
» maligne curiosité, sont bientôt étonnés et intimidés en le
» reconnaissant pour l'homme du café. Mais Brehan leur parle
» avec bonté, leur annonce les ordres sévères dont il est por-
» teur, ainsi que la ferme conviction de n'être pas dans la
» nécessité d'en user; demande si tous les officiers sont pré-
» sents. On lui répond que deux de ces messieurs sont mala-
» des. Je vais les voir, dit-il, pour m'assurer qu'ils soient bien
» soignés et qu'ils ne manquent de rien. Il les visite en effet,
» et les trouve moins souffrants de leurs blessures que des
» craintes produites par la connaissance qu'on leur donna du
» nom de celui qui les avait blessés. Ils veulent s'excuser, mais
» le comte de Brehan les arrête dès les premier mots. Je ne
» veux rien savoir de ce qui s'est passé avant ce moment, leur
» dit-il, et suis persuadé n'avoir qu'un honorable compte à

» rendre au roi de la conduite d'un corps d'officiers avec lequel
» j'espère vivre dans la plus grande union.

» Cette conduite, sa noble familiarité, sa fermeté, toujours
» adoucie par un air de bonté, lui valurent l'amour du régi-
» ment de Dauphiné, qui ne le vit quitter le service qu'avec
» regret, et conserva après lui la stricte discipline qu'il y avait
» fait renaître. »

Il reste à dire, pour compléter l'article de la *Biographie bretonne*, que le comte de Brehant avait
épousé, en 1771, Louise Bellanger, fille d'Antoine-
Louis Bellanger, vicomte d'Hotel, conseiller d'État et
ancien avocat général à la Cour des Aides de Paris.
Il n'eut qu'une fille de ce mariage, Jeanne-Almarie
de Brehant, décédée en 1784 à l'âge de neuf ans. Le
comte de Brehant mourut en 1809.

Le marquis Brehant (XV) n'eut qu'un fils de son
mariage avec Anne-Flore de Millet, Amand-Louis-
Fidel, marquis de Brehant (XVI). C'est ici le cas de
faire ressortir une singularité généalogique, peut-être
unique en son genre, qu'offre la famille de Brehant.
Le marquis de Brehant (XVI), mort en 1828, dans
sa 58ᵉ année, était le neveu du comte de Plélo, décédé
en 1734, et le cousin germain de la duchesse d'Aiguillon, morte à un âge avancé en 1790, 29 ans
avant lui ; et circonstance plus frappante encore, il
s'est écoulé un intervalle de 79 ans entre le décès du
comte de Plélo et celui de son frère du second lit, le
marquis de Brehant, arrivé en 1813.

Le marquis de Brehant (XVI) entra au service en
1784, comme sous-lieutenant dans Royale-Lorraine-
Cavalerie ; il n'était alors âgé que de quatorze ans.
L'on s'est beaucoup moqué depuis de ces officiers-
enfants appelés à commander à des hommes faits,
avant d'avoir appris eux-mêmes à obéir, si ce n'est

4

sur les bancs des collèges. Cette coutume, il faut en
convenir, avait ses inconvénients ; pourtant il est juste
de dire que ces officiers, plus qu'imberbes, mais chez
lesquels le sentiment chevaleresque de leur race était
resté vivace, allaient bravement au feu et devenaient
en peu de temps, de bons militaires. M. de Brehant fut
nommé, en 1787, garde-du-corps surnuméraire dans
la compagnie du Luxembourg, position qui lui permit
d'accompagner, en qualité d'attaché, le comte de
Moustier, son oncle par alliance, dans sa mission aux
États-Unis. De retour d'Amérique en 1790, il fut
élevé au grade de capitaine-agrégé des gardes-du-
corps dans la même compagnie, et suivit de nouveau
le comte de Moustier dans son ambassade à Berlin.
Porté sur la liste des émigrés pour n'être pas revenu
en France dans les délais exigés, il entra au service
de Prusse comme capitaine de cavalerie, et y resta
jusqu'en 1803, époque de son retour en France,
après avoir fait les campagnes de 1792 et 1795,
comme aide-de-camp du maréchal Knobelsdorff, et
celle de 1794 dans l'état-major du maréchal Mollen-
dorff. Nommé lieutenant-colonel à la Restauration,
M. de Brehant fut désigné pour remplir les fonctions
de colonel d'état-major auprès du maréchal, duc de
Bellune, major général de la garde, et fut après successivement colonel, chef d'état-major des 20ᵉ et 13ᵉ
divisions militaires. Il mourut subitement, en 1828,
au Havre dont il commandait la place.

M. de Brehant ne prit pas de service sous l'Empire
bien qu'il en eût manifesté le désir et qu'on ne s'y fût
pas montré opposé ; mais, par ignorance de ses antécédents sans doute, on voulut le placer à cet égard
dans une position qu'un galant homme ne pouvait ac-

ceptor, c'est-à-dire l'envoyer se battre contre la Prusse, au moment de la première guerre de l'Empire avec cette puissance. Comblé de bontés, comme il l'avait été, par le roi Frédéric-Guillaume II et toute la famille royale, il dut repousser une offre qu'il lui était impossible d'accueillir sans se rendre coupable de la plus noire ingratitude.

M. de Brehant ne s'est trouvé un moment mêlé aux événements politiques qu'au moment de l'abdication de l'Empereur, le 31 mars 1814, jour de l'entrée des armées alliées dans la capitale, alors que, capitaine de la garde nationale de Paris, il fit, le premier, arborer la cocarde blanche à sa compagnie et reconnaître l'autorité du Roi devant la mairie du 1er arrondissement. Le *Journal des Débats* en rendit compte quelques mois plus tard (V. *Preuves*, nº 16). Il suivit le Roi à Gand en 1815.

Le marquis de Brehant avait épousé, en 1804, Jeanne-Françoise de Chantal de Crécy, fille de Ferdinand-Dénis, comte de Crécy, député de la noblesse aux Etats-généraux, et, plus tard, sous le Directoire, membre du Conseil des Anciens. La maison de Crécy, qui remonte à l'année 1246, est originaire du comté de Bourgogne et, selon toutes les probabilités, une branche de celle de Saulx, depuis duc de Tavannes. Voilà du moins ce qui semble résulter d'un titre original possédé par le comte de Crécy, présentement le chef de sa famille ; c'est d'ailleurs l'opinion de l'abbé Courteépée dans sa description du duché de Bourgogne à l'article *Crécy*. Chose à coup sûr bien rare de nos jours, et surtout depuis la Révolution de 89, le comte de Crécy peut produire, à l'appui de l'origine chevaleresque de sa maison, une série de titres authentiques établissant sa filiation, degré par degré, depuis 1246 jusqu'à l'époque actuelle. Son grand père, le comte de Crécy (Ferdinand-Dénis), eut pour mère Victoire-Aimée de Mornay, fille de Henri de Mornay, seigneur de Ponchon, et pour femme, Anne-Alexandrine du Bois de Belhotel, comtesse de Bours, etc., héritière de sa maison, et descendante des Montmorency par Marie de Montmorency-Bours, mariée en 1633 à Charles du Bois, seigneur de Belhotel et de la Frenaye. Il faut, si l'on veut se faire une idée complète de l'illustration nobiliaire des Crécy, recourir à l'*Histoire généalogique du Musée des Croisades*, par Amédée Boudin.

Le comte de Crécy appartenait à la Confrérie de Saint-Georges, à laquelle tous les gentilshommes d'ancienne extraction de Bourgogne et de Franche-Comté, tels que les Grammont, les Scey, les Saint-Mauris, etc., tenaient à honneur de faire partie. Il fallait, on le sait, fournir les preuves de seize quartiers de noblesse pour y être admis.

Cette alliance, essentiellement de race, a établi des liens de parenté entre les Brehant et les maisons de Balay, de Berghes-Saint-Winock, de Breteuil, de Castéga, de Crécy, de la Fontaine-Solar, de Hédouville, de Mornay, de Montmorency, de Rennepont, de Saint-Blimont, de Sorans, etc.

Ce fut peu de temps après son mariage, et lors de la formation des maisons d'honneur de l'Empereur et des princes et princesses de sa famille, que Mme de Brehant fut nommée dame pour accompagner la princesse Élisa, sœur de Napoléon Ier. Elle dut cette distinction au souvenir reconnaissant que Napoléon avait gardé de sa tante, Mme de Crécy, grandemaîtresse des classes de la Maison royale de Saint-Cyr, avec laquelle il s'était lié, alors que, simple lieutenant d'artillerie, il allait y voir sa sœur, mademoiselle Elisa de Bonaparte. Ce fut Mme de Crécy qui, au moment de la fermeture de la Maison royale, se chargea de veiller à la sûreté de mademoiselle de Bonaparte et de la rendre à sa famille. On peut consulter à ce sujet l'*Histoire de la Maison royale de Saint-Cyr*, publiée en 1853, par Lavallée, et dont il vient d'être fait une nouvelle édition.

Mme de Brehant resta auprès de la princesse Élisa jusqu'au moment où, devenue grande-duchesse de Toscane, elle se fixa à Florence, et eut une maison presque entièrement composée de dames italiennes. Elle fut alors attachée, au même titre, à la personne de la princesse Borghèse qu'elle ne quitta qu'en 1814, après l'abdication de Napoléon.

Quand M. de Brehant fut nommé, en 1810, baron de l'Empire, il ne fut nullement dans cette circonstance l'objet d'une faveur spéciale. Ce titre ne lui fut conféré qu'en raison de la position qu'occupait Mme de Brehant à la Cour, et par suite d'une mesure générale prise à l'égard de toute personne faisant partie de la Maison d'honneur de l'Empereur ou de celles des princes et princesses de la famille. C'est ici le cas de reproduire une remarque qui sans doute a déjà été faite. Lors de la création de la noblesse impériale, l'on toléra que les anciens nobles conservassent leurs armes originelles, bien qu'en même temps on leur en imposât d'autres pour bien établir que tout devait dater dorénavant du nouveau régime. M. de Brehant se trouva dans ce cas, mais il fut autorisé à mettre *sur le tout, de gueules au léopard d'argent,* armes des Brehant.

Mme de Brehant était une femme instruite, de beaucoup d'esprit, longtemps recherchée dans le monde qui appréciait le charme et le piquant de sa conversation. Elle y inspirait pourtant une certaine crainte parce que la franchise de son caractère l'emportait parfois trop loin, et aussi pour autre raison. Fille d'un père très-versé dans la science généalogique, elle avait hérité en partie de son expérience en pareille matière, connaissant à fond le fort et le faible des familles en fait d'extraction et d'origine ; on ne l'ignorait pas, et bien des gens intéressés dans la question étaient loin de lui en savoir gré. Son esprit observateur et sa position à la Cour l'avaient mise à même de recueillir sur l'époque du premier Empire bien des particularités curieuses et inédites qu'on aimait à lui entendre raconter et qu'elle a consignées dans des *Souvenirs* rédigés à l'instigation de son fils. Ils renferment quelques parties, et ce ne sont pas les moins intéressantes, où sont traitées de curieuses questions généalogiques, particulièrement dans un chapitre intitulé *Des Origines*. Peut-être ces *Souvenirs* verront-ils le jour plus tard, quand les considérations qui ne permettent pas présentement de les livrer à la publicité auront cessé d'exister.

La marquise de Brehant est mentionnée dans quelques Mémoires sur l'Empire et dans ceux de la duchesse d'Abrantès. Il en est aussi plusieurs fois question dans *The idler in France*, par lady Blessington.

La *Sentinelle de l'armée*, dans son numéro du 1er novembre 1843, s'exprime ainsi :

« Deux jeunes officiers de la province de Bretagne, vien-
» nent encore de succomber, l'un à Tlemcen et l'autre à Hyè-
» res, et tous deux des suites des fatigues et des rigueurs du
» climat d'Afrique, qui, depuis treize ans, ont fait éprouver

» à la France tant de pertes sensibles. Leur âge, leur énergie,
» leur forte constitution, n'ont pu triompher, et l'armée compte
» aujourd'hui deux nobles cœurs de moins dans ses rangs. »

Ces deux officiers étaient le comte Almaric de Brehant, et Mahé de Berdouaré, lieutenant au 10° bataillon de chasseurs d'Orléans, « appartenant à une famille toute militaire depuis des siècles. »

La *Sentinelle de l'armée* ajoute plus loin :

« L'armée vient de perdre, en la personne de M. Almaric,
» comte de Brehant, capitaine au 2° régiment de chasseurs
» d'Afrique, un officier estimé et plein d'avenir. Entré dans
» ce régiment en 1831, comme sous-lieutenant, à peine âgé
» de vingt ans, il était capitaine depuis plus de cinq ans. Il
» avait pris part à tous les combats livrés par la division
» d'Oran, et avait eu souvent l'honneur d'être cité dans les
» rapports comme s'étant particulièrement distingué. Depuis
» huit ans, sa santé, à force de fatigues, devint moins bonne,
» mais désireux de gloire, il ne voulut quitter les armes que
» quand le danger devint imminent et lorsque l'impérieuse
» nécessité l'y força. Espérant encore se rétablir, il fut envoyé
» à Hyères, où il languit dix-huit mois. Il y est mort, lais-
» sant une mère et un frère désolés, et regretté de tous ceux
» qui avaient apprécié ses brillantes qualités. Cet officier ap-
» partenait à l'une des plus anciennes et des plus illustres fa-
» milles de la Bretagne. Il était petit neveu de ce brave Bre-
» hant, comte de Plélo, ambassadeur au Danemark, etc. »

Madame de Brehant, si douloureusement atteinte par cette mort prématurée du plus jeune de ses fils, trouva dans les consolations de la religion la force et la résignation nécessaires pour résister à un pareil coup.

Son fils aîné, le marquis de Brehant (Napoléon), unique rejeton de la branche de Galinée et de Mauron, est aussi le dernier représentant de sa maison, car il ne se connaît, en Bretagne et ailleurs, aucun parent de son nom. Avec lui s'éteindra la race des Brehant.

Les Brehant, seigneurs de Belleissue, de Galinée,

de Mauron et de Plélo, sont devenus branche aînée à la mort de Louis de Brehant, seigneur du Chastelier, dernier représentant des la Roche-Brehant, arrivée après 1697. L'inscription suivante, qui se trouvait dans le cabinet du comte de Mauron, au château de Saint-Bihi, confirme le fait :

> « Jean-René-Almaric, chef du nom et armes de Brehant,
> » chevalier, comte de Mauron et de Plélo, baron de Pordic, de
> » Kerouzéré et de Trogoff, chastellain de Saint-Bihi, l'Oursière
> » et Tressigneaux, seigneur de Galinée, du Pellen, Belleissue,
> » Mouexigné, La Grée, Keroter, la Villepié, etc.
>
> » Au château de Saint-Bihi. »

Cette inscription était surmontée des armes des Brehant, et on lisait au-dessous leur devise : « Foy de » Brehant, *Fides Brihentensium ;* » et cet antique dicton de famille :

> » D'un antique nom, Brehan me nomme
> » Et du vieil Briton me renomme. »
>
> *(Cabinet des titres.)*

Il est indispensable, avant de clore ce Mémoire, d'entrer dans quelques explications au sujet des autres branches de la maison de Brehant. Ainsi qu'il a été dit précédemment, dans la *Généalogie manuscrite*, les titres à l'appui, conservés dans les archives de Chabrillan, sont presque exclusivement relatifs à la branche de Galinée, de Mauron et de Plélo. L'on s'est trouvé dès lors dans l'obligation de puiser souvent à des sources étrangères pour établir les filiations des branches collatérales, et ce n'est qu'après de nombreuses recherches et bien des difficultés à surmonter qu'on est arrivé, à cet égard, à des résultats en grande partie complets et satisfaisants. M. le comte de Cornulier a été, dans cette circonstance et dans bien d'autres cas, d'un grand secours à l'auteur de ce Mémoire, auquel il n'a jamais refusé le concours de son expérience

consommée en tout ce qui touche à la science héral-
dique, nobiliaire et généalogique. M. de Cornulier a
fait imprimer une généalogie très-complète de sa maison, ouvrage remarquable en son genre et utile à consulter, en raison des nombreux renseignements généalogiques qu'il renferme sur beaucoup de familles
nobles. On lui doit aussi un *Essai sur le Dictionnaire
des terres et des seigneuries comprises dans l'ancien
comté nantais*, dont on s'accorde à faire un grand éloge.

La branche de Brehant-Glécoët, comme on le verra
dans la Généalogie, eut pour auteur Geoffroi, dit *Alain*,
fils puîné d'Étienne de Brehant. Il brisa son écu de
trois macles d'or posées en chef au-dessus du léopard,
afin de consacrer par là sans doute le souvenir de
l'alliance des Brehant avec l'illustre maison de Rohan.
Mais sa postérité abandonna plus tard le *léopard*, et
ne prit plus que les *macles tantôt sept, tantôt trois*.
Ce changement n'a dû pourtant s'accomplir entièrement qu'après Jehan de Brehant, sire de Glécoët, dont
on connaît un sceau de 1393 : *parti, ou 1er de trois
macles accolées, au 2e d'un demi-léopard*.

C'est ici le cas de rectifier une erreur de Moréri et
de la Chesnaye-des-Bois, au sujet d'Adelice (et non
Alix) de Brehant, mariée à Tristan de Rohan, seigneur de Poulduc, à laquelle ils donnent pour père
Jehan de Brehant (VII) de la branche de Galinée, tandis qu'elle était fille de François de Brehant (VII),
seigneur de Glécoët et de Coëtuhan.

C'est à tort aussi que le manuscrit de la Réformation
de 1668 de la bibliothèque de Nantes, en citant l'arrêt
de maintenue de Jean de Brehant, seigneur de la Villeneuve, représente la descendance d'Alain de Brehant
et de Dorable le Douarain comme étant un rameau de

la branche de Brehant, des vicomtes de l'Isle. Cette
descendance appartenait à celle de Brehant-Glécoët,
ainsi que le démontrent évidemment « l'acte de vente
» de la terre de Marec et l'assignation pour la tutelle
» des enfants de Louis de Brehant et de Françoise le
» Veneur, » rapportés aux Preuves. Les *mucles* qui
composent les armes de ces deux branches de la maison de Brehant donnent l'explication de cette méprise.

L'acte de partage de la succession de Jeanne de
Brehant, dame de Glécoët et de Coëtuhan, a cela
d'important qu'il semble indiquer approximativement
l'époque de l'extinction des Boisjagu, que quelques
auteurs disent avoir eu lieu avant le xvII° siècle.

Quant à la branche de Brehant, des seigneurs de
la Plesse et de la Villehatte, sa filiation est établie
sans interruption jusqu'à Guillaume de Brehant, qui
vivait en 1550; mais, faute de titres, l'on n'a pas été
à même, jusqu'à ce moment, de certifier les degrés
entre Guillaume et Claude de Brehant, seigneur de la
Villehatte, Mathurin, seigneur de la Corbonnays, et
François, seigneur de la Villeaudry, tous trois compris
ensemble dans la Réformation de 1668, par arrêt de
maintenue du 17 avril 1668. Peut-être de nouvelles
recherches permettront-elles de remplir plus tard cette
lacune dans un supplément qui aura pour objet :
1° l'inventaire analytique des titres déposés aux archives de Chabrillan et ailleurs, dont il n'est pas fait
mention dans le présent travail ; 2° des documents gé-
·néalogiques concernant des familles alliées, maintenant éteintes, sur lesquelles on possède des renseignements inédits. La généalogie des seigneurs de la Plesse
et de la Villehatte, dressée sur titres et pièces authentiques, est l'œuvre d'un des membres de la famille

de la Motte-Rouge, avec laquelle cette branche a contracté deux alliances à des époques rapprochées l'une de l'autre. L'on connaît l'illustration nobiliaire de la maison de la Motte-Rouge, ramage de Dinan, comme il résulte de deux actes anciens établissant le fait d'une manière incontestable. L'illustration militaire des la Motte-Rouge n'est pas moins remarquable; et l'Histoire ne manquera pas de signaler la glorieuse participation du général de la Motte-Rouge aux guerres de Crimée et d'Italie.

L'on pense que Bertrand de Brehant devait être le frère puîné de Jean de Brehant (III), et en voici la raison : Jean est qualifié *seigneur de la Plesse* (V. les Preuves), donc il est l'aîné. Quant à Bertrand de Brehant, il ne lui est assignée aucune seigneurie dans l'acte de 1539, et, bien que dans cet acte il soit porté comme *fils aîné principal et noble*, il faut remarquer qu'il partage la succession de sa mère, et non celle de son père. L'on retrouve cette formule dans plusieurs actes de la même époque pour les héritages de femmes qui possédaient alors des terres nobles dont les aînés avaient la plus forte part.

La branche de la Roche-Brehant, issue de Jean de Brehant, fils de Geoffroi, frère aîné de Pierre de Brehant (III), s'est fondue, à la fin du xviie siècle, dans Mesnard, marquis de Pouzanges et seigneur de Touche-près, et dans du Breil, seigneur de Closneuf (V. branche C). L'auteur de la *Généalogie manuscrite*, en mentionnant, en son lieu et place, l'origine des seigneurs de la Roche-Brehant, ajoute : « Nous en parlerons par la suite; » mais il n'a pas tenu sa promesse et n'en dit rien de plus. L'histoire généalogique de la maison de Savonnières en Anjou, par *Trincant*, procureur du roi à Loudun, in-4°, Poitiers, 1638, contient une généalogie de la branche de la Roche-Brehant, depuis son origine jusqu'à Jeanne de Brehant, mariée par contrat de mariage du 10 août 1597, à Charles de Savonnières, seigneur de la Bretesche, etc. « Quant à la » maison de Brehant en Bretagne, on verra, dit l'au- » teur, par la généalogie qui suit, que j'ai extraite *sur* » *les titres*, quelle est sa noblesse. » Ce document auquel on peut reprocher pourtant quelques inexactitudes, a servi utilement à la rédaction de la Généalogie de la Roche-Brehant.

Il ne faut pas confondre la branche de la Roche et de Bonneuil-sur-Marne, avec celle de la Roche-Brehant; elles n'ont rien de commun entre elles. Cette branche, qui s'e einte après quelques générations, avait pour auteur Thibault, 2ᵉ fils de Gabriel de Brehant (V). L'un de ses membres, Anthoine de Brehant, fut capitaine du Château de la Bastille en 1598, mais il avait été précédemment Gouverneur de Guingamp, comme on le voit par le document suivant :

« L'an 1570, 2 décembre, brevet de gouverneur de Guin- » gamp, pour Jean Loz, sieur de Ruberzault. Gouvernement » vacant par la pure et simple résignation qu'en aurait aupa- » ravant ces heures faite en nos mains Anthoine de Brehant, » sieur de La Roche, dernier possesseur d'icelle. » (*D. Morice*, t. 3, col. 1391). Louis de Brehant, fils d'Antoine, « fut » nommé à l'âge de quinze ans à l'abbaye de Saint-Jacut, par » le roi Henri IV, l'an 1600. Le pape Clément lui accorda des » bulles le 1ᵉ mars 1603, à condition que le tiers des revenus » de l'abbaye serait employé aux réparations, qu'il prendrait » les ordres sacrés aussitôt qu'il serait en âge de les recevoir, et » que l'abbaye ne serait donnée dorénavant qu'à des religieux. » (*Taillandier*, t. 2, *Catalogue historique*, LXXXII).

Louis de Brehant ne se conforma pas aux prescriptions des bulles du pape, car il resta abbé de

Saint-Jacut sans avoir pris les ordres, chose d'ailleurs fort usitée à cette époque. C'est à tort que D. Taillandier le fait mourir en 1614, en prenant la date de l'abandon de son abbaye pour celle de son décès. L'erreur est tellement manifeste qu'on voit Louis de Brehant nommé l'année suivante écuyer ordinaire de la petite écurie du Roi.

« De par le Roy, grand maître de France, premier écuyer, etc.,
» Sçavoir faisons que par la bonne et entière connaissance et
» confiance que nous avons de la personne de notre cher et
› bien aimé Louis de Brehant, écuyer, sieur de la Roche et de
» Bonneuil, etc., pour ces causes et autres bonnes considéra-
» tions, nous ce jourd'hui l'avons retenu et retenons par ces
» présentes signées de notre main en l'estat et charge d'écuyer
» ordinaire de nostre petite escurie qui naguère soulloit tenir
› et exercer notre cher et bien aimé Jehan de Brehant, vicomte
› de l'Isle, son beau frère, dernier paisible possesseur d'icel-
» luy, vacant à présent par la pure et simple résignation qu'il
» en a ce jourd'hui faite en nos mains par sa procuration, cy
» attachée, au profit dudit sieur de la Roche pour par lui do-
» resnavant nous y servir. Donné à Poitiers, sous le scel de
» notre sceau le 16e jour de septembre, l'an 1615. Signé: Louis,
» et plus bas, par le roy : Loménie. Scellé sur papier aux armes
» du roy. » (Acte original sur parch. du Cabinet des titres).

Si cette preuve que Louis de Brehant ne mourut pas en 1614 n'était pas plus que suffisante, l'on en trouverait une autre, tout aussi décisive, dans le fait de son mariage en 1625 avec Marie Hurault, fille de Jean Hurault, seigneur de Boistaillé (V. *le Père Anselme*, t. 7. p. 719).

La généalogie des Hurault qui se trouve à la suite des Mémoires du chancelier de Chiverny attribue par erreur à Louis de Brehant les armes des Brehant de l'Isle. Il est dit de lui dans la *Généalogie manuscrite*, dont la rédaction, on se le rappelle, date de la fin du XVII° siècle : « L'écu de ses armes est blasonné dans

» cette abbaye (de Saint-Jacut) : *de gueules au léo-*
» *pard d'argent.* »

Les Brehant, vicomtes de l'Isle et seigneurs du Boisboissel, avaient une origine commune avec la maison
de Brehant et appartenaient sans aucun doute à la
branche de Brehant-Glécoët. Il existe, selon nous, une
forte présomption en faveur de cette opinion dans la
similitude qu'offre le blason des deux branches, les
macles. Il est à noter en outre que l'année (1427)
d'où date la filiation des Brehant, vicomtes de l'Isle,
semble correspondre on ne peut mieux avec celle de
l'époque à laquelle les Brehant-Glécoët abandonnèrent définitivement *le léopard* pour ne conserver que
les *macles*. Les Brehant de Galinée et ceux des autres
branches ont constamment considéré les vicomtes de
l'Isle comme leur appartenant par les liens du sang,
croyance basée sur une vieille tradition de famille qui
les fait descendre de Johan de Brehant, juveigneur,
fils présumé de Geoffroy. Cependant il existe un doute
à cet égard. La terre de la Villegaudu fut le partage de
Sybille de Tournemine, femme de Guillaume de
Brehant (II); or on lit dans une *Généalogie manus-*
crite de la branche des seigneurs de l'Isle, du nom de
Brehant, conservée au Cabinet des Titres, qu'Antoine
de Brehant (III), seigneur de l'Isle, vendit par acte du
3ᵉ jour d'août 1460, la plus grande partie de la terre
de la Villegaudu à Pierre de Beaulieu, que cette terre
était l'ancien partage de Sybille de Tournemine, et
qu'elle était échue à Antoine du chef de son aïeul.
L'auteur de la *Généalogie manuscrite* de la maison de
Brehant ne partageait évidemment pas cette opinion,
car il dit uniquement que la terre de la Villegaudu ne
resta pas la propriété des descendants de Guillaume

de Brehant par suite d'aliénation, et il cite à l'appui cet acte de vente de 1460, sans rien ajouter de plus. Si cette donnée était exacte, et mieux prouvée, l'aïeul d'Antoine, Jean, serait un fils puîné de Guillaume de Brehant, et dès lors l'attache des Brehant, vicomtes de l'Isle, n'offrirait plus de difficultés. Mais cette hypothèse ne reposant sur aucun titre authentique, l'on a cru devoir s'en tenir à la première version. Au surplus la plupart des nobiliaires de Bretagne, notamment celui de M. P. de Courcy, attestent cette origine commune. Il est prouvé par un procès-verbal des juges de la ville de Saint-Brieuc, en date du 31 août 1592, que tous les anciens titres de cette branche furent brûlés dans un incendie du temps de la Ligue. C'est par suite de cette disparition des titres anciens des Brehant de l'Isle qu'il a été impossible, jusqu'à ce moment, d'établir par preuves leur attache aux autres branches, de la maison de Brehant.

« La maison de Brehant, » (de l'Isle), dit M. Borel d'Hauterive, « est comprise dans toutes les réformations de Bretagne, » et sa filiation est établie depuis celle de 1427, la plus an- » cienne. Elle a été reconnue d'ancienne extraction et de che- » valerie, par arrêt du 15 novembre 1670. »

On lit dans les *Annales briochines*, par l'abbé Ruffelet :

« 1705. Mort du marquis de Brehant, maréchal de camp, ins- » pecteur général d'infanterie. Il n'a laissé qu'une fille mariée » au comte de Maillé, d'une des plus illustres et des plus an- » ciennes maisons du royaume. Celle de Brehant, aussi fort » distinguée dans la province, était en possession de la terre » de l'Isle dans la paroisse de Plœuc, dès 1426. Jean de Bre- » hant qui vivait dans le XVIe siècle, ayant épousé Jacque- » mine du Rouvre, fille de Bertrand seigneur du Rouvre, Jean » de Brehant, son fils, hérita collatéralement et par représenta- » tion de ladite Jacquemine, sa mère, de la terre du Boisboixel.

> » C'est à cause de cette terre que les seigneurs de Brehant ont
> » prétendu être les vidames de l'évêché de Saint-Brieuc. Les
> » évêques leur contestent cette qualité, et ne leur accordent
> » que celle d'écuyer ou de sergent féodé. Le vidame, *vice-do-*
> » *minus*, était celui qui était chargé de défendre l'Église contre
> » ses ennemis et de conduire à l'armée les milices dont les
> » évêques étaient autrefois tenus envers l'État. »

Le marquis de Brehant, militaire d'un grand mérite, contribua glorieusement, sous les ordres de
Chevert, son ami, à la conquête du Hanovre. C'est de
lui qu'il s'agit dans ces vers du fameux noël satyrique
de 1753 :

> « L'amour du militaire,
> » Monteynard et Brehant,
> » Avec de Talaru, se tenaient à l'entrée;
> » Approchez-vous, leur dit Jésus,
> » Vous serez toujours bien venus,
> » Ici comme à l'armée. »

Le marquis de Brehant ne laissa qu'une fille mariée
en 1769 au duc de Maillé, veuve en 1791, et décédée
au mois de juillet 1819. Elle fut dame du Palais de la
reine Marie-Antoinette. Lorsqu'elle apprit le péril
auquel l'attaque du château des Tuileries, le 10
août 1792, exposait cette princesse, elle essaya de
pénétrer jusqu'à elle, sans y pouvoir parvenir. Incar-
cérée peu de temps après dans les prisons de la rue
de Sèvres, elle fut appellée le 26 juillet 1794 à com-
paraître devant le Tribunal révolutionnaire. Une
erreur de nom qu'elle fit remarquer dans l'acte d'ac-
cusation suspendit sa sentence de mort, et le surlen-
demain la chute de Robespierre lui sauva la vie.

Avec le marquis de Brehant (Marie-Jacques) s'éteignit la descendance mâle de sa branche. Il avait été
admis aux honneurs de la Cour en 1751.

M. Borel d'Hauterive cite dans son *Annuaire de la noblesse* de l'année 1845 une lettre en date du 8 juin 1748 de M. de Clairambault à M. le Tourneur, premier commis de la Guerre, ayant rapport au marquis de Brehant dont on vient de parler. Sans s'arrêter à approfondir quel a été le motif réel de cette citation, l'on se contentera de donner la fin de la lettre en question qu'on n'aurait pas dû omettre.

« Pour en revenir à la noblesse de M. de Brehant, elle est » du nombre des anciennes de la province de Bretagne, dans » l'évêché de Saint-Brieuc, connue sous les titres de vicomte » et comte de l'Isle et admise dans le rang des nobles de che- » valerie par arrêt de la Chambre de réformation de Bretagne » de l'an 1670. M. de Brehant, colonel de Médoc, a eu pour bi- » saïeul ou trisaïeul Jean de Brehant, vicomte de l'Isle, écuyer » ordinaire des rois Henri IV et Louis XIII, dont la femme, ap- » pelée la vicomtesse de l'Isle, dame d'atours de la reine Marie » de Médicis, comme le prouve l'estat de la maison de cette » reine de l'an 1601 à l'année 1632. Si dans la suite M. le » comte d'Argenson désire un éclaircissement plus étendu, je » le lui enverrai quand il me l'ordonnera. » (Cabinet des ti- tres).

M. Louis de la Roque a reproduit cette lettre ainsi tronquée dans l'Introduction à son *Armorial de la noblesse de Languedoc*, mais comme elle n'a été imprimée pour la première fois qu'en 1845, il y a tout lieu de croire qu'il n'en a eu connaissance (dans sa forme incomplète) que par l'*Annuaire de la noblesse*.

Il n'a existé qu'une seule maison de Brehant en Bretagne, en y comprenant les Brehant de l'*Isle*, et dès lors tous les sujets de ce nom appartenant à la noblesse, dont la jonction est restée ignorée, en font nécessairement partie. Le passage suivant de la *Gén. mss.*, à propos de « Madame Tiphaine, » seconde femme de Jehan (I), doit leur être appliqué : « C'est

» sans doute ce second lit qui a donné lieu à quelques-
» unes des branches dont nous ne pouvons faire l'at-
» tache faute de titres. » L'on a donc jugé à propos
de mentionner ces sujets à la fin de la Généalogie pour
la rendre aussi complète que le permettent les circonstances.

L'auteur de ce Mémoire et de la Généalogie qui va
suivre doit dire, en terminant, qu'il a eu fort à se louer
de l'empressement de M. le marquis de Chabrillan,
son parent, à lui communiquer tous les titres et documents de famille de nature à l'aider dans son travail
et à en garantir l'authenticité. Il ne doit pas oublier
d'ajouter qu'il a dû à l'obligeance de M. Raison de
Cleuziou, président de la *Société archéologique et historique des Côtes-du-Nord*, et de M. Pol de Courcy
plusieurs renseignements importants qui lui ont été
d'une grande utilité en ce qui concerne les branches
collatérales de sa famille. M. de Courcy est, comme on le
sait, l'auteur d'un *Nobiliaire et Armorial de Bretagne*,
œuvre d'érudition et de patience aussi exacte et con-
sciencieuse que peut l'être un recueil de ce genre.

La Généalogie de la maison de Brehant n'a été tirée
qu'à un nombre très-limité d'exemplaires.

Mis de Brehant.

GÉNÉALOGIE

———

DE BREHAND, BREHANT, BREHAN, seigneurs de Brehant-Loudéac, Glécoët, Coëtuhan, Timadeuc; de Brehant-Moncontour; de la
Roche-Brehant et du Chastellier; de Mouëxigné, Belleissue, Beaulieu,
Saint-Alban, la Ville-Corbin, du Clos-Bonnet, de Galinée, des Cougnets, de la Haie-Bouttier, la Morinière et du Bois-Cleret; du Pont-
grossard, Lagrée, Launay-Milon et la Villepied; châtelain du Plessis,
baron et comte de Mauron, seigneur du Pellen, comte de Plélo et châtelain de Saint-Bihi, baron de Pordic, vicomte de Beuves, baron de
Kerouzéré, seigneur de Tressigneaux et de l'Oursières; de la Sorays
et de la Lande; de la Roche et de Bonneuil, de la Plesse et de la
Villehatte, la Villaudry et de la Corbonnaye; du Chesnay, de la Marche, etc.; baron de l'Empire, marquis de Brehant.

Anc. ext. chev., Réf. de 1423, 1443, 1513, 1535 et 1668, par.
de Brehant-Loudéac, Saint-Potan, Maroué, Plérin, Iffiniac, Év. de
Saint-Brieuc, etc.

SCEAUX DE 1275 ET 1405.

Armes : *De gueules à un léopard d'argent.*
Couronne : *De marquis.*
Supports : *Deux lions.*
Devise : *Foy de Brehant mieux vault qu'argent,* ou *Fides Bri-
hentensium.*

ALLIANCES

DE LA

BRANCHE DE GALINÉE, DE MAURON, ET DE PLÉLO*

⸻

XIIIe siècle. — D'Hereford ; de Rohan ; de Beaufort.

XIVe siècle. — De Tournemine ; de Budes de la Roche ; de Beloczac ; *du Gouray* ; le Vayer.

XVe siècle. — De Plœuc ; *Sauvaget ; du Margaro ;* Dinan ; Annor de Ponthièvre ; le Gara..gier ; Ourry du Breuil ; baron de la Hattais ; *Boschier d'Ouræigné ; Le Forestier ; Jorel ;* de la Lande ; *de Barac'h ;* Le Breton du Boisboi.sel ; de Kermartin ; de Plœré ; *Beruyer du Margaro ; Boudan de la Laude.*

XVIe siècle. — De Lesquen ; Guibé ; de Kergu ; *du Boisgelin ; Chuignon de la Ville-Derrien ; du Bouilly ; Urvoy de la Ville-oury ; de Kergariou ;* des Cougnets (Cognets) ; du Plessis-Mauron (de Grenédan) ; *Richard ; Le Vayer ; Pépin du Frettay ;* de Lorgéril : Huby de Kerlosquet.

XVIIe siècle. — De Lesmeleuc ; de Visdelou ; *Le Vicomte ; La Moussaye ; du Boisadam, de Boschier ; Moro de la Villebougault ; Rouxel ; du Bouilly ;* Le Fero ; de Bouan ; *d'Andigné ; des Nétumières ; du Poulpry ;* de Quélen ; du Gouray ; *de Sévigné ;* de la Falluère.

XVIIIe siècle. — Le Roy de la Boissière ; Phelyppeaux de la Vrillière ; *du Plessis-Richelieu d'Aiguillon ;* Millot ; de Bellangor.

XIXe siècle. — De Créey ; Peacock.

* Les noms en caractères *italiques* indiquent les alliances du côté des femmes.

Ces alliances ont et avaient établi des liens de parenté entre les Brehant et les d'Acigné, d'Audigné, Berghes Saint-Winock, de Bellouan, de Balay, de Breteuil, du Bourblanc, du Boisboissel, Boschier d'Ourxigné, de Bressolles, de Boisgeslin, du Briel de Pontbriant, de Bouëxière, le Borgne de Lesquiffiou, de Castéga, de Crécy, de Chabrillan, du Chastellier, Chretien de Treveneuc, de Challonge, des Cougnets (Cognets) de Cornulier (branche aînée), de Courtivron, de Durfort, de la Fontaine-Solare, ducs de Coislin, de Frémiot, de la Falluère, de la Fruglaye, du Gouray, de Guemadeuc, de Hédouville, de Janzé, de Kergu, de Kergariou, de Kerroignant, de Lannion, de Lescoët, de Lesmeleuc, de Langeron, de Montmorency, de Mornay, de Monceau d'Auxy, de Marsaguet, de Montbourcher, de Montesquiou, Le Mintier, de la Moussaye, des Nétumières, de Nos, de Parcey, du Pont, ducs du Plessis-Richelieu d'Aiguillon, de Plœuc, du Plessis de Grenédan, du Poulpry, Peacock, de Quélen, de Rennepont, de Robillard, de Rohan, de Rosmadec, de Saint-Denoual, de Saint-Blimont, de Sorans, de Sauvaget, II. de la Source, ducs de Sully, du Trembloy, Urvoy de la Villeoury, d'Ivignac, de Vaucouleurs, de Visdelou, Le Vayer, ducs de la Vrillière, Willson (Peacok), de Rauceby-Hall, etc.

ORIGINE ET PREMIERS SUJETS

La maison de Brehand est citée comme une des plus anciennes et des mieux alliées de Bretagne, une de celles que les généalogistes appellent *Millenaires*, et connue dès le commencement du xıe siècle dans l'Histoire de cette province où elle tenait rang parmi les anciens barons du pays, avant la réduction faite en 1451. D. Lobineau, dans son *Traité historique mss. des Barons de la Bretagne*, dit, p. 256 et 257 : « Il ne sera pas ici hors de propos de faire une récapitulation » des plus considérables noms à qui les actes publics, même émanés » des ducs et rois, ont donné la qualité de baron : Dinan, Sion, Bre» hant, la Roche-Guébriac, la Feillée, Madeuc, Lohéac, Rostrenen, » Bains » Dans une donation de l'an 1107 faite par le duc Alain Fergent à la ville de Quimperlé se trouve ce passage : « De curialibus au» tem Brient filius Gaufredi » (barons d'Alain Fergent, *D. Morice*, t. I, col. 843) ; et dans une donation du même duc de la forêt de Puzarles (aujourd'hui de la Madeleine en-Bois) à Marmoutier, il est dit : « Hoc viderunt et audierunt de baronibus comitis isti. Mauricus » de Ancesino, Brientius senex (Brehant le Vieil), Oliverius fil.

› *Brientii.* » (*D. Morice,* t. I, col. 524. Titres de Marmoutier.
Barons d'Alain Fergent). Comme on le verra aussi plus loin, les premiers sujets du nom de Brehant étaient vicomtes de Poodoure, c'est-
à-dire qu'ils tenaient rang parmi les barons. La lettre de D. Lobineau
au comte de Mauron, rapportée dans le *Mém. prél.,* corrobore cette
opinion.

    Le nom de cette maison (à son origine, Brechan, Brenhan, Brithan,
Brehen, Brihan, et en latin, *Briendiis, Brientii, Brehentii, Brihen-
tensis de Briendi*) s'écrit Brehand, Brehant et Brehan. Tous les titres anciens et modernes, actes publics et pièces qui la concernent,
à dater d'environ 1164, offrent indifféremment ce nom écrit des
deux premières manières jusqu'au milieu du xviiiᵉ siècle. C'est le
marquis de Brehan (XV) qui, le premier, abandonna entièrement la
lettre finale de son nom patronymique, et ses descendants depuis lors
suivirent son exemple.

    La maison de Brehant eut pour berceau la terre et seigneurie de
Brehant-Loudéac, laquelle devint plus tard la propriété des Rohan.
On ignore quand et comment cela eut lieu. « L'an 1080, » dit Ogée
dans son *Dictionnaire historique et géographique de la province
de la Bretagne,* « la seigneurie de Brehant-Loudéac appartenait à
» Brehand-le-Vieux ; la maison de Brehant, comte de Plélo et autres
» lieux, tire son nom de cette terre. Elle a haute, moyenne et basse
» justice. » (V. aussi les *Annales Briochines,* par l'abbé Ruffelet.)
Elle a pareillement donné son nom à une autre seigneurie, celle de
Brehand-Moncontour, comme il résulte : 1º d'un titre de l'an 1128,
emprunté au cartulaire de Saint-Melaine, et dont il sera parlé à l'article Moysan de Brehant ; 2ª d'un acte de partage de l'an 1309, donné
par Jehan de Brehant (I) à ses enfants du premier lit, par lequel on
voit que « la paroisse de Brehant était un fief ou féage, et seigneurie
« de Johan de Brehant » (*D. Morice,* t. I, col. 1224). Cette seigneurie est restée dans la maison de Brehant jusqu'en 1400 environ. Elle
la possédait, comme on vient de le voir, dès 1124. La seigneurie de
Brehand-Moncontour faisait partie, à une époque reculée, de l'ancien
vicomté de Poodoure « dont, dit l'auteur de la *Gén. mss.,* on ne
« découvre que de légers vestiges, à cause de sa grande antiquité.
» *Feudum Brihentensium* s'étendait dans les territoires de Plouuc,
» Corseul, Dinan, Tréduniel, etc. Après Geoffroi, dit *Balisson,* je ne
» trouve plus d'autre vicomte de Poodoure que Rolland, mentionné
» dans un titre de Marmoutier d'environ 1218 : *Ego Juhellus de
» Meduana* (Juhel de Mayenne), etc. *Pax facta et confirmata est
» in mea curia inter dictos monachos, et Rollandum de Poo-
» douria, Radulphum de Spineto.* »

« Les anciennes maisons qui ont pour origine des fiefs et seigneu-
» ries considérables ont toujours paru avoir quelque avantage sur les
» autres, et c'est une opinion constante parmi les savants que les
» noms les plus anciens sont ceux de terres. La maison de Brehant
» réunit en elle d'avoir des fiefs de haubert de son nom, et d'avoir
» donné ce nom à de grands fiefs (*Gén. mss.*). »

Quelques auteurs attribuent à la maison de Brehant une origine
commune avec les Châteaubriant, particulièrement celui d'une *Table
généalogique, dans laquelle on représente la filiation des anciens
seigneurs de Brehant* (Cabinet des Titres). D'après cette table, Ti-
horn, fondateur de la maison de Châteaubriant, aurait eu pour frère
Geoffroi de Brient, surnommé *Brientius vetulus*, ou Brient *le
Vieux*. Suit la filiation en sept degrés, jusqu'à Etienne de Brehant,
qui épousa Alips de Rohan. « Le peu qu'on en dira est prouvé par titres, » ajoute l'auteur; mais ces preuves à l'appui d'une origine commune, il ne les fournit pas, et l'on n'en trouve nulle part la moindre
trace. Il est à noter en sus qu'aucun des actes, dont on a connaissance, dans lesquels est mentionné *Brientius senex*, ne le désigne
sous le prénom de *Geoffroi*. En somme, il est évident que les auteurs
généalogistes n'ont jamais pensé qu'il existât rien de commun entre
les Châteaubriant et les Brehant. Ainsi donc, nonobstant l'illustration
généalogique qui rejaillirait sur les Brehant de pouvoir se dire une
branche cadette de la maison de Châteaubriant, c'est un honneur auquel ils ne croient pas avoir l'honneur de prétendre.

La citation suivante est empruntée à l'auteur de la *Généalogie mss.
de la maison de Brehant*, qui la dit extraite de la *Chronique latine*
de Pierre le Baud. Il veut parler sans doute de l'*Histoire de Bretagne* du même, traduite en latin par d'Argentré, *mss.* de la Bibliothèque Impériale. Mais cette citation appartient-elle réellement à cet
ouvrage? Cela semble douteux, car on y a cherché en vain le passage
en question. Toujours est-il qu'on n'a nullement en vue ici de faire
prévaloir, en fait d'origine, des prétentions nobiliaires qui n'ont aucun
caractère d'authenticité, et ne pourraient invoquer en leur faveur que
la tradition.

« *Antiquum nobile et belliquosum genus Brientensium, quod
» gallice Briant, Breant, vel Brehan dicitur, nam aspirationis
» notam, sicut apud eruditos notatur tuo, nihil debemus mirari,
» cum Britanni, quibus lingua erat sibila, aspiratione gaudeant,
» ita ut Brito, et Brithania dicebantur, nec differentiam facit lit-
» tera E, vel littera I, nam convertuntur, et idem significant in
» pronuntiatione, ita ut Brehan, vel Brihan idem plane sunt; in
» partibus Angliæ, ad Austrum et Hiberniam appropinquantibus*

» *amplum territorium dominavit, et ibi* principatum *tenuit ; quæ*
» *regio dominationem a dominantibus accepit, et vulgo apud*
» *Wallos estimatur* Brechannia a Brihentensibus principibus dicta.
» *Tandem unus ex illis devictus a Barbaris incursantibus,*
» *transmarinas regionespetiit, et in Armoricam Galliæ secessit*
» *cum Brientensibus suis. Walli existimant hic princeps Bre-*
» *channus numerosam prolem suam filiorum in Britannia reli-*
» *quisse quas omnes inter* Martyres *collocant.* »

« Un ancien cartulaire de Marmoutier, dit Ogée, à l'article *Plélo*,
» nous apprend que l'an 1000, Genitus de Bréhant fit une donation au
» prieuré de Lehon, près Dinan. » Bréhant dit *le Vieil*, suivant un
autre titre de Marmoutier, fait, vers l'an 1080, une donation au
prieuré de Saint-Martin de certains fiefs à lui appartenant et usurpés
sur lui et ses ancêtres par les seigneurs de Dinan : il y est qualifié
Brientensium summus dominus et eorum primogenitus ac Sancti-
Martini monachus, etc. On voit dans ce même acte qu'il avait
épousé la sœur de Guildinus, fils de Gilon. Cet acte qui faisait partie
des Titres de Marmoutier, est rapporté par D. Lobineau dans son
Histoire de Bretagne, t. II, p. 140, et se trouve mentionné aussi
par lui dans la *Table ou Inventaire des pièces* sous ce titre : « Acte
» où il est parlé des fiefs de Brient usurpés par Geoffroi de Dinan, où
» plusieurs témoins sont cités, comme Goion, Miniac, Broons, » etc.

Guillaume de Bréhant, son fils, dit *le Vieil*, comme son père,
souscrivit à cette donation avec Gauthier, son frère, surnommé *Tas-*
cha. Guillaume est encore mentionné dans un titre de Marmoutier, de
l'an 1100, au sujet des fiefs et dîmes donnés à l'Évêque de Saint-
Brieuc et à l'abbaye de Saint-Melaine, dans la paroisse de Bréhant,
par ses ancêtres, et depuis par Connan de Bréhant, son aîné : « *Si-*
» *cut jam ante concesserat et concessum fuerat per Conanum*
» *cognomento de Moncontor, primogenitum suum* (de Bréhant *le*
» *Vieil*). »

Arnaud de Bréhant signe comme témoin à un acte du mont Saint-
Michel, contenant une donation faite aux moines de Saint-Michel, par
Guillaume, fils d'Irfoy de Bréhant, et frère d'Hervey, avant d'aller à
Jérusalem, en l'an 1110 « *Guillelmus Irfoii filius, Hervei autem*
» *frater, iturus Jerusalem quamdam decimam de Sancto-Broe-*
» *ludrio, quam tenebat de Dolensi archiepiscopo, Sancto-Mi-*
» *chaeli et monachis de Monte dedit, etc. Testibus his : S. Bal-*
» *dini archiepiscopi. S. Hugonis filii Ranulfi. S. Geraldi filii*
» *Ernaldi de Briendi,* » etc. (D. *Morice*, t. I, col. 522. Titres du
mont Saint-Michel.)

Norman de Bréhant se dit fils d'Arnaud, comme il résulte d'un titre de Marmoutier dont voici la fin : « *Testes : de dono Gaufredi frater* » *illicis batardus Normanus filius Alnardi Brienni.* » Norman signe comme témoin à la fondation du prieuré de Jugon par Olivier, seigneur de Dinan, en l'an 1109 (*D. Morice*, t. I, col. 520. Titres de Marmoutier). « *Ex parte vero Oliverii, ipse Oliv. Guillelmus* » *filius Norman de Brihan.* »

Guillaume de Brehant, fils de Norman, signe, comme témoin, à la fondation du prieuré de Lamballe faite par Geoffroi, duc de Bretagne, le 24 juillet 1120 (*Gén. mss.*).

Moysan, ou Morsan de Brehant, qualifié *Miles*, et ses frères Guernon, Eudon et Judicaël de Brehant, moine de Saint-Benoit, « touchés, » comme dit l'*Histoire de Bretagne*, des scrupules que les prédica- » teurs de ce temps tâchaient d'inspirer aux gens de qualité sur la » possession des églises et des dîmes dans leurs fiefs (*Gén. mss.*), » font don, en 1121, à l'abbaye de Saint-Melaine de l'église de Brehant qu'ils possédaient comme leur héritage, « *jure hereditario.* » (Cartulaire de l'abbaye de Saint-Melaine. *D. Morice*, t. I, col. 552). Moysan de Brehant, devenu vieux, se fit moine, et devint abbé de Saint-Aubin-des-Bois. « Il obtint (1163) une bulle du pape Alexan- » dre III qui confirme les dons faits à Saint-Aubin par les fidèles » (*D. Taillandier*, catalogue des évêques et abbés de Bretagne). Moysan est mentionné, en sa qualité d'abbé de Saint-Aubin-des-Bois, dans un acte de l'année suivante concernant l'engagement d'une terre à cette abbaye : « *Comite Stephano vivente Bertrannus filius* » *Manguy quamdam terram Sancto-Albino pro LX solidis in* » *vandimonium posuit. Sub Gaufrido vero comite Boterello co-* » *mitis Rivallonis filio, idem miles, hanc conventionem fecit de* » *eadem terra cum Moysano abbate S.-Albini coram comite* » *Gaufrido. Testes Moysantus de Brehant, duoque sacerdotes et* » *unus levita,* » etc. (*D. Morice*, t. I, col. 655).

Voici une autre charte tirée des Titres de Marmoutier au sujet des donations faites à l'église par les seigneurs de Brehant, et dans laquelle il est encore question de Moysan ou Morsan de Brehant : « *Ego* » *Mors. Brientensis miles, concedo, et pro salute animæ meæ,* » *pia voluntate confirmo, ut monachi B. Melanii habeant medi-* » *tatem decimarum de Briant, sicuti ex dono Brientensium an-* » *tecessorum meorum habere solebant, salvo tamen jure, quod* » *Episcopo Briocensi fuit, jam antea, et a longo tempore a* » *Brientensibus meis antecessoribus concessum in toto plebe Brien-* » *tensi, quod in integrum huic reservamus, consentiente et con-* » *cedente Brientio filio primogenito. Hujus rei testes sunt :* Rol-

» *landus Madoci, Morvanus de Sago, Guegon Gobio* » (*Gén. mss.*).

Par un acte de 1152, tiré des Archives du prieuré de Guingamp, Rivallon, fils de Geoffroi, comte de Bretagne, ratifie les donations des dîmes et fiefs faites aux temps passés par ses ancêtres et ses principaux barons aux moines de Saint-Melaine, au nombre desquelles se trouve celle du seigneur de Brehant de la moitié des dîmes dans Brehant. L'acte est conçu en ces termes :

« *Ego Rivalonus, D. G. Britanniæ Comes, pro salute animæ*
» *meæ, et pro anima patris mei G. et matris meæ, concedo, ac*
» *si illi mei, confirmo monachis S. Melanii quidquid in terra*
» *mea possident dono antecessorum meorum, vel dono Baronum*
» *meorum, siculi temporibus præteritis tenuerunt ecclesiam Mi-*
» *chaelis apud montem consularem, medietatem decimarum de*
» *Plancoryval* (Planguenoual) *et medietatem decimarum de Bre-*
» *hant. Actum, anno Domini 1152. Testes : Gaufridus de Brihan*
» *nepos Ernaldi,* » etc. (*Gén. mss.*). Cet acte constate, une fois de plus, que les premiers sujets du nom de Brehant tenaient rang parmi les anciens barons de Bretagne.

Alain de Brehant fait don, en 1184, de certaines dîmes à Saint-Magloire de Lehon. « *Ego Alanus Brientii filius notum facio*
» *quod controversia que vertebatur inter monachos Sancti Ma-*
» *glorii de Lehun et heredes teloncariorum de Corsot super de-*
» *cima quam predicti monachi habent in parochia de Corsot*
» (Corseul) *in feodo vicecomitatus de dono antecessorum meorum*
» *vice comitum de Poodouria, per industriam et solicitudinem*
» *Gaufredi Comitis Britanniæ filii regis Auglie ad debitum de-*
» *ducta est finem, etc. Remansit igitur decima supra dicta mo-*
» *nachis, et hoc concessi ego et Gaufridus Balucion* (Balisson) *fi-*
» *lius meus. Testes,* » etc. (*D. Morice,* t. I, col. 704). Note de D. Morice : « Titres de Marmoutier. Sceau, un homme à cheval, l'é-
» pée à la main droite, et tout autour est écrit *Sigillum Alani filii*
» *Brientii.* » Alain de Brehant est mentionné encore dans une En-
quête faite en l'an 1184 au sujet des droits de l'archevêque de Dol. Cet acte faisait partie des titres de l'église de Dol. (*D. Morice,* t. I, col. 386.) D'après un renseignement emprunté au Cabinet des Titres, Alain de Brehant aurait épousé une dame nommée Mareil.

Etienne de Brehant, chevalier, fils d'Alain, vivait en 1230, et mou-
rut à la Croisade en 1272. L'on compta de son rachat en 1272. Ses frères furent Raoul, Olivier, et Geoffroi, l'aîné, surnommé *Balisson,* mentionné, comme on vient de le voir, dans l'acte de 1184 Le long intervalle de temps qui s'est écoulé entre la date de cet acte et l'épo-

que de la mort d'Etienne fait connaître que Geoffroi devait être beaucoup plus âgé que ses frères. Etienne de Brehant (1267) est employé
avec Thibault de la Motte, Riou, Madeuc et autres, dans un Registre
latin de comptes, rachats et recettes rendus au duc Jean-le-Roux
(*D. Morice*, t. I, col 1009). « Etienne de Brehant est marqué dans
» la chronique de Pierre le Baud avoir été un des fils puînés d'A-
» lain. » (*Gén. mss.*)

Raoul de Brehant, qualifié *Miles*, accompagna son frère Etienne à
la Croisade, et de retour en Bretagne donna à l'abbaye de Boquen une
dîme, un pré et quelques fiefs situés dans les paroisses de Trebry et de
Tredaniel contiguës à celle de Brehant-Moncontour. Cet acte (Titres
de Boquen) est de 1275, et nous apprend que Raoul avait pour femme
Sybille d'Hereford que Pierre le Baud attribue par erreur à Etienne
de Brehant. Olivier de Brehant, surnommé *Bodin* et *Piederibot*, son
frère, ratifie la même année cette donation (*Gén. mss.*).

Il résulte d'un vieux fragment de l'Obituaire de l'église de Brehant
qu'Etienne de Brehant avait épousé Alipse de Rohan, fille d'Alain de
Rohan et d'Eléonore, fille d'Eudes, vicomte de Porhoët : X *Kal. no-*
vemb. sepulta est D. Alipsa de Rohan, relicta et quondam uxor
Dni. S. de Brehant, Milt, qui jam ante decesserat et ibi... « Le
reste ne peut se lire. » ajoute l'auteur de la *Généalogie mss.* (V. aussi
Ogée, t. II, p. 285.)

Do ce mariage sont nés :

1° JEHAN DE BREHANT, qui commence la filiation authentiquement établie des seigneurs de Brehant de la branche de Belleissue, de
Galinée, de Mauron et de Plélo ;

2° GEOFFROI OU JEFFROI DE BREHANT, surnommé *Alain* dans plusieurs actes (*Gén. mss.*). On lui donne pour femme Tiphaine
de Boisglé, veuve de Geoffroi Botherel, sire de Quintin. Il fut l'auteur de la branche de Brehant-Glécoët (V.
branche de Brehant-Glécoët). Geoffroi fit, par un acte de l'an
1272, cession de ses droits sur la terre de Cuonust (*D. Mo-*
rice, t. I, col. 1020), et fut avec Prigent de Coëtivi, Thomas
de Chemillé et Thibault de la Foillée, chevaliers, un des témoins de l'accord entre le vicomte de Rohan et Hervé de Léon
(*D. Morice*, t. I, col. 1087). La transaction est de l'an 1288;

3° BERTRAND DE BREHANT, écuyer, signataire, avec son frère Jehan
de Brehant, de l'acte de l'an 1275 qui changeait *la coutume*
du bail des mineurs en rachats.

FILIATION

—

I. JEHAN, sire de BREHANT, qui vivait en 1250, et se croisa avec Jean, dit le Roux, duc de Bretagne, eut pour première femme Sybille de Biaufort, *alias* de Beaufort, fille de Monsour Alain de Biaufort, morte avant 1309. On ignore le nom de famille de sa seconde femme, « madame Tiphaine, » comme il est dit dans un acte de partage de 1309, dont il sera question plus loin.

Jehan de Brehant signa en 1275 l'acte par lequel le duc Jean de Bretagne changeait *la coutume du bail des mineurs en rachats.* « Cet acte, dont un des originaux existe aux archives du château de Nantes (*Gén. mss.*), » et qui est rapporté par D. Morice dans ses *Mémoires pour servir de preuves à l'Histoire de Bretagne*, t. I, col. 1039, « est, » dit l'auteur de la *Généalogie manuscrite de la maison de Brehant*, « scellé » de 39 sceaux, dont le neuvième du premier rang est celui » de Jehan du Brehant. Ce sceau représente un chevalier armé » de toutes pièces, l'épée haute, tenant un écu chargé d'un » léopard. » On lit sur la queue du parchemin, ajoute l'auteur de la *Généalogie mss.*: *Sigillum Bertrandi de Brehant armigeri.* D'où il résulte que Jehan de Brehant ne fut pas le seul de son nom ayant pris part à cet acte du 1275 qui, comme le fait remarquer Havin dans son Traité sur *l'Assise du comte Geoffroi*, fut un concordat passé entre le duc Jean Ier et la noblesse de

Bretagne possédant les grands fiefs. Jehan de Brehant partagea en 1309 ses enfants du premier lit. Cet acte commence
ainsi : « Sachent tous comme contents fut emeu entre Guil-
» laume de Brehant damoisel, fils aisné, Monsour Jehan de
» Brehant, chevalier, d'une partie, et Jehan de Brehant, frère
» juveigneur dudit Guillaume, de l'autre, etc., » et se termine
ainsi : « Ce fut et furent fait au mois de janvier de l'an
» de grâce mil trois cent et neuf ans. » (*D. Morice, t. I,*
» col. 1224, pris sur copie collationnée). A la suite de l'acte,
se trouve la note suivante : « Cet acte est scellé de plusieurs
» sceaux. Le premier, et présentement rompu, dans le temps
» d'une autre copie faite en 1613, est rapporté qu'il était en-
» tier, grand et chargé d'hermines. L'autre est le propre sceau
» d'icelui chevalier, qui est un sceau à cheval. Le quatrième
» est un sceau des armes de Brehant. Le reste est rompu. » Le
texte original, conservé dans les archives de Chabrillan, est
intitulé : « Parties faites par monseigneur Jehan, sire de
» Bréhant, o ses enfants de ly et de madame Sybille de Biau-
» fort, jadis sa femme. »

Les enfants de Jehan de Brehant et de Sybille de Biaufort
furent :

1º Guillaume de Brehant qui suit :

2º Jehan de Brehant, juveigneur, mentionné comme on
    vient de le voir, dans l'acte de partage de 1309, et
    dans un titre de Saint-Aubin-des-Bois. Ce titre est
    un *vidimus* par la cour de Penthièvre d'une conces-
    sion de Marguerite, dame de Plancoët, de l'an 1233.
    Le *vidimus* est de l'an 1322. Jehan de Brehant, Roland
    de la Roche, etc., y figurent comme témoins (*Archives
    de Chabrillan et Cabinet des Titres*). Jehan signa aussi
    comme témoin, en 1310, à une « assiette de 200 livres
    » de rente faite par Guy de Bretagne à Simon de
    » Montbourcher. » (*D. Morice, t. I, col. 1289*);

3º Pierre de Brehant, mentionné pareillement dans l'acte
    de partage de 1309, et appelé de Launay, du nom de
    son partage, laissa trois enfants de sa femme, Jeanne
    de la Motte ;

  A. Guillaume de Brehant, dit Launay, chevalier,
      en renom du temps du connétable du Guesclin,
      selon la *Gén. mss.*;

  B. Jean de Launay ;

  C. Pierre de Launay.

Il est à remarquer que les enfants de Pierre de Brehant, fils de Jehan, prirent, comme leur père, le nom de Launay, et qu'ils portèrent le *léopard d'or comme brisure*, chose fort usitée à cette époque. Il est à noter aussi que les trois enfants de Pierre de Brehant furent nommés Guillaume, Jean et Pierre, comme les enfants de son père. (*Gén. mss.*). Jehan de Brehant, devenu veuf avant 4300, se remaria et eut plusieurs enfants de sa seconde femme, dont on ignore la famille, et désignée seulement sous le nom de « madame Tiphaine » dans le partage de 4309. La date précise de la mort de Jehan de Brehant n'est pas connue; mais il dut mourir à un âge avancé, car il est dit dans la *Généalogie manuscrite :* « Le partage de 4309 eut lieu dans sa vieillesse, alors que ses » fils avaient de grands enfants. »

II. GUILLAUME DE BREHANT, mentionné dans l'acte de partage de 4309, comme fils aîné de Jehan, sire de Brehant, reçoit, en cette qualité, ses frères juveigneurs, Jean et Pierre, *en homme bouche baisée et mains jointes comme gentils.* On voit par ce même acte que « Jehan, son père, avait tout ferme droit » dans la Bretagne, excepté ce que l'Eglise tenait de la libé- » ralité de ses ancêtres. » Il fut nommé de *Moncontour*, soit à cause du fief de ce nom, soit parce que la maison de Moncontour, fondue depuis plusieurs siècles dans celle de Brehant, avait avec elle une origine commune. Guillaume est cité dans l'ancienne *Chronique et Histoire de Bretagne*, comme *estant vieil et appert capitaine*, et commandant une compagnie de cent vingt lances. (*Gén. mss.*). Il mourut dans un âge avancé, vers l'an 4360. Guillaume de Brehant avait épousé Sybille de Tournemine, fille de Pierre, sire de Hunaudaye, ainsi qu'il est dit dans un acte de partage du « vendredi avant la Sainte-Brigitte, » donné par Geoffroy de Brehant, son fils, à Pierre, son frère puîné, en l'an 4304.

Cet acte, rapporté par D. Morice, au t. I, col. 1474 des *Preuves*, est accompagné de la note suivante : « Le reste est » usé et effacé. Il n'y a plus que deux sceaux, l'un d'hermines » presque rompu, l'autre moins rompu, qui est un écu de » Brehant à un *léopard passant.* »

M. de Courcy mentionne, dans son *Nobiliaire et Armorial*

de Bretagne, à l'article *Volance*, cet acte de partage de Geoffroi de Brehant. L'on voyait jadis dans l'église des Augustins
de Lamballe, où fut inhumé, en 1342, Olivier de Tournemine,
seigneur de la Hunaudaye, fondateur de ce couvent, les écussons de Brehant et de Tournemine en alliance. Sybille de Tournemine eut en partage la terre de la Villegaudu, près Lamballe. (Voir, au sujet de cette terre, la partie du Mém. prél.
où il est question des seigneurs de Brehant, de la branche de
l'Isle.)

Guillaume de Brehant laissa de son mariage avec Sybille
de Tournemine :

1° Geoffroi de Brehant, chevalier, fils aîné selon l'acte de
partage « du vendredi avant la sainte Brigitte, » déjà
cité. « Pierre le Baud, » dit l'auteur de la *Généalogie
mss.*, « qu'on peut suivre en bien des choses, quoi-
» que peu exact et très-éloigné de l'infaillibilité, lui
» donne pour femme, en premières noces, Azénor de
» la Roche, fille de Budes de la Roche, chevalier fameux,
» et son héritière, et mes manuscrits lui en donne une
» seconde qui fut Aliette de Beloczac. » Quoi qu'il en soit,
» voici ses enfants issus de l'un où l'autre mariage :

A. Guillaume de Brehant, dont la postérité se perdit,
après plusieurs degrés, dans la maison de Ché-
millé et l'ancien Molac. Guillaume comparaît à la
montre de Bertrand du Guesclin du 1er juillet
1371 ;

B. Brient de Brehant, souvent nommé de *Moncontour*, comme son aïeul. Il mourut sans postérité ;

C. Jehan de Brehant, *auteur de la Branche de la Roche-
Brehant qui se perpétua jusqu'à la fin du* XVIIe
siècle. Il brisa son écu d'*une couronne*, autrement
nommée *chapeau de triomphe*, mais conserva toujours *le léopard* de sa maison. Il vivait en 1384 ;

D. Jeanne de Brehant, mariée vers l'an 1369, à Robin du Gouray, chevalier, et veuve avant 1389,
comme il appert d'une donation de Jeanne à sa
fille aînée, Perrotte du Gouray, en date du
« vendredi après le *miserere* » de la même année. (*Gén. mss.*). Jeanne de Brehant eut en
partage le fief de Launay-Brehant.

2° Pierre qui suit ;

3° Bertrand de Brehant, qui rend hommage en juveigneu-
rie, à Geoffroy, son aîné, par acte de 1321, après avoir
obtenu son partage.

III. PIERRE DE BRÉHANT, damoisel, fils puîné de Guillaume,
servit, en 1356, dans les guerres de Charles de Blois et de Jean
de Montfort, et comparut à la montre de Jean, sire de Beaumanoir, de l'an 1356. (*D. Morice*, t. I, col. 1505.) Il est
qualifié dans une procédure de 1392 : « *Petrus de Brehant,*
« *domicellus nobilis, et ex nobili prosapiâ etiam baronum ex-*
» *titit procreatus.* » Il forma la *Branche des seigneurs de Belleissue, de Galinée, de Mauron et de Plélo, encore existante,
maintenant branche aînée, et dont il est spécialement question dans cette Généalogie*. L'Histoire de Bretagne (*D. Lobineau*, t. I, p. 348, et t. II, p. 495) met Pierre de Brehant au
nombre des capitaines et des gentilshommes qui prirent part aux
guerres entre Charles de Blois et de Jean de Montfort pendant
les années 1356 et 1357, etc. (*Gén. mss.*). Pierre de Brehant
est souvent appelé *Pierrot* dans les actes, entre autres dans
celui de 1301, où il est désigné indifféremment sous le prénom de Pierre et Pierrot. Il épousa Aliette le Vayer, fille de
Geoffroi, seigneur de Trégomar (*d'argent à trois haches
d'armes de sable, 2, 1.*), chevalier, et veuve d'Olivier Salmon,
chevalier, dont elle avait eu Jeanne Salmon, qui par acte du
15 juillet 1302 vendit, de concert avec Geoffroi de Brehant,
autorisé de Pierre de Brehant, son père, plusieurs héritages
qui leur étaient échus du chef d'Aliette le Vayer, leur mère de
différents lits. L'acte finit en ces termes : « Donné témoin
» notre sceau establi à nos contrats de Lamballe. O les sceaux
» doud^ts Monsour-Pierre de Brehant et Olivier Salmon, es re-
» questes doud^ts Geoffroi et Jehanne, et douil^t Geoffroi o la-
» d^te authorité, et le sceau doud^t Pierre, sauf nos droits ;
» donné le, etc... Le sceau de Pierre de Brehant est un escu
» antique *chargé d'un léopard brisé d'une coquille au côté
» dextre de l'écu* (*Gén. mss.*), en signe de puînesse. » Il
est à remarquer que ses descendants, après Geoffroi de Brehant (IV), son fils, portèrent l'écu plein de Brehant. Le sceau
d'Olivier Salmon est *un escu chargé de trois testes de bêtes à
cornes de profil.* (*Gén. mss.*) L'on connaît trois autres actes
de Pierre de Brehant; l'un, de 1343, concernant des pièces de

terre que « Rolland Madeuc a baillées par échange à Pierrot
» de Brehant, damoisel, et à sa femme; » le second, passé par
Aliette le Vayer, sous l'autorité de son mari, et ayant rapport
à Pierre de Langan, se termine ainsi : « O les sceaux Roland
» Piron et Pierre de Boistréal mis à ces lettres, le lundy avant
» la Saint-Pierre-aux-Liens, l'an de grâce mil tres cent octante
» et neuf. » Le troisième acte, daté du dimanche après la Saint-
Vincent, l'an 1355, a pour objet « des héritages à Lamballe
» appartenant à ladite Aliette, et à cause d'icelle. » (*Gén.
mss.* et *Archives de Chabrillan.*)

Les enfants de Pierre de Brehant et d'Aliette furent :

    1° Geoffroy de Brehant, aîné, qui suit ;

    2° Jehan de Brehant, employé dans la Réformation de la
    noblesse de 1427, paroisse de Maroué. Il prêta serment
    au duc, en 1437, entre les nobles de Lamballe
    (*D. Morice*, t. 2, col. 1303), et fut en 1450 un des pro-
    cureurs de Jean Penthièvre, lorsque le comté de ce
    nom lui fut rendu (*D. Morice*, t. 2, col. 1578). Il est
    aussi question de lui dans les procès-verbaux des États
    tenus à Vannes en 1451 (*D. Morice*, t. 2, col. 1578).
    Jehan de Brehant avait épousé Mabille de Ploeuc,
    dont :

        Guillaume de Brehant, chevalier, capitaine d'hom-
        mes d'armes des ordonnances du duc de Breta-
        gne. Il prêta le serment de fidélité de 1437 à la
        tête des nobles de la châtellenie de Moncontour
        (*D. Morice*, t. 2, col. 1300), et fut employé dans
        la Réformation de la noblesse de 1441, paroisse
        de Maroué. Il est mentionné aussi dans l'Extrait
        des comptes de Johan Mauléon, trésorier de l'é-
        pargne de l'année 1421 (*D. Morice*, t. 2, col.
        1103).

    3° Olivier de Brehant, employé aux montres de Bertrand
    du Guesclin, des 1er juillet et 1er novembre 1371, avec
    Raoul de Quélen, Jehan de la Motte, Jacques de Bre-
    hant, etc. (*D. Morice*, t. 1, col. 1656, 1657, et t. 2,
    col. 104). Il fut choisi pour arbitre avec Henri de la
    Motte, Pierre de la Moussaye, etc., à l'effet de régler
    les conditions du mariage entre Jehanne, fille aînée
    de Pierre du Parc, et Guillaume de Lesquen. L'acte est
    daté du mardi après la mi-août, 1364 (*D. Morice*, t. 1,
    col. 1582). L'on ignore le nom de la femme d'Olivier
    de Brehant, mais l'on sait qu'il fut père de :

Olive de Brehant, mariée en 1400 à Guillaume Sauvaget, seigneur du Clos ;

4° Estienne de Brehant, *auteur de la Branche de la Plesse et de la Villehatte;*

5° Plossette de Brehant, mariée à Guillaume du Margaro, chevalier. Ils fondèrent ensemble l'hôpital de Saint-Armel et la chapellenie de Sainte-Catherine de Sévignac, suivant un acte de 1416 dont l'auteur de la *Généalogie mss.* donne la teneur, et qui se trouve dans les archives de Chabrillan.

IV. GEOFFROI DE BREHANT, chevalier, seigneur de Belleissue, Montbrehan, Saint-Alban, capitaine de Dol, employé homme d'armes avec Yvonnet de Brehant aux montres de Bertrand du Guesclin des 1er janvier et 1er décembre 1370 (*D. Morice,* t. 1, col. 1644), est mentionné aussi dans celle de 1395. Il passa à la Réformation de la véritable noblesse de 1423, la plus ancienne en Bretagne : « Maroué, 1423. Nobles : Geof-
» froy de Brehant, Julien de Vaucouleurs, Jehan de Brehant,
» Jean Orget, etc. » D. Morice (t. II, col. 776) cite un acte d'afféagement fait en 1405, par Geoffroy de Brehant à Guillaume le Vaillant. Le sceau de Geoffroi, tel qu'on le voit figuré au titre de cette *Généalogie,* est reproduit par D. Morice au n° 78 de la *Table des sceaux,* t. II des *Preuves.* Il représente les armes de Brehant *brisées d'une coquille à la pointe de l'écu.* Geoffroi de Brehant mourut en 1435. Il avait épousé :
1° Thomine de Dinan, sœur de Bertrand de Dinan, sans hoirs;
2° Thomine Annor, *alias* Alnor, de Penthièvre, fille et unique héritière de Jean Annor de Penthièvre, seigneur de la Motte-Mouëxigné, Saint-Alban, la Roche, etc., descendant d'Estienne, bâtard d'Estienne, comte de Penthièvre. L'auteur de la *Généalogie manuscrite* donne la filiation des Annor de Penthièvre jusqu'à Thomine, héritière de sa maison, et femme de Geoffroi de Brehant (V. *Preuves,* n° 4). Thomine Annor de Penthièvre vivait encore en 1453, comme le prouve son testament du 24 novembre de la même année, par lequel Eonnet de Brehant, son petit-fils, est nommé exécuteur testamentaire : « Universis presentes litteras visuris nobilis vir Eudo
» de Brehant, domicellus, executor principalis testamentum
» exhibui, etc. »

EXTRAITS D'ACTES CONCERNANT GEOFFROI DE BREHANT
ET THOMINE DE PENTHIÈVRE

Geoffroi de Brehant et Thomine de Penthièvre traitent avec
Roland de la Roche et Jeanne le Noir, sa femme, pour le
douaire dû à ladite le Noir sur les héritages des biens de Jean
Orgel, son premier mari, dont Thomine est héritière, etc.
« Ce fut fait le 7e jour de février 1430. Le sceau de Geoffroi
» de Brehant, dans cet acte, est un *escu antique chargé d'un*
» *léopard et pour brisure une coquille à la pointe de l'escu.*
» *Pour soutien un chevalier armé avec haubert et toutes*
» *pièces, et pour supports deux léopards mantelés, les*
» *mantelets couronnés à l'antique.* L'escu de Roland de la
» Roche est *chargé de trois croissants.* On peut remarquer
» que sa femme, Jeanne le Noir, était fille de Jean, seigneur
» du Plessis-au-Noir. »

Acte du « mardi après la Pentecoste 1869, » dans lequel
Geoffroi de Brehant « est mis fils de Pierre de Brehant. »

Afféagement fait par Geoffroi de Brehant à Guillaume le
Vaillant, « le jeudi prochain après les saintes cendres, l'an
1405. » (*D. Morice,* t. II, col. 766).

Afféagement fait en 1414 à Laire-Serrée, près le manoir de
Belleissue.

Afféagement fait en 1428 par Geoffroi de Brehant aux Fou-
quet de terres sur ses fiefs de Belleissue, « à la charge d'un
» éperon d'or, et de six deniers de reconnaissance à Noël, et
» d'obéir comme homme, pour seigneur, à la coutume. »

Geoffroi de Brehant transige en 1430 pour des droits de
fiefs. Il est nommé dans l'acte « Geoffroi de Brehant, fils de
» monsour Pierre de Brehant. »

Acte de 1394 par lequel Guillemet Ruffier retire, comme
plus proche parent, des terres vendues à Geoffroi de Brehant
par Guillet de Penthièvre, fils de Jean.

Thomine de Penthièvre prend la qualité de veuve dans un
acte du 4 novembre 1435, et le rachat de ses terres fut payé
par une quittance du 14e mai 1436. *Signé :* Manuel.

Toutes ces citations d'actes, ainsi que celles qu'on a déjà

eu et qu'on aura encore l'occasion de rapporter, sont emprun-
tées à la *Généalogie manuscrite* de Brehant. Les actes existent
en originaux ou copies collationnées dans les archives de Chabrillan.

Du mariage de Geoffroi de Brehant et de Thomine de Penthièvre sont issus :

1° Gabriel de Brehant, qui suit ;

2° Julian ou Julien de Brehant qui commanda avec Charles
du Parc la compagnie d'hommes d'armes de François,
fils du duc de Bretagne, et servit en 1481, dans la
guerre du Bien-Public à la tête d'une compagnie de
40 lances. Il servit aussi, à la grande paie, dans les ordonnances du roy de France. Il est dit dans un compte
d'Olivier Baud, trésorier des guerres en 1464 : « A
» M. du Pont pour 33 hommes d'armes venus de l'or-
» donnance du roi pour servir le duc : hommes d'ar-
» mes : le dit seigneur du Pont, Yvon Jourdain, etc.;
» absents hommes : Julien de Brehant, Gilles Ma-
» deuc, etc. » (*D. Morice*, t. 3, col. 124 et 125). Il est
employé encore dans la montre de 1469 : « Julien de
Brehant, demeurant en la dixmerie de Sainte-Melaine
de Lamballe, » et dans un compte d'Yvon Millon, commis à la trésorerie des guerres en 1481 : « Monseigneur
d'Avaugour, capitaine de CC lances, choisies pour
être à la garde du duc, messire Julien de Brehant,
François de Quélen, etc. » (*D. Morice*, t. 3, col. 388).
Il est aussi spécialement question de lui dans des lettres, en date du 26 avril 1482, de François, duc de
Bretagne, en faveur d'Eonnet de Brehant, son neveu.
(Voir *Preuves*, n° 6). Julien de Brehant épousa :
1° Jeanne le Garangier, sans hoirs ; 2° Marguerite Ourry,
fille de Jean Ourry, héritière et dame du Breuil-Ourry,
et de Marguerite Troussier, dont il n'eut pas non plus
d'enfants. Il décéda vers les fêtes de Noël de l'année
1481. On voit par un minu fourni de la seigneurie de
Mouëxigné, le 16 décembre 1496, par Jean Ourry, seigneur de la Villeglé, que Marguerite Ourry mourut en
mars 1487 (Archives de Chabrillan) ;

3° Yvon de Brehant, écuyer, dont on ne sait rien, si ce
n'est qu'il était un des fils puînés de Geoffroi ;

4° Jean de Brehant, gentilhomme du duc de Bretagne,
homme d'armes (montre de 1469), fut une des lances
de sa garde avec Arthur de Poilly, Jehan de Montbourcher, etc., sous les ordres du sire de la Hunaudaye. Il

est employé dans les comptes d'Olivier Baud, trésorier des guerres en 1464, déjà cités, avec son frère, Julien de Brehant, et dans la Réformation de mars 1475 et d'avril de l'année suivante, paroisses de Plestan et de Maroué (Bibl. de Saint Brieuc). Jean de Brehant avait épousé une fille de J*** Baron, seigneur de la Hatlais;

5° Robin de Brehant. Il est question de lui dans un titre de 1460 qui est un retrait lignager opéré par lui sur Roland Madeuc (de Guémadeuc), son cousin germain, de plusieurs héritages vendus audit Roland Madeuc, par Jeanne Salmon, sœur utérine de Geoffroi de Brehant, père de Robin. Il est employé dans la Réformation de 1475 (15 mars), paroisse de Plestan;

6° Mathurine de Brehant, mariée vers 1530 à Rolant Boschier, fille de Roland Boschier, sieur d'Ourxigné, procureur d'office de Lamballe, en 1456 (Blancs-Manteaux, vol. 76, tome coté AB);

7° Guillaumine de Brehant, mariée à Alain le Forestier;

8° Jeanne de Brehant, mariée à Pierre Jorel, père de Bertrand Jorel, assassiné par Jean de Lescouet et Olivier de la Harais. (V. D. *Morice*, t. 3, col. 200).

V. GABRIEL DE BREHANT, seigneur de Belleissue, Beaulieu, de la Ville-Corbin, de Chastel-Brehant, Saint-Alban, etc., épousa Thomine de la Lande, unique héritière d'Olivier de la Lande (*d'azur au léopard d'argent, armé et couronné d'or, accomp. de sept macles d'argent, 5, 2.*), et de Marguerite de Gouyon, et petite-fille d'Olivier, seigneur de la Lande, et de Thomine de Châteaubriant. Le manoir de la Ville-Corbin, avec tous ses fiefs et dépendances, entra par cette alliance dans la maison de Brehant, à l'exception de la Lande-Basse qui avait été le partage d'un puîné dont l'héritière la porta, en 1550, dans la maison de Cleuz. Cette héritière était Marguerite de la Lande, fille de Gilles de la Lande, seigneur de la Lande-Basse et de Catherine de Châteaubriant, mariée à Charles de Cleuz, seigneur du Gage. La Lande-Basse fut réunie plus tard aux autres biens provenant de l'héritage de Thomine de la Lande, par suite d'un acte d'échange passé en 1614 entre messire Louis de Brehant, chevalier, seigneur de Galinée, et messire Guy de Cleuz, seigneur du Gage (*Gén. mss.*). Thomine de la Lande, devenue veuve par la mort de Gabriel de Brehant, arrivée en 1452, se remaria à Thomas, seigneur de Chalonge, dont elle eut, entre autres enfants, Perrotte de Chalonge, mariée à Richard le Normant, seigneur de Villeheleuc.

Les enfants issus du mariage de Gabriel de Brehant et de
Thomine de la Lande furent :

        1° Eon ou Eonnet de Bréhant, qui suit;
        2° Thibault de Brehant, *auteur de la Branche de la
          Roche et Bonneuil;*
        3° Jeanne de Brehant, mariée à Guillaume de Barac'h,
          sieur de Gareth. Elle fournit par acte du 1er décembre
          1469 un état des biens de son mari défunt (*Gén. mss.*)

VI. Eon ou Eonnet de Brehant, seigneur de Belleissue,
Beaulieu et de la Ville-Corbin, est qualifié damoisel dans un
titre de 1464, « nobilis vir Eudo de Brehant, domicellus, do-
» minus de Belleissue, etc. » Il est employé dans toutes les
Réformations de la noblesse de cette époque, notamment dans
celle de 1441 (évêché de Saint-Brieuc) : « Maroué. Nobles :
» Eonnet de Brehant, Jacques de Vaucouleurs, Guillaume de
» Brehant, Jehan de Brehant, etc. » Il est mentionné aussi
dans la montre de 1469 avec son fils Gabriel. Eonnet contracta mariage vers l'an 1450 avec Marguerite du Bois-Boissel,
fille unique de Jean du Bois-Boissel, dit *le Breton*, chevalier,
seigneur de la Ville-Cadoret, la Salle, Plestan, du Clos, etc.,
capitaine d'hommes d'armes, et des ordonnances en 1420,
1425, etc., et de Jeanne de Vaucouleurs, fille de Bertrand, et
de Marguerite Ruffier (*d'azur, semé de billettes d'argent, au
lambel de même*). La branche du Bois-Boissel à laquelle appartenait Marguerite, femme d'Eon de Brehant, était issue
d'Alain du Bois-Boissel, surnommé *le Breton*, nom qu'adopta
sa postérité, mais en conservant les armes de Bois-Boissel *brisées d'un lambel d'or*. Alain eut en partage (1315) la Ville-
Cadoret et le Jaunay-Balin. Robin du Bois-Boissel, dit *le
Breton*, fils d'Alain, scelle en 1395 de son sceau qui est celui
du Bois-Boissel *brisé d'un lambel*. Cette branche du Bois-
Boissel est périe vers 1522 (V. *Preuves*, n° 6). Eonnet de Brehant est qualifié « bien amé et féal écuyer du duc François II »
dans la généalogie manuscrite insérée au volume 76, tome
coté A, du Portefeuille des Blancs-Manteaux.

L'on a plusieurs titres d'Eonnet de Brehant, entre autres :
« Un échange passé le 8 mars 1458 entre noble homme

» Eonnet de Brehant, et nobles gents Roland Budes et Thomine
» Madeuc, sa femme, par lequel le dit Eonnet donne au dit
» Roland et à sa femme, en propriété, une dîme qu'il avait du
» chef de son aïeule, nommée la *Disme des Annor de Pen-*
» *thièvre*, ayant cours dans Saint-Alban, etc.; »

« Un acte passé le 20 juin 1469 à l'effet de pourvoir les en-
» fants mineurs de Jacquette de Lesquen, leur mère, *scavante*,
» *belle et honeste damoiselle*, etc. Donnent leurs voix à cet
» effet les parents et alliés, parmi lesquels Julien de Brehant,
» Antoine de Brehant de l'Isle, et Eonnet de Brehant, seigneur
» de Belleissue; »

« Un acte du 17 mai 1461 signé de Thibault des Deserts
» passe, portant transaction entre nobles gents Eon de Brehant,
» seigneur de Belleissue, Antoine de Brehant de l'Isle, cura-
» teur d'Honoré de Brehant, son fils naturel, pourvu d'une
» chapelle à Notre-Dame de Lamballe, et Jehan de Vaucou-
» leurs. Lanjamet, patron et présentateur de ladite chapelle-
» nie. »

Aveux rendus à Eon de Brehant : « du 20 juin 1469; 9 décembre 1471 ; 3 janvier 1475; 21 décembre 1482; 3 janvier 1482; 17 mai 1461. »

Eonnet eut de son mariage avec Marguerite du Bois-Boissel :

> 1° Gabriel de Brehant, l'aîné, écuyer, seigneur de Belle-
> issue, de la Ville-Corbin, de Beaulieu, etc., qui fut
> chambellan et échanson du duc de Bretagne, et capi-
> taine de cent archers. Il mourut en 1502, sans laisser
> d'enfants de sa femme Marie, fille de Lancelot Bérard,
> seigneur de Kermartin *(d'argent à la croix engreslée*
> *de sable)*, et de Marie de Rohan. Devenue veuve, elle
> épousa en secondes noces Jean Péan, seigneur de la
> Vieux-Ville, comme on le voit par la quittance qui suit:
> « Jean Péan, escuyer, seigneur de la Vieux-Ville, con-
> » noist et confesse avoir eu reçu de noble homme Jean
> » de Brehant, escuyer, seigneur de Belleissue, Beau-
> » lieu, etc., 20 liv. monnoye, à cause et sur le douaire,
> » appartenant à noble damoiselle Marie Bérard, femme
> » épouse dudit Péan par le décès de noble et puissant
> » Gabriel de Brehant, en son vivant mari époux de la
> » dite damoiselle Marie. Ce 27ᵉ jour de novembre
> » 1509. »
> Voici plusieurs actes concernant Gabriel de Brehant :

« Minu et déclaration fournis par lui au receveur de
» Lamballe, le dernier jour de juillet l'an 1500, des héri-
» tages, fiefs et rentes que N. et P. Eonnet de Brehant,
» son père, tenoit de son vivant à devoir de rachat de
» la cour de Lamballe ;

» Le 3 mai 1500 il donne à ferme une disme dans la
« paroisse de Corseul ;

» Par acte du 13 d'octobre 1503, Jean Bérard, sei-
» gneur de Kermartin, reçoit au nom de dame Marie
» Bérard, veuve de défunt, noble homme Gabriel de
» Brehant, écuyer, en son vivant seigneur de Belleissue,
« de noble homme Jean de Brehant, seigneur à présent
» de Belleissue, héritier principal et noble de Gabriel,
» le nombre de 50 livres monnoye pour payement du
» droit de douaire à cette damoiselle appartenant.
» *Signé :* le Corgne.

» Par acte du 17 juin 1493, noble et puissant Gabriel
· » de Brehant reçoit à homme et vassal au nom et pour
» noble dame Marguerite le Breton, sa mère, Jean Ri-
» son. Gabriel de Brehant présent avec Pierre de Bre-
» hant, seigneur de Bourridel, et Jean de Lescouet;

» Gabriel de Brehant est présent à la signature d'un
» acte de 1494. »

Gabriel de Brehant, comme on peut le voir par plusieurs titres et procédures des années 1492 et 1498,
eut de longs procès avec Marguerite de Lannorgant,
sœur et héritière de Philippe de Lannorgant, et
mariée à Tanguy le Forestier, seigneur de la Paque-
nois, pour les droicts, douaire et reprises de N*** Bérard, femme en premières noces d'Alain de Lannorgant. Ils transigèrent ensemble le 1er septembre 1491
pour une somme de 450 livres.

2º Jehan de Brehant, qui suit ;

3º Roland de Brehant, seigneur de Belleissue à viage,
épousa : 1º Gilette de Plorec, dont il n'eut pas d'enfants ; 2º Marguerite Auffray, qui le rendit père d'une
fille, Jeanne de Brehant, mariée avant le 8 janvier
1513, à Thomas de Lesquen *(de gueules à l'épervier
d'argent, la tête contournée, membrée et becquée d'or,
accompagné en chef d'un croissant renversé entre deux
molettes, et en pointe d'une autre molette, le tout d'or),*
seigneur du Jeunebois. Ils sont employés ensemble dans
la Réformation de 1513, paroisse de Saint-Lormel, et
ont eu pour fils, Olivier de Lesquen, seigneur du Jeunebois. Roland de Brehant fut tué aux guerres d'Italie;

4º Bertran, *alias* Briant de Brehant, qui fut d'église;

5° Catherine de Brehant, mariée le 14 mars 1486 à Gilles le Berruyer, seigneur du Margaro ;

6° Jeanne de Brehant, partagée noblement en 1520, et mariée le 13 août de la même année à Thomas Chaignon, seigneur de la Ville-Derien. Il transige après sa mort, par acte du 8 mai 1530, avec noble homme Jehan de Brehant, seigneur de Belleissue, héritier collatéral, pour sa part, des effets mobiliers de ladite Jeanne ;

7° Marie de Brehant, mariée par contrat du 14 septembre 1505, à Jean Boudan, seigneur de la Lande. Elle fut partagée noblement le mardi 1er décembre 1513, par « N. et » P. Jehan de Brehant, chevalier, son frère, héritier prin- » cipal et noble de noble et puissant homme Fonnet de » Brehant et Marguerite le Breton du Bois-Boissel. » On connaît une « transaction passée le 12° jour de février » 1519 entre noble homme Jehan de Brehant, seigneur » de Belleissue, d'une part, et nobles gents Jehan Bou- » dan et Marie de Brehant, sa femme, seigneur et dame » de la Lande, sur les prétentions qu'avaient lesdits » Boudan dans les rentes d'aquest roturier aux succes- » sions de défuntes nobles damoiselles Catherine de » Brehant, dame en son temps du Margaro, et Jehanne » de Brehant, dame de la Ville-Derien, sœurs germai- » nes desdits Jehan de Brehant et Marie. » Cette tran- saction a donné lieu plus tard à un autre acte en date du 16° jour de juin 1547 en « interprétation et plus » grand éclaircissement » de celui de 1519 ;

8° Thomine de Brehant, promise, mais non mariée à Jean de Parthenay, chevalier, épouse Jean, sgr. d'Ivignac.

VII. JEHAN DE BREHANT, chevalier, seigneur de Belleissue, la Rivière, du Clos-Bonnet, de la Ville-Corbin, etc., connu dans l'Histoire sous la dénomination de *capitaine Bonnet*, de la terre de ce nom, ami et compagnon d'armes de Bayard, se distingua dans les guerres d'Italie, et resta pour mort sur le champ de bataille de Ravenne. Il avait obtenu un acte de curé de Notre-Dame de Lamballe le 15 décembre 1519 reconnais- sant que les tombes de ses ancêtres avaient été employées à la construction de la nouvelle église (V. *Preuves* n° 7). Jéhan de Brehant épousa 1° Olivette Guibé, nièce du cardinal de ce nom, morte dans la première année de son mariage ; 2° Fran- çoise de Kergu, fille de Jean, seigneur dudit lieu, qui « en fa- » veur de si noble et avantageux mariage déclara vouloir bien » appartagier et avantagier cette damoiselle sa fille pour le

» droit naturel qui pourra lui appartenir dans sa succes-
» sion, etc. (1504), » et de Jeanne du Houays, ou du Bois, laquelle était sœur de Robert, seigneur du Bouays, tué à la rencontre de Saint-Aubin en 1488. Deuxième fils d'Eonnet,
Jehan de Brehant fut comme tel partagé noblement et à viage
en 1499, avant d'avoir hérité de l'aînesse de sa maison par la
mort de son frère, Gabriel décédé sans postérité, comme il a
été dit. Il mourut en 1520. Les filiation et hoirie des Kergu,
du Bouays et Milon se trouvent spécifiées dans une « transac-
» tion du 14 avril 1515 entre Guyon, alors seigneur des Cou-
» gnets et de Galinée, et Jehan de Brehant, chevalier, sei-
» gneur de Belleissue, la Rivière, etc., et noble Françoise de
» Kergu, sa femme, au sujet du douaire et autres droits ma-
» trimoniaux appartenant à la dite Françoise de Kergu, veuve
» de feu Pierre, seigneur des Cougnets, frère aîné dudit
» Guyon (*Gén. mss.*). » Il existe beaucoup d'autres titres,
actes, afféagements, contrats des années 1502, 1504, 1506,
1507, etc., dans lesquels Jehan de Brehant est qualifié noble
et puissant, noble homme, écuyer et chevalier (*Gén. mss.*).

Comme on le voit par la transaction du 24 avril 1515, Françoise de Kergu était veuve de Pierre des Cougnets quand elle
épousa Jehan de Brehant.

Les enfants de Jehan de Brehant et de Françoise de Kergu
furent :

1º Mathurin de Brehant, qui suit;

2º Jean de Brehant, tué dans les guerres d'Italie. Il fut
institué tuteur des enfants mineurs de Mathurin, son
frère aîné, par arrêt de la juridiction de Saint-Jacut, en
date du 8 mars 1543, sur l'avis des plus proches parents, savoir : Georges de Guémadeuc, abbé de Saint-
Jacut, oncle ; Auffroy le Vayer, seigneur de la Haie-
Paynal; Christophe Gouyon, seigneur de Leslavart;
Thomas Martel, seigneur du Val; François du Gouyon,
seigneur de Beaucors; Jacques de Boisriou ; Roland
de la Moussaye, seigneur de Lorgeril ; de Tournemine,
seigneur de la Guerche ; François de Saint-Meloir,
seigneur du Clos; Jean Gouyon, seigneur de Saint-
Jouan ; Claude de Brehant, seigneur de la Ville-Corbin,
oncle; Jacques de Boisgeslin, seigneur de Kerabel ;
Jean, seigneur de Kergu ; Bertrand, seigneur de la
Vigne ; et François des Nos, seigneur du Tertre. Claude

de Brehant fut en vertu du même acte de 1543, et à la demande dudit Jean de Brehant, son frère, nommé procureur universel de cette tutelle ;

3° Claude de Brehant, seigneur de la Ville-Corbin, dit *le capitaine Ville-Corbin*, fut lieutenant d'une compagnie d'hommes d'armes, et servit sous les ordres du maréchal de Montejean, son parent. Il fut fait prisonnier de guerre aux batailles de Pavie et de Brignolles, et mourut de ses blessures en 1547. Claude de Brehant avait succédé, après Jean, son frère, à la tutelle des enfants mineurs de Mathurin de Brehant qui lui fut conférée par jugement du 24 octobre 1545 ;

4° Jacques de Brehant, seigneur du Clos, officier des ordonnances du roi de France, fut tuteur des enfants mineurs de Mathurin de Brehant après la mort de ses frères, Jean et Claude. Il est constaté dans une enquête en date du 5 juin 1530 que Jean et Jacques de Brehant prirent part aux guerres du Piémont ;

5° Louis de Brehant, recteur de Brehant-Moncontour. Il fut procureur de messire Guillaume Eder, évêque de Cornouailles, abbé de Saint-Gildas et de Boquen en 1541 (Extrait du cartulaire de Boquen, *Cabinet des titres*) ;

6° Robin de Brehant, mort jeune à Paris ;

7° Olivier de Brehant, mort jeune sans hoirs ;

8° Marie de Brehant, mariée en janvier 1533 à Jacques de Poisgeslin, seigneur de Kerabel. Un procès qu'elle intenta en 1550 pour obtenir l'assiette de son partage, se termina par une transaction passée au manoir de Galinée le 11 septembre 1558. Dans cette transaction, « les qualités des parties sont reconnues nobles et de » gouvernement noble de toute ancienneté, et estre la » maison de Brehant de grande et ancienne cheva- » lerie ; »

9° Catherine de Brehant, dite *la boi'.use*, morte avant 1570, épousa, dès 1543, 1° René du Bouilly, alloué de Lamballe, fils de Guillaume, chevalier de l'ordre de Saint-Michel ; 2° Allain Urvoy, seigneur de la Ville-oury ;

10° Françoise de Brehant. Elle fut partagée noblement avec ses frères par acte du 15 juillet 1533, et fut la seconde femme de Pierre Kergariou, seigneur de Kergrist, dont elle eut Pierre-Paul de Kergariou, seigneur des Planches.

VIII. MATHURIN DE BREHANT, chevalier, seigneur de Belleis·

sue, Galinée, la Rivière, Beaulieu et des Cougnets, né le
10 aoû' 1506, commandait 500 hommes des bandes Françaises dans les guerres de Piémont et d'Italie. Il mourut de
ses blessures, en son château de Galinée, au mois d'octobre
1538. Mathurin de Brehant est employé dans la Réformation
de 1535 : « Évêché de Saint-Brieuc : nobles et maisons, 1535 :
» la maison et manoir de Galinée à Mathurin de Brehant et
» sa compagne, nobles. — Saint-Melaine et Maroué, paroisse;
» 1535 : la maison et manoir de Belleissue à noble Mathurin
» de Brehant, de même que la maison du Clos. — Saint-
» Germain, paroisse; maisons nobles : la maison de la Ville-
» Corbin à N. et P. Mathurin de Brehant, seigneur de
» Belleissue, de Galinée, etc. — Paroisse de Saint-Cats : la
» maison de Huchegault à Mathurin de Brehant et à sa femme,
» seigneur et dame de Galinée. — La maison et manoir de
» Beaulieu, noble, appartenant à noble homme Mathurin de
» Brehant et à sa femme, seigneur et dame de Belleissue et de
» Galinée, etc. » Mathurin de Brehant épousa, le 2 août 1530,
Gilette des Cougnets, dame des Cougnets et de Galinée, fille
de Guyon et de Françoise de Gautron, seigneur et dame de
Galinée. Gilette devint héritière de sa branche par la mort de
Charles des Cougnets, son frère, décédé sans postérité. La
tutelle des enfants mineurs de Mathurin de Brehant fut donnée
à sa veuve, « sur l'avis de plusieurs parens, tous gents qua-
» lifiés, par la cour de Saint-Jacut, devant M. le sénéchal, le
» vendredi, quatrième jour d'octobre de l'an 1539, Gouyou
» passe. » Elle fournit, en cette qualité, divers minus en
1539. Mais Gilette des Cougnets étant morte en février 1543,
ses beaux-frères, Jean, Claude et Jacques de Brehant lui suc-
cédèrent dans la tutelle de ses enfants, comme il a été dit
précédemment.

La *Généalogie mss.* mentionne une « transaction par acte
» du 21 février 1531 entre Mathurin de Brehant et Julien
» de Plorec, au nom de Louise de Plorec, sa sœur, pour le
» douaire, trousseau et autres droits dûs à ladite de Plorec,
» veuve de Charles des Cougnets. »

Gilette des Cougnets, après la mort de Mathurin, eut avec
Bertrand et Jacques Rogon, s^{rs} de la Ville-Rogon, de longs

procès qui se terminèrent par une transaction en date du 11 juillet 1540, moyennant laquelle ils lui comptèrent 8000 livres, et abandonnèrent leurs prétentions sur le bailliage de Plurien.

Les enfants nés du mariage de Mathurin de Brehant et de Gilette des Cougnets furent :

1° Jean de Brehant, qui suit ;

2° Roland de Brehant, écuyer, seigneur de Beaulieu et des Cougnets, fut partagé, suivant l'Assise, par acte fait au bourg de Saint-Postan, le 8° jour de juin 1565. Il y est question « d'escuyer Robin de Brehant et autres » escuyers François et Olivier de Brehant, leurs frères, » morts sans héritiers procréés de leur chair en ma- » riage. » Mais ce partage fut déclaré « estre à viage » seulement » par un autre acte du 25 février 1566 ;

3° Robin de Brehant, écuyer, mort à Paris sans avoir été marié et avant partage ;

4° François de Brehant, écuyer, seigneur du Clos, partagé noblement par l'acte de 1565. Il mourut en 1570 sans hoirs, comme on le voit par la quittance de rachat dû à sa mort et payé le 8 décembre 1571 par son frère aîné en qualité de son héritier ;

5° Olivier de Brehant, écuyer, mort sans hoirs ni partage après ses père et mère. Son frère aîné, Jean de Brehant, héritier principal et noble, recueillit sa succession ;

6° Marguerite de Brehant. Elle épousa Jean Richard, écuyer, dont Catherine, mariée vers 1560, à Thomas de Bois-geslin, seigneur de Kérabel, fils de Jacques ..... Marie de Brehant (Réformation de 1668, Gén. des .... seigneurs de Kérabel).

IX. JEAN DE BREHANT, chevalier, seigneur de Galinée, Belleissue, des Cougnets, de Beaulieu, la Rivière, la Haye-Bouttier, Launay-Milon, de la Morinière, du Plessis-Mauron, etc., né le 8 août 1533, resta mineur en bas âge, et fut placé successivement sous la tutelle de sa mère et de ses trois oncles, Jean, Claude et Jacques de Brehant, comme il a été rapporté à leur article. Il épousa, le 27 mai 1572, Jeanne du Plessis, dame du Plessis-Mauron, de la Morinière, de la Haye-Bouttier et du Bois-Cleret, héritière de sa branche par la mort de son frère non marié, François du Plessis. Jean de Brehant est employé dans le rôle de 1553 des gentilshommes de l'évêché de Saint-Brieuc sujets au ban et arrière-ban de Bretagne

(*D. Morice*, t. 3, col. 1098), et dans la montre de 1569 (Par. de Maroué). Jean de Brehant mourut en 1586, et sa veuve devint tutrice de ses enfants mineurs; mais, peu de temps après, s'étant remariée à Jean du Gouray, seigneur de la Coste, etc., François du Plessis, oncle maternel des mineurs, lui succéda dans la tutelle par jugement du 4 janvier 1588, rendu sur l'avis des parents les plus voisins, Christophe de Tréal, seigneur de Beaubois; Roland de Lesquet, seigneur de la Villemeneust; Jean de la Bouexière, seigneur de la Ville-tanet; et Julien Boudau, seigneur de Kergu.

Les enfants du second lit de Jeanne du Plessis-Mauron furent: Guy du Gouray, seigneur de la Coste, et Catherine du Gouray, mariée à Claude de Boisbaudry, seigneur de Trans.

Jeanne du Plessis-Mauron mourut en décembre 1621, après avoir recueilli toute la succession de sa branche. Le partage s'en fit entre ses enfants des deux lits par acte du 27 février 1622.

« Je trouve, dit l'auteur de la *Gén. mss.*, à la cote 90 de
» l'inventaire fait en 1688 à la mort de Maurille de Brehant,
» une liasse de 133 aveux rendus au fief de Belleissue sous
» divers seigneurs du nom de Brehant; en voici quelques-uns
» rendus à Jean de Brehant: du 3 janvier 1559; 33 janvier
» 1561; 22 novembre 1561; 16 décembre 1561; 8 janvier
» 1577, par écuyer Guyon Bonau, seigneur de la Brousse;
» du 10 mai 1587. Tous ces aveux sont scellés du sceau de la
» juridiction de Galinée aux armes de Brehant, ou écartelé
» des armes de Brehant et des Cougnets. »

Autres titres: « Baux à ferme en date du 14 mai 1568 et
» 10 juin 1572; transaction entre N. et P. Jean de Brehant,
» seigneur de Belleissue, et Jean Bocquien, en date du 16 no-
» vembre 1578; transaction entre noble damoiselle Marie de
» Brehant, dame douairière de Kerabel et N. et P. Jean de
» Brehant, seigneur de Galinée, le onzième jour de septembre
» l'an 1558; contrat de mariage de messire Jean de Brehant
» et Jeanne du Plessis, en date du 27 mai 1572, etc. »

Jean de Brehant eut de son mariage avec Jeanne du Plessis-Mauron:

1° Louis de Brehant, qui suit;

2º François de Brehant, né au château de Galinée, le 20 avril 1575, capitaine d'une compagnie de chevau-légers dans le régiment du baron du Pont, son cousin. Il fut tué en 1596 dans une rencontre avec les ennemis du parti du roi (*Gén. mss.*) ;

3º Catherine de Brehant, née le 15 juillet 1576, et morte en bas-âge ;

4º Jeanne de Brehant, née en 1580, et morte également en bas-âge;

5º Hélène de Brehant, née le 15 août 1583. Elle épousa 1º au mois de juin 1601 Louis le Vayer, fils de Nicolas le Vayer et de Catherine de Botherel ; le décret du mariage est du 14º jour de juin 1601 (*Gén. mss.*, et archives de Chabrillan); 2º René Pépin, seigneur du Frettay, fils de Claude, président aux requêtes du parlement de Bretagne, et de Renée de Champagne.

Enfant de Jean de Brehant né hors mariage :

Sébastien de Galinée, officier de cavalerie, tué à la guerre. Il est employé dans un « Estat, en date du 2º » jour de février 1583, de la dépense que le roy veult » et ordonne estre faicte par son conseiller et trésorier » général de l'extraordinaire pour les gens de guerre à » cheval et à pied étant en garnison pour le service de » Sa Majesté aux villes et places de la province de Bretagne : Plouermel : soixante hommes de guerre qui » tiendront garnison en ladite ville de Plouermel soubz » la charge du capitaine *bastard de Galinée.* » (pris sur copie collationnée). Sébastien avait épousé Guyonne de Lorgeril, dont il eut Jeanne de Galinée, mentionnée dans un acte du 2º jour de juillet 1599, par lequel Louis de Brehant lui donne pour héritage... (l'objet de la donation est illisible dans la copie rapportée par la *Gén. mss.*).

X. LOUIS DE BREHANT, né le 13 avril 1572, et nommé par Louis de Saint-Meloir, abbé de Saint-Jacut, son oncle, chevalier, seigneur de Galinée, Belleissue, la Lande, des Cougnets, Beaulieu, la Sorais, la Morinière, la Haye-Bouttier, du Plessis-Mauron, etc., chevalier de l'ordre du roi, gentilhomme ordinaire de sa chambre par brevet de l'an 1601, capitaine d'une compagnie de 200 hommes d'armes, maréchal de camp en 1615, etc., épousa, par contrat de mariage du 30 décembre 1599, Catherine, dame de Kerlosquet, fille aînée

et héritière principale et noble de Jean Huby, seigneur de
Kerlosquet, de la Sorays, de la Vallée-Launay, de Landre-
nescot, etc., conseiller du Roi en ses conseils, doyen du Parlement de Bretagne, et conseiller au conseil de la reine avec
une pension de 3000 livres, et de Peronelle Bertho, fille
unique de Catherine du Chatel. Louis de Brehant fit son testament en 1624, et mourut en son château de Galinée le
6 avril 1633. Sa femme, Catherine Huby, née le 29 mars
1585, mourut le 30 octobre 1645, et sa succession fut partagée noblement en 1646.

   « Extrait du papier d'office de la cour de Saint-Jacut pour
» la tutelle, curatelle et éducation des enfans mineurs de
» Louis de Brehant, auxquelles il est pourvu par acte judiciaire
» du 27 août 1633, sur les avis des plus proches parents con-
» voqués, savoir : Catherine Huby de Kerlosquet, leur mère,
» veuve dudit seigneur, âgée de 45 ans, et qui déclare avoir
» neuf enfans : messire Jean de Brehant, son fils aîné et hé-
» ritier noble, âgé de 28 ans ; Charles de Brehant, seigneur
» de la Sorais, fils puîné, âgé de 27 ans ; messire Guy du
» Gouray, seigneur de la Coste, frère utérin du défunt de
» mère, etc. » (Gén. mss.).

Les actes concernant Louis de Brehant déposés aux archives
de Chabrillan sont en grand nombre, mais l'on ne parlera
pour le moment que de ceux cités dans la Gén. mss.:

   « Plusieurs aveux, minus et déclarations fournis aux fiefs
» de messire Louis de Brehant pendant les années 1613,
» 1625, 1632;

   » Certificat de service donné à Rennes le 1er août 1602
» par Loys de Brehant, en faveur de Noël de Guernon, em-
» prisonné;

   » Sentence de la cour de Lamballe du 19 mars 1605, ré-
» formant une autre sentence du 21 février de la même
» année;

   » Mandement de notaire en la juridiction de Galinée donné
» par Louis de Brehant à Dinan le 6 janvier 1600;

   » Obligation pour des armes sur le seigneur de Boisfeuillet,
» consentie le 25 avril 1610 et payable le 15 juillet sui-
» vant; »

Quittances d'Artus de Cahideuc, à-compte de la rançon de

Louis de Brehant qui était sorti de prison depuis longtemps sous le cautionnement de Charles du Plessis, son oncle, et d'Olivier du Gouray, seigneur de la Coste : « J'ai reçu de » Monsieur du Plessis la somme de cent soixante escus à va- » loir, en déduction de la rançon du seigneur de Galinée sur » ce qui peut m'en appartenir pour mes soldats étant à sa » prise, dont le quitte ce 15 août 1592, *Artus de Cahideuc.* » Plus j'ay reçu pour les causes que dessus de Monsieur du » Plessis la somme de cent vingt-et-un escus, ce 21 de sep- » tembre 1592;

» Transaction passée le 15 février 1622 entre messire Mau- » rice de Perrien et messire Louis de Brehant;

» Inventaire des meubles de Galinée après la mort de Louis » de Brehant en 1633. »

Louis de Brehant eut de son mariage avec Catherine Huby, dame de Kerlosquet :

1º Jean, fils aîné, qui suit;

2º Charles de Brehant, écuyer, né en 1607 le 27 de sep- tembre au château de Galinée, fut partagé dans la suc- cession paternelle par acte du samedi 29º jour de dé- cembre 1635, et suivant l'Assise. « L'acte de partage » reconnaît que messire Louis de Brehant, chevalier, » seigneur de Galinée, son père, estoit d'ancienne ex- » traction noble et de chevalerie, issu de maison noble » qui s'est toujours gouvernée noblement et partagée » avantageusement de temps immémorial et que tous » les immeubles sont nobles » (Gén. mss.). Charles de Brehant traita le 2 avril 1632 d'un baton d'exempt dans les gardes du corps, et mourut sans avoir été ma- rié, laissant de Marguerite Vidart, dame des Touches, un fils naturel qui fut baptisé à Landehen, le 24 de no- vembre 1662, sous le nom de Charles de la Sorais, et avoué de son père qui signa au registre;

3º François de Brehant, né en 1613, écuyer, seigneur de la Lande, connu à la guerre sous le nom du *capitaine de la Lande,* ou *baron de la Lande,* fut capitaine dans le régiment de la reine, puis lieutenant-colonel du ré- giment de Saint-Mesmes, et aide de camp du roi par brevet de 1648. Il épousa, le 29 avril 1655, Anne de Lesmeleuc, fille et héritière d'Alain de Lesmeleuc, sei- gneur de la Vigne, et de Peronelle de Lanloup. Il eut part, du chef de sa femme, dans deux riches successions

7

collatérales; l'une de Maurille de Lesmeleuc, seigneur de la Salle, chevalier de l'ordre de Malte, commandeur du Paraclet; et l'autre de Guillaume le Prestre, évêque et comte de Cornouailles. « Il transigea, et sa » femme avec lui, le 13 mai 1665, avec François de » Triac, seigneur de Préby, fils du premier mariage de » ladite Peronnelle de Lanloup avec N*** de Triac, sei- » gneur de Préby, et frère utérin d'Anne de Lesmeleuc. » L'acte fut ratifié le 28 mai de la même année » (Gén. mss.).

François de Brehant vendit le 9 mars 1644 la terre de Beaulieu, une des plus anciennes seigneuries de la maison de Brehant. Ses enfants furent :

> A. Claude-Maurille de Brehant, seigneur de la Lande et de la Vigne, qui épousa en 1669 Françoise Radegonde de Visdelou, fille de François de Visdelou, seigneur de Bienassis, et de Marie Anne du Salou, dont il n'eut pas d'enfants. Il vivait encore en 1707, car il signe cette même année au baptême d'une fille d'Hélène-Suzanne de la Motte-Rouge, femme d'Elie-Joseph Pouënces de Kérilly (Reg. de la paroisse d'Hénansal) ;
>
> B. Françoise de Brehant, mariée à Jean-Baptiste le Vicomte, seigneur de Bonamour;
>
> C. Jacquemine de Brehant, mariée à Pierre de la Moussaye, seigneur de la Villegueri, fils aîné de René de la Moussaye, et de N*** Lambert ;
>
> D. Claude de Brehant, mariée à Jean, seigneur de Boisadam, fils aîné de Jacques, seigneur de la Rosais, et de Marguerite Martin, fille de René Martin, seigneur de la Balluère, conseiller au parlement de Bretagne, et de Jacquemine Sauvaget.

4° Guy de Brehant, né le 13 août 1606, fut religieux carme du Mont-Carmel, sous le nom de père Martial de Brehant ;

5° Louis de Brehant, né le 14 janvier 1620, d'abord capitaine de cavalerie, puis capucin sous le nom de père Amand de Brehant, « fut un grand serviteur de Dieu, » dit la Généalogie mss.;

6° Hélène de Brehant, née en janvier 1609, mariée le 3 décembre 1633 à Hervé Boschier, seigneur de la Villehalé, dont : Claude Boschier, seigneur de la Villehalé et de la Villechepulé, sénéchal de Lamballe, qui épousa Françoise Tranchant, fille de Jean, conseiller au présidial de Rennes, et de Renée le Marchand;

7° Catherine de Brehant, née le 19 janvier 1611, fut mariée par contrat de mariage du 20 novembre 1630 à Robert Moro, seigneur de la Villebougault, fils de Gilles, et de Marie de Kerverder;

8° Peronnelle de Brehant, née le 19 avril 1612, épousa 1° le 22 octobre 1636, Toussaint Rouxel, seigneur de Ranléon et de la Lande, fils aîné et héritier noble de Nicolas Rouxel, seigneur de Ranléon, et de Guillemette Boudart; 2° Julien Chaton, seigneur du Quilliou, fils de François, seigneur du Boispigneul, dont elle n'eut pas d'enfants;

9° Elisabeth de Brehant, née le 5 mai 1621. Elle épousa le 13 décembre 1641 Sébastien du Bouilly, seigneur de la Morandais, fils de Guillaume du Bouilly, seigneur de Trébry, de la Morandais, etc., et de Marguerite de Couëspolle.

XI. JEAN DE BREHANT, né le 25 février 1605, chevalier, seigneur de Galinée, Belleissue, etc., châtelain du Plessis, baron de Mauron, capitaine de cavalerie, puis conseiller au parlement de Bretagne dont il fut le doyen, conseiller d'État par brevet de 1649, et un des commissaires du roi pour la Réformation de la noblesse en la province de Bretagne en 1668, fut maintenu comme d'ancienne extraction par arrêt du 8 octobre 1668. Il avait obtenu l'érection de la terre de Mauron en baronnie par lettres patentes du mois de mai 1655, enregistrées au Parlement le 9 mars 1658, et en vicomté la même année, selon Toussaint de Saint-Luc, « en considération, » disent les lettres, des signalés et recommandables services » que ses ancêtres ont rendus aux ducs de Bretagne et roys de » France, nos prédécesseurs, dans leurs armées, où ils ont eu » de grands et considérables commandemens et de signalés » employs. » Jean de Brehant mourut en 1681. Il avait épousé, en 1630, Françoise le Fer, *alias* Piedefer, fille et unique héritière de Jean, seigneur de la Motte-Roussel, descendant de Gaston le Fer, dit *Piedefer*, homme d'armes des ordonnances du roi en 1488 (*Guy le Borgne*), et de Marie du Plessis, dame et héritière d'Anaillé et des Marets. Françoise mourut en avril 1664. Leurs enfants furent :

1° Maurille de Brehant, qui suit ;

2° Claude de Brehant, né le 10 mars 1643, seigneur de la

Sorais, de la Villehatte et de Mauny, fut page de la grande écurie du roi en 1658, puis officier aux gardes, et mourut en 1683. Il avait épousé en novembre 1670 Françoise Bouan, dame de la Touche, fille et héritière principale et noble de feu Jean Bouan, et de Geneviève Poullain, seigneur et dame de la Garde, dont :

    A. Claude-Agatif-Hyacinthe de Brehant, né le 10 septembre 1675. Il fut reçu au Grand Conseil (dont il devint le doyen) par provision du 15 juillet 1703. Il mourut en 1755 suivant une lettre de l'abbé Lioult du 14 juillet de la même année ;

    B. Jeanne-Marguerite de Brehant, née le 3 mai 1671, et mariée en 1696 à Charles-René d'Andigné, seigneur de la Chasse, St-Mallon, Cahideuc, etc.;

    C. Jeanne-Françoise de Brehant, née le 26 juin 1677, religieuse à l'abbaye de Saint-Georges de Rennes.

3° Jean-Gilles de Brehant, né en 1641, dit le *chevalier de Galinée*, fut, comme son frère Claude, page du roi en 1658, et officier aux gardes. Il fut tué au siége de Lille en 1667 ;

4° René de Brehant, né en 1640, dit *l'abbé de Galinée*, docteur en Sorbonne, prieur de Saint-Maur, vicaire apostolique au Canada, mort à Livourne en 1678, en revenant de Rome pour retourner au Canada ;

5° Marie de Brehant, née en 1630, supérieure de la Visitation de Sainte-Marie du Colombier de Rennes dont elle fit rebâtir le couvent. Elle mourut en 1693 ;

6° Françoise de Brehant, née en 1644, mariée en 1664 à Paul Hay, baron de Tizé et des Nétumières ;

7° Marguerite de Brehant, née en 1647, mariée en 1668 à Ives de Poulpry, seigneur de Lanvengat, baron de Kerouzéré. Elle mourut en 1713 ;

8° Anne de Brehant, religieuse à l'abbaye de Saint-Georges de Rennes, et prieure de Saint-Georges en Plougasnou. Elle fit profession en 1665 et mourut en 1718.

L'on a jusqu'ici pris en partie pour guide la Généalogie mss. de la maison de Brehant qui, à chaque degré, donne la teneur ou l'analyse des titres les plus importants pouvant servir de preuves ; mais cette Généalogie s'arrête à Jean de Brehant, et sa continuation qui n'est qu'un résumé, sans citations d'actes, des degrés suivants jusqu'à Louis de Brehant, comte de Plélo, fils de Maurille de Brehant (XII), appartient à un autre auteur. C'est donc dans l'Appendice qu'on trouvera les preuves relatives à Jean de Brehant et à ses descendants.

XII. MAURILLE DE BREHANT, chevalier, comte de Mauron et de Plélo, châtelain du Plessis, seigneur de Galinée, châtelain de l'Oursière et de Tressigneau, conseiller au Parlement de Bretagne, né en 1631 et décédé en 1688, épousa, en janvier 1654, Louise de Quélen (décédée en 1703), héritière de la branche de Saint-Bihi, fille de Gilles de Quélen, seigneur de Saint-Bihi, le Pellen, etc., et de dame Renée du Halegoët, et sa cousine au sixième degré, dont :

> 1° Louis-Hyacinthe de Brehant, chevalier, comte de Mauron et de Plélo, né en 1666, et mort en 1704 sans hoirs de sa femme, sa cousine au 4e degré, Sainte du Gouray, marquise de la Coste, comtesse de Guébriant, baronne de Sacé en Normandie, dame de Brehant, héritière de sa maison, fille de Jean du Gouray, marquis de La Coste, lieutenant du roi dans la Basse-Bretagne, et de Magdelaine de Rosmadec (V. la Généalogie de Budes dans l'Histoire du maréchal de Guébriant par *Le Laboureur*) ;
> 2° Jean-René-François-Almaric de Brehant, qui suit ;
> 3° Jeanne-Marguerite de Brehant, née en 1668, mariée le 8 février 1684 à Charles, marquis de Sévigné, lieutenant du roi au pays Nantais, et décédée le 29 avril 1737 dans une maison appartenant aux religieuses du Val-de-Grâce, grande rue du Faubourg Saint-Jacques, à Paris.

XIII. JEAN-RENÉ-FRANÇOIS-ALMARIC DE BREHANT, chevalier, comte de Mauron et de Plélo, vicomte de Bœuvres, baron de Pordic, etc., conseiller au Parlement de Bretagne, né en 1668, et décédé le 5 mai 1738, épousa : 1° le 23 septembre 1694, Catherine le Febvre de la Falluère, fille de René le Febvre, chevalier, premier Président du Parlement de Bretagne, décédée le 21 décembre 1713, et de Françoise Ferrand ; 2° dame Radegonde Leroy de la Boissière, décédée le 7 mars 1749.

Il laissa du premier lit :

> 1° Louis Robert-Hippolyte de Brehant, qui suit ;
> 2° Louise-Renée-Félicité de Brehant, décédée le 25 janvier

1729 religieuse aux hospitalières de Saint-Gervais de Paris ;

3° Pauline de Brehant, morte en bas-âge.

XIV. Louis-Robert-Hippolyte de Brehant, comte de Plélo, né à Rennes le 28 mars 1699, sous-lieutenant des gendarmes flamands en 1717, colonel au régiment des dragons du nom de Plélo en 1724, ambassadeur de France en Danemark en 1729, tué le 27 mai 1734 à l'attaque des retranchements de l'armée moscovite qui assiégeait Dantzick. Il commandait la première colonne des troupes françaises envoyées au secours de cette place, et avait forcé et franchi les premiers ouvrages lorsqu'il tomba percé de huit coups de feu. « A des sentiments » héroïques dignes d'une meilleure fortune, » dit la *Biographie universelle*, « Plélo joignait le goût des lettres et de la » philosophie. Il cultivait même avec succès la poésie. On a » de lui des pièces légères pleines de délicatesse et de naï- » veté. »

Le roi accorda une pension de 10,000 livres à sa veuve et à ses enfants. Il avait épousé, le 21 mai 1722, Louise Phelypeaux, fille de Louis Phelypeaux, marquis de la Vrillière, ministre secrétaire d'Etat, et de Françoise de Mailly, duchesse de Mazarin en secondes noces, et dame d'atours de la reine. La comtesse de Plélo, née en 1708, mourut au mois de février 1737 dans la communauté du Bon-Pasteur, à Paris. De ce mariage sont issus :

1° Théodore-Cerbonnet de Brehant, comte de Plélo, né le 29 octobre 1725, et mort en 1739 à l'âge de 14 ans ;

2° Louis Auguste Scipion de Brehant, chevalier de Malte de minorité, mort en bas-âge à Copenhague le 22 février 1732 ;

3° Rose-Hyacinthe-Julienne de Brehant, née en 1723, morte également en bas-âge ;

4° Louise-Amélie de Brehant de Plélo, décédée à l'abbaye de Port-Royal de Paris, âgée d'environ neuf ans ;

5° Louise-Félicité de Brehant de Plélo, née le 30 novembre 1726, mariée le 31 juillet 1740 à Armand-Emmanuel du Plessis de Richelieu, duc d'Aiguillon. Elle fut dame du palais de la reine Marie Leczinska, et mourut à Ruel le 17 septembre 1796. De leur mariage sont nés : Armand-Désiré du Plessis de Richelieu, dernier duc d'Aiguillon, mort sans hoirs à Hambourg le

17 mai 1800, et une fille, Innocente Aglaé, mariée par
contrat du 18 novembre 1766 à Joseph-Dominique
Guigues de Moreton de Chabrillan. Avec le duc d'Aiguillon s'éteignit la descendance mâle des du Plessis-
Richelieu de la branche d'Aiguillon ;

6° Une fille née posthume, et décédée en 1734 dans l'année de sa naissance.

**Enfants du second mariage de Jean-René-François-Almaric
de Brehant, comte de Mauron :**

1° Jean-Almaric de Brehant, qui suit;

2° Maurille de Brehant, né en 1732, et décédé en bas-âge,
le 25 janvier 1739;

3° Bihi-Almaric, comte de Brehant, né en mars 1734,
chevalier de l'ordre royal et militaire de Saint-Louis,
capitaine au régiment des dragons de la Reine, mestre
de camp de cavalerie en 1762, retiré du service avec le
grade de colonel, l'un des braves de la guerre de Sept
Ans, et chambellan de Stanislas, roi de Pologne et duc
de Lorraine, par brevet du 13 septembre 1757. Il avait
épousé, le 9 mai 1771, Marie-Louise Bellanger, fille
d'Antoine-Louis Bellanger, chevalier, vicomte d'Hotel,
seigneur de Nanteuil, etc., ancien avocat général à la
cour des aides de Paris, dont il n'eut qu'une fille ;

Marie-Jeanne-Almaric de Brehant, décédée le 17 juin
1784 à l'âge de neuf ans.

Le comte de Brehant mourut vers 1810, ayant survécu près de trente ans à sa femme, Marie-Louise Bellanger, décédée en 1780.

XV. JEAN-ALMARIC DE BREHANT, comte de Mauron, marquis
de Brehant, né le 22 décembre 1730, comme son frère capitaine au régiment des dragons de la Reine, chevalier de l'ordre
royal et militaire de Saint-Louis, fut admis aux honneurs de
la cour le 25 mai 1768, et mourut le 23 février 1813. Il avait
épousé le 16 septembre 1766 Anne-Flore Millet, née le 22 mai
1749, et décédée le 27 avril 1826, fille de Charles-Simon
Millet, receveur général du Bourbonnais, et de Gabrielle-Anne-
Flore-Ménage, dont :

XVI. AMAND-LOUIS-FIDEL, marquis DE BREHANT, né le
16 juillet 1770, baron de l'Empire par lettres-patentes du
14 février 1810, colonel d'état-major, chevalier de la Légion-
d'Honneur et de l'ordre royal et militaire de Saint-Louis, mort

commandant la place du Havre, le 29 septembre 1828. Il avait
épousé en 1804 Jeanne-Françoise de Chantal de Crécy, née le
15 juin 1786, et décédée le 29 mai 1860, fille de Ferdinaud-
Denis, comte de Crécy, seigneur de Chaumergy, Chavanne,
Montigny, baron de Rye, lieut.-colonel du 1er régiment de chevau-légers, chevalier de L'ordre royal et militaire de Saint-
Louis et de la confrérie de Saint-Georges, député de la noblesse
aux Etats généraux le 28 mars 1789, et membre du Conseil
des anciens, an III (1796), et d'Anne-Alexandrine du Bois
de Bours, héritière de sa maison La marquise de Brehant fut,
pendant le premier Empire, dame pour accompagner la princesse Elisa Bacciochi, et plus tard attachée au même titre à
la personne de la princesse Pauline Borghèse.

Sont issus de ce mariage :

    1° Napoléon-Charles-Bihi, qui suit ;
    2° Paul-Louis-Almaric, comte de Brehant, né en 1811, sorti
        de l'Ecole spéciale de Saint-Cyr en 1830, capitaine
        adjudant-major au 1er régiment de chasseurs d'Afrique
        en 1838, mort à Hyères des suites des fatigues de la
        guerre le 1er septembre 1843, à l'âge de 32 ans. Il avait
        laissé un fils, Victor de Brehant, né en 1837, et décédé
        en Algérie le 15 septembre 1863, âgé de 26 ans;
    3° Une fille morte en bas-âge.

XVII. NAPOLÉON-CHARLES-BIHI, marquis DE BREHANT, baron
de l'Empire, né le 15 août 1805, marié le 1er août 1840
à Harriet Peacock, fille d'Anthony-Taylor Peacock, esqre, et
de Mary Willson, et sœur d'Anthony Willson (Peacock) de
Ranceby-Hall, esqre, ancien membre de la Chambre des com-
munes d'Angleterre, décédé le 5 juin 1866. Il avait épousé
Mary Fane, appartenant à l'ancienne et illustre maison des
Fane, comtes de Westmoreland, dont il a eu neuf enfants.

Le marquis de Brehant est le dernier représentant de sa
maison n'ayant pas d'enfants de son mariage avec Harriet
Peacock.

Les preuves de cette Généalogie, et de celles des autres branches des Brehant, existent en originaux ou copies collationnées : 1° entre les mains du chef actuel de la famille ; 2° dans
les archives de la maison de Chabrillan où sont déposées, en

très-grande partie, celles des Brehant; 3° dans les *Mémoires pour servir de preuves à l'Histoire ecclésiastique et civile de Bretagne*, par D. Morice; 4° aux Archives départementales de la Loire-Inférieure et des Côtes-du-Nord; 5° au Cabinet des Titres où l'on trouve réunis 83 actes et documents généalogiques relatifs aux diverses branches de la famille, etc. Toutefois l'auteur, comme il a été dit dans le Mémoire préliminaire, se propose de faire plus tard des preuves qui n'ont été que sommairement mentionnées, ou qui ne figurent pas au nombre de celles rapportées plus bas dans l'Appendice, la matière d'un supplément à la présente Généalogie. Il existe quatre Généalogies imprimées de la maison de Brehant : dans le *Mercure de France*, novembre 1743 ; dans le *Dictionnaire historique* de Moreri, édition de 1759; dans les deux *Dictionnaires généalogiques* de la Chesnaye-des-Bois, et dans l'*Annuaire de la noblesse* de Borel d'Hauterive, année 1845. Ces diverses Généalogies renferment plusieurs erreurs capitales qui ont été rectifiées dans le cours de celle-ci.

L'on trouve aussi dans l'*Histoire généalogique de la maison de Savonnières*, par Trincant, procureur du roi à Loudun (in-4°, 1638, Poitiers), une Généalogie des seigneurs de la Roche-Brehant jusqu'à l'époque du mariage de Jeanne de Brehant avec Charles de Savonnières (1597).

Il est en outre souvent question des Brehant dans les ouvrages traitant de la noblesse, notamment dans ceux qui ont rapport à la noblesse bretonne. L'on donnera la liste des plus importants. L'on doit ajouter que le *Portefeuille des Blancs-Manteaux* contient au volume 76°, tome coté A, une Généalogie en plusieurs folios de la branche des Brehant, seigneurs de Galinée, de Mauron et de Pléjo.

A. BRANCHE DE BREHANT-GLÉCOËT

(ÉTEINTE)

Armes : *De gueules au léopard d'argent ;* alias : *brisé de trois macles d'or posées en chef ;* allés : *parti de gueules, au 1er de trois macles accolées, au 2me d'un demi-léopard ;* alias : *de gueules avec les macles tantôt sept, tantôt trois.*

I. ROBIN DE BREHANT, sire de Glécoët, fils de Geoffroy, vivait en 1320. On ignore le nom de sa femme. Ses enfants furent :

1º Geoffroi, qui suit;

2º Jacques de Brehant, employé aux montres de du Guesclin des 1er juillet et 1er novembre 1371 (*D. Morice,* t. 1, col. 1656 et 1657, et t. 2, col. 104);

3º Yvonnet de Brehant;

4º Thomas de Brehant, employé dans la montre d'Eon de Lesnerac (*D. Morice,* t. 2, col. 439);

5º Pierre. Il quitta le nom de Brehant, et prit celui du manoir et fief *de Maronne* qu'il eut soit en partage, soit par alliance. Il fut sans doute le père de Collinet de Maronne mentionné dans le 6e compte de l'an 1415 de Hesnon Raguier, trésorier des guerres (*D. Morice,* t. 2, col. 907).

II. GEOFFROI DE BREHANT, sire de Glécoët, passe un acte le jour de la Saint-Denis de l'an 1372 dans lequel est mentionné Pierre de Maronne, son frère. Cet acte est rapporté dans un *vidimus* du 21 avril 1463 par la juridiction de la Chèze, et remonte les trois générations. Geoffroi eut pour fils :

III. Jehan de Brehant, sire de Glécoët. Il mit son sceau, qui n'est que de *trois macles*, à un acte de 1393. Ses enfants furent :

1º Edouard de Brehant, chevalier, sire de Glécoët, et seigneur du Pierrit, employé dans la Réf; de 1423 et 1441 (par. de Brehant-Loudéac). Il est aussi fait mention de lui dans « l'Exemption de service pour quelques gentilshommes » de la vicomté de Rohan. » (*D. Morice,* t. 2, col. 1513, année 1437);

2º Jean, qui suit;

3° Allain de Brehant, qui, comme on le verra, hérita plus tard de l'aînesse de sa maison;

4° Gillette de Brehant. Elle épousa 1° Jean de Coëtlogon, seigneur du Breuil; 2° Tanguy de la Bourdonnaye, fils de François, et de Jeanne de Gladonnet, dame de Bratz;

5° Jeanne de Brehant, qui épousa vers l'an 1444 Jean Le Moine, seigneur de la Garenne *(d'argent à trois merlettes de sable, au chef de gueules chargé de trois besans d'argent)*. Leurs enfants furent : 1° Jean, marié à Marguerite d'Estuer; 2° Alain, marié à Marie Texier, et en secondes noces à Marguerite le Coq.

IV. JEAN DE BREHANT, seigneur de la Touche et de Glécoët après Edouard, son frère aîné, mort sans postérité, est employé dans les Réf. de 1423 et 1444, et dans la montre de 1469 de la par. de Brehant-Loudéac. Il fut père d'un autre Jean de Brehant qui eut pour tuteur Alain de Brehant, son oncle, et mourut sans postérité.

V. ALAIN DE BREHANT, chevalier, seigneur de Glécoët et du Pierrit, après le décès de son neveu, épousa Aliette de Coëtuban, héritière de sa maison. Alain obtint, le 6 mars 1481, une sauvegarde pour lui, son fils François et Jean de Brehant, son pupille (Chancellerie de Bretagne). Il est employé dans la montre de 1469 de la par. de Brehant-Loudéac.

Du mariage d'Alain avec Aliette de Coëtuban sont issus :

1° François de Brehant, qui suit;

2° Jean de Brehant, mineur en 1469, employé dans la Réf. de 1513, par. de Brehant-Loudéac. Il épousa Margilie de Penmars'h;

3° Guillaume de Brehant, seigneur de la Touche à viage, et qui aurait été père d'un autre François de Brehant mort en 1513. Guillaume est employé dans la Réf. de 1513;

4° Aliette de Brehant. Elle épousa Jean de Larlan, seigneur de Kerbourc'his;

5° Jacquette de Brehant, mariée à Simon d'Estimbrieuc, mentionné dans la Réf. de 1513.

VI. FRANÇOIS DE BREHANT, seigneur de Glécoët, de Coëtuban et du Pierrit, après son frère Jean, est employé dans la Réf. de 1513 (par. de Brehant-Loudéac), et mourut en 1519. Il avait épousé Isabeau du Quengo, fille probablement de Jean du Quengo, et de Jeanne, fille de François de la Motte, seigneur de la Motte Rouge, et de Jeanne du Belley. De ce mariage sont issus :

    1° René de Brehant, qui suit;

    2° Thibault de Brehant, seigneur de la Touche, compris dans la Réf. de 1535, par. de Brehant-Loudéac, et père de Jean de Brehant, seigneur de la Touche, mentionné dans une « Assignation pour la tutelle des enfants de » Louis de Brehant et de Françoise le Veneur en date » d'avril 1601; »

    3° Gilles de Brehant, seigneur de Marec, employé dans la Réf. en 1535, par. de Brehant-Loudéac, avec Isabeau de Marec, sa femme, dont il eut :

        Louis de Brehant, seigneur de Marec, mort vers 1601, et qui épousa Françoise le Veneur, dont :

        A. Jacques de Brehant;

        B. Françoise de Brehant.

    4° Alain de Brehant (V. Rameau B.);

    5° Adelice de Brehant, mariée en 1523 à Tristan de Rohan, seigneur de Poulduc, de Kerneuzen et du Grand Haulier, mort en 1561. Selon un acte du 27 janvier 1578, Adelice « vivait encore en la présente année. »

VII. RENÉ DE BREHANT, seigneur de Glécoët et de Coëtuhan, mentionné comme fils aîné dans une « assignation de douaire » faite à Adelice, sa sœur, en 1561, eut pour fils :

VIII. BERTRAND DE BREHANT, seigneur de Glécoët et de Coëtuhan. Il épousa Marguerite de Coëtlogon, fille de Julien, sire de Coëtlogon, et d'Anne le Rouge. Il ne vivait plus en 1570. Marguerite, devenue veuve, se remaria en 1571 à Jean du Dresnay, chevalier, seigneur de Trobodec. Bertrand eut quatre filles de son mariage avec Marguerite de Coëtlogon :

    1° Jeanne de Brehant, héritière principale et noble, dame de Glécoët et de Coëtuhan, mariée vers 1600 à Pierre Avril, dont : 1° Marguerite Avril, qui épousa N*** du Bois-Jagu; 2° Gilette, mariée à Jean du Coscat, seigneur de Timadeuc. Sans enfants; 3° Marie, mariée à Jean Desgrées, 3° du nom, chevalier, seigneur de la Vallée, de la Galiotais, de la Noë, de Lesnéc, et de la Griponnière;

    2° Suzanne de Brehant. Elle épousa Pierre le Valois, fils de Jean, seigneur de Séréac, et de Renée de Chef du Bois, dont elle eut Louise le Valois, dame de Saint-Dorlay, mariée en novembre 1671 à Claude Costard, seigneur de la Cucuère;

3° Isabeau de Brehant. Les registres de la par. de Noyal-Muzillac, de 1622 à 1634, la mentionnent comme femme de François de Noyal, seigneur du Closno. Elle ne vivait plus en 1648 ;

4° Renée de Brehant. Elle épousa 1° Michel de Botmiliau, dont elle eut Pierre, seigneur de Kermedec; 2° Jacques Polluche, seigneur de la Motte, gentilhomme ordinaire de la Chambre du roi, dont elle eut Jeanne, dame de la Goulquestais, mariée à Claude Bodoyer, seigneur de Kervilio (Réf. de 1668).

B. RAMEAU DEVENU BRANCHE AÎNÉE

(ÉTEINTE).

VII. ALAIN DE BREHANT, seigneur de Coëtuhan, épousa Do-
ble le Douarain, dont :

      1° Bertrand, qui suit ;
      2° Jacques de Brehant, seigneur de la Villeneuve, marié à
          Marguerite Boux, dont :
          Jean de Brehant, dont l'article suivra.

VIII. BERTRAND DE BREHANT, seigneur de Coëtuhan et de
Marec, épousa Raoulette Pinczon du Sel, dame du Bois Bossard, fille d'Olivier Pinczon, seigneur des Monts et de la Gaillardière, et de Charlotte Ferron, dame de la Fontaine. Raoulette du Sel avait été mariée en premières noces, le 27 janvier 1586, à Abel de Gréal, seigneur de la Roche-Fleuret. Elle
n'eut qu'une fille de son mariage avec Bertrand de Brehant :

      Guillemette de Brehant, qui épousa René Guéhéneuc,
      seigneur de la Porte.

IX. JEAN DE BREHANT, seigneur de la Villeneuve (Arrêt de
maintenue du 14 novembre 1670), fut évidemment le dernier
représentant mâle de la Branche de Brehant-Glécoët, car aucun sujet de cette Branche ne se trouve mentionné dans l'*Armorial général* de France, dressé en vertu de l'édit de 1696.
Les Guéhéneuc, après lui, sont qualifiés seigneurs de la Villeneuve, du chef, sans aucun doute, de Guillemette de Brehant,
leur ascendante. Selon les *Annales briochines*, ils étaient aussi
possesseurs, en 1771, de la terre de Glécoët. A quel titre ?
Peut-être par exercice du droit de retrait lignager.

ALLIANCES

DES SEIGNEURS DE BRÉHANT-GLÉCOET ET DE COËTUHAN.

XVe siècle. — *De Coëtlogon; la Bourdonnaye;* de Coëtuhan.

XVIe siècle. — Penmars'h; *de Larlan; d'Estimbrieuc;* du Quengo; de Marec; *Rohan-Poulduc; Rogier;* Coëtlogon; le Veneur.

XVIIe siècle. — *Avril; le Valois; Noyal; de Botmiliau; Poluche;* le Douarain; Boux; Pinczon du Sel; *Guéhéneuc.*

C. BRANCHE DE LA ROCHE-BREHANT

(éteinte).

Armes : *De gueules au léopard d'argent brisé d'un chapeau de triomphe d'or, et couronné de laurier sur la tête du léopard.*

IV. JEHAN DE BREHANT, fils de Geoffroi et petit-fils de Guillaume de Brehant (II), vivait en 1384. On connaît de lui un acte d'afféagement de 1388. L'on ignore le nom de sa femme, mais il fut père de :

1° Pierre, qui suit;

2° Guillaume de Brehant, employé, avec sa fille, Guillotte de Brehant, dans la Réformation de 1426 (26 octobre), et dans celle de 1432, paroisse d'Iffiniac (Bibl. de Saint-Brieuc). Il scelle un acte de 1413 en cire rouge.

V. PIERRE DE BREHANT, seigneur de la Roche, épousa, vers 1490, Isabelle du Boisboissel, fille de Guillaume, maréchal-des-logis de la duchesse Anne, mentionné dans le Béguin ou deuil de Charles VIII (*D. Lobineau*, col. 1526, t. II.).

De ce mariage sont nés:

1° Jean, qui suit;

2° Amaury de Brehant, seigneur du Val et de la Porte, partagé à viage en 1472. Il fut père de « Jean naturel, » advoué bastard, et d'Olivier pareillement bastard affranchi par le prince en 1515 (Réf. de 1513, paroisse » d'Iffiniac). » Il mourut, dit-on, assassiné, mais on ne précise pas l'époque.

VI. JEAN DE BREHANT, seigneur de la Roche, est mentionné dans la montre de 1469, par. d'Iffiniac. Il s'accorda, par acte du 8 décembre 1472, avec son frère Amaury, touchant la succession de leurs père et mère. Jean épousa Barthelemye Doguet, fille d'Alain, seigneur du Clos (1469), dont :

1° François, qui suit;

2° Olivier de Brehant, qui vivait en 1513.

VII. François de Brehant, seigneur de la Roche-Brehant, est mentionné en ces termes dans la Réf. de 1513, par. d'Iffiniac : « Les maisons de la Villetannet et du Vaurault à noble » écuyer, François de Brehant, fils de défunt Jean, s^r de la » Roche, et aux héritiers de noble Amaury de Brehant, frère » puîné de Jean.» François épousa Jacquemine de la Bouëxière, dame de Launay-Baudoin, fille et héritière de Guillaume (*d'argent à deux fasces nouées de gueules*; alias : *surmontées d'un lambel de même*), descendant de Jean de la Bouëxière, compagnon d'armes de du Guesclin en 1363.

De ce mariage sont nés :

    1° Thibault, qui suit;

    2° Madeleine de Brehant, mariée 1° à Jean Guegen; 2° à Louis du Gouray, seigneur de Launay. Ce second mariage eut lieu avant 1525.

       François de Brehant avait un fils naturel, Pierre de Brehant, qui fut tué en 1515.

VIII. Thibault de Brehant, seigneur de la Roche-Brehant, de Launay-Baudoin, du Val, du Clos, etc., épousa : 1° Anne de la Garenne, fille de Pierre, seigneur de Crec'hmilin, et d'Anne de Plédran, dont il n'eut pas d'enfants; 2° en 1543, Françoise de Sesmaisons, fille de Guillaume, et de Marguerite de Goulaine. L'on trouve aux Archives du département des Côtes-du-Nord la copie très-défectueuse d'un acte contenant les conditions du mariage de Thibault de Brehant et de Françoise de Sesmaisons. Cet acte de 1543 se termine par ces mots : « et ce faisant, se sont le dit seigneur de la Roche et » la dicte damoiselle Françoise de Sesmaisons, baisés l'un » l'autre, par noms de mariage, par paroles futures, lequel » mariage ils ont promis l'un à l'autre parachever et parfaire » en face de saincte Eglise. »

Thibaut de Brehant étant mort, sa veuve se remaria deux fois : 1° à Jacques Auffray de Lescouet, seigneur de Guerande, conseiller au Parlement de Bretagne en 1586; 2° à Jean Maupetit, seigneur du Bignon, pensionnaire ordinaire du roi et gentilhomme servant du duc d'Anjou. Il survécut à sa femme.

Les enfants de Thibault de Brehant et de Françoise de Sesmaisons furent :

1° Alain, qui suit ;

2° Julien de Brehant. L'on ne connaît pas le nom de sa femme, en supposant qu'il ait été marié. Les Généalogies mss. de la Branche de la Roche-Brehant lui donnent pour fille une Marie de Brehant qui aurait épousé Christophe de Boisgeslin, fils d'Amaury, seigneur de Pontrivily, et de Françoise Conen. Il y a évidemment là erreur, car comment admettre que deux Marie de Brehant aient épousé, à la même époque, chacune un Boisgeslin ? or, il est authentiquement établi que Marie de Brehant, fille de Jean de Brehant (VII), et de Françoise de Kergu, fut mariée en 1533 à Jacques de Boisgeslin, seigneur de Kérabel (V. branche du Galinée) ;

3° Jean de Brehant, dont on ne sait rien ;

4° Françoise de Brehant, mariée à Christophe de Sesmaisons, fils de Jacques, et d'Anne Eder, « issue de l'an-
» cienne maison d'Eder en Bretagne, alliée aux comtes
» de Quintin, comme dit d'Argentré en son Histoire,
» et de laquelle sont sortis Guillaume Eder, évêque de
» Vannes, et nombre de chevaliers dont la même histoire
» fait souvent honorable mention (Extrait de la *Généa-*
» *logie de Saxonnières*) ; »

5° Jeanne de Brehant. Elle épousa en 1561, Gilles Lezot, seigneur de la Villegeffroy, secrétaire du Roi, dont elle eut Roch, secrétaire du Roi, gentilhomme de la chambre et chevalier de l'ordre du Roi, marié à Nouaille de la Corbinnière.

IX. ALAIN DE BREHANT, seigneur de la Roche-Brehant, de Launay-Baudoin, du Clos et du Chastellier, fils aîné du second mariage de Thibault, fut député par la noblesse pour la réformation de la coutume en 1580, et transigea le 12 février 1571 avec Jean Maupetit, le troisième mari de sa mère ; mais il eut à soutenir contre Auffray, son frère utérin, de longs procès qui ne se terminèrent définitivement que le 7 août 1588. Alain de Brehant avait épousé en mai 1568 Françoise du Chastellier, fille unique de Raoul (anc. ext. chev. : *de gueules au dextro-chère mouvant du côté gauche, tenant une fleur de lys d'argent, accomp. de quatre besants de même, un en chef, deux en flancs et un en pointe*), seigneur du Chastellier, et héritière de sa maison. Elle survécut à Alain qui, par son testament en date du 21 septembre 1588, lui conféra la tutelle de leurs enfants mineurs. « L'avantage qu'il crut que son frère utérin » avait eu sur lui aux procès qu'ils avaient eus ensemble, à

» cause de sa qualité de conseiller au Parlement, lui fit désirer
» que son fils aîné fût instruit aux lettres pour parvenir à
» telle charge; c'est pourquoi il ordonna par ce testament qu'il
» serait entretenu aux écoles et universités de Paris, Poitiers,
» Toulouse et Bourges, et que pour le conduire lui serait donné
» un homme savant; et défendit par le même testament que sa
» femme n'eût à prendre avis du dit Auffray, son frère utérin,
» pour le mariage de ses enfants, ni pour quelque autre affaire
» que ce fût. » (Extrait de l'*Histoire généalogique de la maison de Savonnières en Anjou*, in-4°, Poitiers, 1638.) Alain
de Brehant laissa trois enfants de son mariage avec Françoise
du Chastellier :

> 1° Gilles, qui suit ;
> 2° Jeanne de Brehant, née en 1570, et baptisée le 9 no-
> vembre de la même année. Elle épousa par contrat de
> mariage du 10 août 15**, Charles de Savonnières, sei-
> gneur de la Bresteche, etc., guidon de la compagnie
> des gendarmes du prince de Conti, chevalier de l'Ordre
> et gentilhomme de la chambre du roi, veuf de Hardie
> Tortereau, fille de Louis Tortereau, seigneur de la Tor-
> telière, en Poitou, et d'Anne Hervé. Huit enfants na-
> quirent de ce mariage ;
> 3° Julienne de Brehant, mariée à Olivier Sorel, seigneur
> de Beauvais.

X. GILLES DE BREHANT, 1er du nom, chevalier, seigneur
de la Roche-Brehant, du Chastellier, etc., gentilhomme ordinaire de la chambre du roi, ayant atteint sa dix-neuvième année, fut émancipé et déclaré capable d'administrer ses biens par
arrêt de la juridiction de Dol en date du 7 janvier 1593. « sur
» l'avis de sa mère, Françoise du Chastellier, et des plus pro-
» ches parents, tant du côté paternel que du côté maternel,
» Jean de Trémigon, seigneur de la Brousse, chevalier de
» l'Ordre du roi; Hervé d'Estanger, seigneur du Breuil; Char-
» les-Marie, seigneur de la Bouère, et Jacquemine de Hingant,
» douairière de Beauvoir. Toute cette parenté était issue des
» plus nobles et anciennes maisons de Bretagne » (*Généalogie de Savonnières*). Gilles de Brehant épousa en 1605
Philippete de la Piguelais, fille de François, comte du Chesnay
en 1500, et de Jeanne Langlois de la Bertaudière, dont :

1° Gilles, qui suit;

2° Jacques de Brehant, qui épousa Anne Gédouin, dont il n'eut qu'une fille, Marguerite de Brehant, mariée en 1619, à Julien du Bouays, seigneur de Couësbouc;

3° Louis de Bréhant, *auteur de la branche D*;

4° Françoise de Brehant. Elle épousa en janvier 1628, Jean de la Rivière, seigneur du Plessix-Hérupet, fils de Charles, seigneur de la Rivière, etc., et de Jacquemine de Lys, fille de Jacques de Lys, chevalier, seigneur du Tertre, du Harmoët, des Clouets, etc. (Voir *Preuves*, n° 20).

XI. GILLES DE BREHANT, II° du nom, chevalier, seigneur de la Roche-Brehant, du Chastellier, etc., épousa : 1° Françoise Boutier, fille de Gilles, seigneur de Châteaufort, et de Julienne de Saint-Denoual; 2° en 1657, Anne, fille de René de Saint-Gilles, seigneur du Peronnay, du Gage, etc., lieutenant pour le roi au gouvernement des ville et château de Fougères, et de Jacquemine de Bréville.

Du premier mariage de Gilles de Brebant est né :

XII. BERNARDIN DE BREHANT, chevalier, seigneur de la Roche-Brehant, etc. Il épousa en 1667 Anne-Thérèse le Prestre, fille de René, seigneur de Lezonnet, et de Louise de Lopriac, dont :

1° Marie-Rose-Julienne de Brehant, mariée à Augustin Mesnard, « qualifié haut et puissant seigneur, messire, » chevalier, seigneur-marquis de Toucheprès, baron de » Châteaumur, et seigneur de la Courlière » (Gén. de Mesnard de Toucheprès, en Poitou, la Chesnaye des Bois, t. 10, p. 89);

2° Françoise de Brehant, qui épousa René du Breil, seigneur de Closneuf, fille d'Alain, et de Gilonne Godet.

« Par arrêt du 23 mars 1668, Bernardin de Brehant, sieur » de la Roche, et Louis de Brehant, sieur du Chastellier, sont » déclarés nobles d'extraction ancienne; Bernardin maintenu » en la qualité de chevalier. » M. de Saliou, rapporteur. (Cabinet des titres.)

D. RAMEAU DU CHASTELLIER

(ÉTEINT).

XI. Louis de Brehant, Ier du nom, seigneur du Chastellier et de Villeneuve, épousa Marie Robert, dont il eut :

> 1° Louis de Brehant, qui suit ;
> 2° Henriette-Françoise-Jeanne, et Gillette de Brehant, sœurs jumelles, nées en 1649 (Reg. des actes de baptême de la paroisse d'Iffiniac).

D'après les actes de mariage de cette même paroisse, Louis de Brehant, veuf de Marie Robert, et alors âgé de cinquante ans, épousa en secondes noces, le 16 avril 1664, damoiselle Françoise de la Villeou, âgée de cinquante-un ans.

XII. Louis de Brehant, seigneur du Chastellier, épousa le 2 décembre 1684, dans la chapelle de la Ville-Volette, Anne le Vicomte, dame de la Ville-Volette, avec dispenses signées Michel le Breton, vicaire général, en date du 1er décembre 1684. (Reg. des actes de mariage de la paroisse d'Iffiniac.)

Louis de Brehant n'ayant pas eu d'enfants de ce mariage, avec lui a fini la descendance mâle de la branche de la Roche-Brehant, en admettant qu'il ait survécu à son cousin, Bernardin de Brehant, seigneur de la Roche-Brehant, chef de sa maison, ce qui est probable, l'*Armorial général mss.*, établi en vertu de l'édit de 1696, mentionnant Louis de Brehant et ne disant rien de Bernardin.

ALLIANCES

DES SEIGNEURS DE LA ROCHE-BREHANT ET DU CHASTELLIER.

XVe siècle. — Du Boisboissel.

XVIe siècle. — Doguet ; du Gouray ; la Bouëxière ; *Guégen* ; la Garenne ; de Sesmaisons ; *de Sesmaisons* ; du Chastellier ; *de Savonnières* ; *Lezot* ; *Sorel* ; *du Bouays* ; la Piguelais.

XVIIe siècle. — *Gédouin* ; *la Rivière* ; Boutier ; Saint-Gilles ; le Prestre ; *Mesnard* ; *du Breil de Closneuf* ; Robert ; le Vicomte.

E. BRANCHE DES SEIGNEURS DE LA PLESSE

ET DE LA VILLEHATTE DU NOM DE BREHANT

(éteinte).

IV. ETIENNE DE BREHANT, chevalier, quatrième fils de Pierre de Brehant (III) et d'Aliette le Vayer, mort avant 1476, est employé avec Jean Madeuc et autres dans l'acte de prestation de serment de l'an 1437 des nobles de Rohan et de Porhoët. (*Gén. mss.*, et *D. Morice*, t. II, col. 1307). On le trouve également mentionné, avec son fils Jean, dans la Réf. de 1476, par d'Hénansal : « 14 août. Le chemin chaussée : Jean de
» Brehant, noble homme, demeure en la maison qui fut à
» Estienne de Brehant, son père. » Il eut pour fils :

V. JEAN DE BREHANT, 1er du nom, qualifié *Dominus de la Plesse* dans un acte de baptême de 1516 de Jacques de la Motte Rouge. Jean fut marié deux fois. On lui donne pour première femme Guillemette de la Feillée, dont :

> Marguerite de Brehant, dame de Créhen. Ogée rapporte dans son *Dictionnaire historique et géographique de Bretagne*, à l'article *S. Alban*, qu'elle possédait en 1530 l'Hôtellerie d'Abraham, ainsi que les maisons nobles de Belestre et de Messenic, et il est dit dans la Réf. de 1535 : « La métairie de Belestre que
> » tient Marguerite de Brehant, dame de l'Hôtellerie,
> » damoiselle. » Marguerite épousa, 1° après 1535, N*** de la Goublaye, seigneur de Créhen et de Belestre. C'est sans doute par suite de ce mariage que les la Goublaye sont qualifiés plus tard seigneurs de Belestre ; 2° Bertrand Hérisson, seigneur de la Villehelouin et du Chesnay.

L'on connaît, par un acte de partage de l'an 1539, que Jean de Brehant avait épousé en second mariage Marie de la Motte, qu'on a tout lieu de croire de la maison de la Motte Rouge, dont il eut :

1° Jean, qui suit ;

2° Bertrand de Brehant, marié vers 1545 à Jeanne le Bigot, dont :

    A. Julienne, née en 1546 ;

    B. Guillaume, né en 1549, dont il sera question plus loin.

3° Jeanne de Brehant, mariée vers 1530, à Guillaume le Pugneix ;

4° Isabeau de Brehant, mariée à Barthélemy le Saulnier.

VI. JEAN DE BREHANT, II° du nom, seigneur de la Plesse, est employé dans la Réf. de 1513 : « Evêché de Saint-Brieuc. Hénansal : la maison noble de la Plesse à Jean de Brehant, adolescent ; » et dans celle de 1535 : « la maison noble de la Plesse à Jean de Brehant, de même que la maison de la Roche-Drone. » Jean épousa : 1° Jeanne Colas ; 2° Isabelle Mouesson, dame de la Plesse en 1531 ; 3° Radulpha du Fournel, marraine le 25 septembre 1547 de Jacques de la Motte Rouge, fils puîné de Julien, et de Marguerite de Brehant : « *Commater vero domicella Radulpha du Fournel, domina de la Plesse.* » (Reg. de la par. de la Bouillie.) Les enfants de Jean de Brehant furent :

Du premier lit :

Marguerite de Brehant, dame de la Plesse, mariée en 1536 à Julien de la Motte Rouge, seigneur du Saint-Esprit, fils aîné, héritier principal et noble de François de la Motte-Rouge, et de Jeanne Rouxel. L'on voit par un mémoire de 1641 pour écuyer Pierre de la Motte contre Gilles et Vincent de la Motte au sujet de la succession de Marguerite de Brehant, leur bisaïeule, que Julien et Marguerite eurent trois enfants, et que celle-ci, devenue veuve, épousa en secondes noces, vers 1551, Allain Rogon, seigneur de la Villebargouet, dont elle eut huit enfants ;

Du deuxième lit :

Bertrande de Brehant, mentionnée en 1523 et 1539 comme marraine dans les reg. de la par. de la Bouillie ;

Du troisième lit :

1° Jacques de Brehant, né en 1547, mort sans postérité ;

2° Marie de Brehant, née en 1538. Elle épousa Jean le

Tenours, 2° du nom, fils de Denis qui vivait en 1479,
dont elle eut Jean, 3° du nom, marié à Jeanne le
Douarain (Réf. de 1668, article *le Tenours*).

VII. GUILLAUME DE BREHANT, fils de Bertrand et de Jeanne
le Bigot, a continué la descendance, et très-vraisemblablement
fut le père de :

VIII. JACQUES DE BREHANT, seigneur du Bras en 1629, qui
épousa Tiennette Héliguen, dame de la Villehatte, héritière
de sa branche (V. *Preuves*, n° 20, années 1628 et 1629),
dont :

IX. FRANÇOIS DE BREHANT, seigneur de la Villehatte et du
Tertre, inhumé en 1644 dans l'église de la Bouillie, à côté de
l'escabeau de la Plesse, et père de :

1° Claude, qui suit ;
2° Mathurin de Brehant, seigneur de la Corbonnaye, mort
sans postérité ;
3° François, seigneur de la Villeaudry, mort pareillement
sans postérité.
Ces trois sujets du nom de Brehant sont compris ensemble dans un arrêt de maintenue de la Réf. de 1668
en date du 29 novembre de la même année.

X. CLAUDE DE BREHANT, seigneur de la Villehatte. Ses enfants furent :

1° Jeanne de Brehant, mariée à Toussaint Gauthier, seigneur de la Boullays, et mentionné comme il suit dans
l'*Armorial général mss.* de 1696 : « Jeanne de Brehant,
» veuve de Toussaint Gauthier, écuyer, seigneur de la
» Boullays, porte : *de gueules à un léopard d'argent.* »
Jeanne est qualifiée *dame de la Villehatte* sur l'arbre
généalogique qui précède l'arrêt de maintenue des
Gauthier en date du 10 novembre 1668 ;
2° Renée de Brehant. Elle vivait en 1715, et avait épousé
N*** de Tremereuc. Elle fut sans doute la mère de
François-René de Tremereuc, marié en 1742 à Marie-
Angélique-Barbe de Lorgeril.

La Branche des seigneurs de la Plesse et de la Villehatte du
nom de Brehant a dû se fondre dans Gauthier et Tremereuc,
aucun sujet de cette branche, à l'exception de Jeanne de Brehant, ne se trouvant mentionné dans l'*Armorial général mss.*
de 1696.

F. BRANCHE DE LA ROCHE ET DE BONNEUIL

(ÉTEINTE).

VI. THIBAULT DE BREHANT, deuxième fils de Gabriel de Brehant (V), mort en mars 1438, alla servir dans les guerres de
Grèce. Il y demeura si longtemps qu'on le crut mort; mais à
son retour en Bretagne, il réclama le partage selon *l'assise* du
comte Geoffroi, et obtint *à viage* la terre de la Ville-Corbin
par sentence des plaids généraux de la cour de Lamballe du
15 avril 1482 qui déclare que la maison de Brehant est d'ancienne chevalerie. On lui donne pour femme Margilie de la
Roche, dont :

VII. RENÉ DE BREHANT, qui épousa vers 1531 Jeanne du
Cambout, fille d'Alain, IV⁰ du nom, mort en 1534, et de Jacquemine Madeuc, fille de Rolland, seigneur de Guémadeuc,
et de Péronnelle de Coëtquen, dont il eut :

      1º Antoine, qui suit ;
      2º Jacques de Brehant, seigneur de la Bretesche. « Il fut
         » appelé par le roi, en 1601, à l'économat de l'abbaye
         » de Saint-Jacut, quand Louis de Brehant, son neveu,
         » fut nommé abbé de cette abbaye, à l'occasion du
         » changement en commande. » (Gén. mss., et Cabinet
         des titres). Jacques mourut sans avoir été marié.

VIII. ANTOINE DE BREHANT, seigneur de la Roche, gouverneur de Guingamp en 1570 (*D. Morice*, t. 3, col. 1391),
capitaine du château de la Bastille en 1598, écuyer ordinaire
de l'écurie du roi, épousa vers 1580 Catherine de Reilhac, fille
de Guillaume, baron de Guerre en Brie, seigneur de Bonneuil-sur-Marne, dont :

      1º Louis, qui suit ;
      2º Claude de Brehant, mariée par contrat du 17⁰ jour de
         décembre 1598 devant Mathurin Perrier et Jehan Charles,
         notaires au Châtelet de Paris, à Jean de Brehant, che-
         valier, vicomte de l'Isle, seigneur de la Pommeraye, du
         Boisboissel, etc. Elle eut en dot la terre et seigneurie
         de Hédé (V. Branche H).

IX. Louis de Brehant, seigneur de la Roche et de Bonneuil-sur-Marne, nommé abbé de Saint-Jacut en 1600 par le roi Henri IV, reçut ses bulles du pape Clément VIII le 1er mars 1603, mais ne prit pas les ordres, et résigna son abbaye en 1614. Il remplaça, par brevet en date du 6 septembre de l'année suivante, son beau-frère Jean de Brehant, vicomte de l'Isle, dans sa charge d'écuyer ordinaire de la petite écurie du roi, et épousa en 1625 Marie Hurault, fille de Jean Hurault, seigneur de Boistaillé, de Mespuis et de Valpuiseux, et de Marguerite Bourdin, fille de Gilles Bourdin, seigneur d'Assy, procureur général au Parlement de Paris, et d'Isabeau Fusée (*Père Anselme*, t. 6, pag. 518). Leurs enfants furent :

1º Louis, qui suit ;
2º Marie de Brehant, chanoinesse de Remiremont.

X. Louis de Brehant, IIe du nom, seigneur de la Roche et de Bonneuil-sur-Marne, mourut sans postérité. Avec lui s'éteignit la branche de la Roche et de Bonneuil.

G. BRANCHE DU CHESNAYE,

DE LOURME ET DE LA MARCHE

(ÉTEINTE).

FRANÇOIS DE BREHANT, seigneur du Chesnaye et de Lourme,

GEORGES DE BREHANT, seigneur de la Marche, neveu du précédent (V. *Preuves*, n° 24).

H. BRANCHE DE BREHANT,

VICOMTES DE L'ISLE, SEIGNEURS DU BOISBOISSEL,

DE COUESQUÉLEN, DE KERRIOU, ETC.

(ÉTEINTE).

Armes : *De gueules à sept macles d'or, 3. 3. 1.*

I. JEHAN DE BREHANT, juveigneur, fils présumé de Geoffroi, sire de Glécoët (V. A. Branche de Brehant-Glécoët), épousa N°°° le Moine, dont :

II. EON DE BREHANT, vicomte de l'Isle, mineur en 1421. Olivier le Moine, garde des enfants de Jehan de Brehant, et jura leauté, rend hommage en leur nom au vicomte de Rohan en 1396. (V. D. Morice, t. 2, col. 669). Olivier le Moine était sans aucun doute l'oncle d'Eon, car on voit plus tard celui-ci rendre hommage au duc de Bretagne pour les terres qui lui étaient échues des successions de Jehan, son père, et de Guillaume et Olivier le Moine. Eon de Brehant est employé dans la Réf. de 1423 (p. de Ploeuc). L'on ignore le nom de sa femme, mais il eut pour fils :

III. ANTOINE DE BREHANT qui vivait en 1469. Il est mentionné dans un aveu, ou tenue donnée au duc Jean de Brosses, comte de Penthièvre, en l'an 1443 (D. Morice, t. 2, col. 1754), dans un extrait des registres de la chancellerie de Bretagne (D. Morice, t. 2, col. 1717), et dans la montre de 1469, par. de Ploeuc. Antoine épousa en 1450 Jeanne de Couvran (laquelle ne vivait plus en 1475), fille de Jean, et de Margilie de la Roche-Rousse, dont :

1° Pierre, qui suit ;

2° François de Brehant, *auteur des seigneurs de Saint-
Eloy* (V. I. Branche) ;

3° Jeanne de Brehant, mariée à Jean le Forestier, et partagée noblement en 1475.

> Antoine de Brehant avait un fils naturel, nommé
> Honoré de Brehant, comme on le voit par « un acte
> » du 17 mai 1461 signé Thibault de Deserts, portant
> » transaction entre nobles gens Eon de Brehant,
> » seigneur de Belleissue, Antoine de Brehant, cura-
> » teur d'Honoré de Brehant, son fils naturel, pourvu
> » d'une chapelle à Notre-Dame de Lamballe, et
> » Jehan de Vaucouleurs. Lanjamet patron et présen-
> » tateur de ladite chapellenie. » (Gén. mss., et Archi-
> ves de Chabrillan).

IV. Pierre de Brehant, vicomte de l'Isle et seigneur de
Couësquélen, épousa en 1501, Jeanne Boudart, fillle d'Olivier Boudart, seigneur de Couësquélen, et héritière de sa
branche. Jean transigea, le 7 février 1475, avec Anne Boudart, sa sœur, femme de Jean Pean, relativement à la succession noble d'Olivier Boudart, seigneur de Couësquélen, leur
père. Les enfants de Pierre de Brehant et d'Anne Boudart
furent :

1° Antoine, qui suit ;

2° Jacques de Brehant, employé dans la Réf. de 1513 ;

3° Jean de Brehant partagé à viage en 1504, et employé
pareillement dans la Réf. de 1513. Il reçut de son frère
aîné, Antoine de Brehant, par acte du 25 juin 1510, sa
part de certains héritages dans les paroisses de Plémy
et de Saint-Denoual ;

4° Catherine de Brehant, mariée le 27 mars 1502 à Robert
de Quillivala, seigneur du Bé, et partagée noblement à
l'occasion de son mariage.

V. Antoine de Brehant, vicomte de l'Isle, seigneur de
Couësquélen, de la Villerouxin, de Beaurepaire, de la Ville-
guermel et de Languenac (Réf. de 1513 et 1535, par. de
Ploeuc), épousa Marie du Parc, dame de la Noë, fille de
Charles, seigneur de la Noë. Marie du Parc transigea, le
2 octobre 1501, avec l'autorisation de son mari et du consentement de Pierre de Brehant, son beau-père, avec Artus le
Moine, seigneur de la Touche, son beau-frère, relativement à
la succession d'Anne du Parc, sa femme. Antoine de Brehant

eut pour tuteur Jacques de la Noë, seigneur de la Noë. Il eut de son mariage avec Marie du Parc :

VI. PIERRE DE BREHANT, vicomte de l'Isle, seigneur de Couësquélen, de la Noë et de la Vigne. Il épousa Jeanne de Rosmar, dont :

    1° Antoine, qui suit;
    2° Catherine de Brehant, mariée 1° à Jean le Hidoux, seigneur de Renou; 2° à Jean le Chaponnier, seigneur de Lezerec. Elle fut partagée noblement par son frère Antoine de Brehant, comme juveigneure et héritière d'Antoine de Brehant, et de Marie du Parc, leur aïeul et aïeule. On la trouve employée dans ces termes dans la Réf. de 1535 : « Ploeuc : Cremeur, à Jacques Jouhan, » seigneur de Lamarre, tenu en douaire par damoiselle » Catherine de Brehant, de même que la maison du » Grosaulnay; »
    3° Jeanne de Brehant, mariée à Bertrand de la Villéou, seigneur des Marais.

VII. ANTOINE DE BREHANT, vicomte de l'Isle, et seigneur de Couësquélen, est employé dans la Réf. de 1535, par. de Ploeuc, comme possesseur du manoir de l'Isle. Il épousa Radegonde des Deserts, fille aînée de Louis des Deserts, seigneur de Bréquigny, maître des requêtes en 1526, et président au Parlement de Bretagne en 1532, et de dame Thierry de la Prevalaye. Antoine « donna, le 18 novembre 1543, son » aveu des héritages qui lui étaient échus de la succession » d'Antoine de Brehant, son aïeul; et comme héritier principal » de ce même Antoine, et garde de Thibault de Brehant, son » fils, fit accord, le 7 octobre 1547, avec Alain de Visdelou, » mari de Jacquemine du Parc. » (Gén. mss. des Brehant, vicomtes de l'Isle. Cabinet des titres). Suivant un acte de 1576, il fut assassiné par le sieur de Volviré, et Olivier Poisson, sieur de Lauven. Radegonde des Deserts, devenue veuve, se remaria à Guiou de Rochedu, seigneur de Saint-Armel, capitaine de Quintin. Antoine de Brehant ne laissa qu'un fils de son mariage avec Radegonde des Deserts :

VIII. THIBAULT DE BREHANT, vicomte de l'Isle, et seigneur de Couësquélen. Il transigea : 1° le 5 mai 1568, avec Jacquemine du Parc, relativement à son douaire, comme veuve d'Alain de Visdelou; 2° le 18 décembre 1576, en son nom, et au nom de Radegonde des Deserts, sa mère, avec Guillé-Fourrier, sieur de la Braise, au sujet de la somme de 1500 écus d'or qu'il s'était fait adjuger pour les réparations civiles de l'homicide commis en la personne d'Antoine de Brehant, son père, par le sieur de Volvire, et Olivier Poisson, sieur de Lauven, comme il a été dit plus haut. Thibault de Brehant épousa le 1ᵉʳ octobre 1560 Isabeau de Turnegoët, fille unique de Jean, seigneur de la Pommeraye, et de Françoise le Borgne, dont :

IX. JEAN DE BREHANT, chevalier, vicomte de l'Isle, seigneur de Couësquélen, de la Pommeraye et du Boisboissel, épousa Jacquemine du Rouvre, fille et héritière de Bertrand, seigneur du Rouvre et du Boisboissel, et de Françoise Henri, fille de Geoffroy Henri, seigneur de Beauchamps, dont :

> 1º Jean de Brehant, qui suit;
> 2º Charles de Brehant, seigneur de Couësquélen et de Restronalen, partagé noblement le 11 novembre 1614, et marié le 21 novembre de la même année à Catherine Raoul, dame de Kerriou, fille unique de Thibault, seigneur de Kerriou (armes : *de gueules à sept macles d'or, 3, 2 et 1*), et de Marguerite du Fresne, dont :
>> Béatrix de Brehant, mariée en juillet 1634 à Pierre le Cardinal, seigneur de Kerglas, capitaine au régiment de la Meilleraye, auquel elle apporta en dot les terres de Couësquélen et de Kerriou. (Blancs-Manteaux, t. 76ᵉ, fol. 170).
> 3º Jacques de Brehant, seigneur du Bé, partagé noblement le 16 octobre 1604;
> 4º Julienne de Brehant. Elle épousa 1º en 1600, Pierre Conen, seigneur de la Ville-l'Evêque; 2º Christophe du Pontual, seigneur de la Villerévault. Elle fut partagée noblement en 1601;
> 5º Jeanne de Brehant, dont on ne sait rien;
> 6º Marguerite de Brehant, mariée en 1624, à Jacques de Beaufurel, gentilhomme picart.

X. JEAN DE BREHANT, chevalier, vicomte de l'Isle, seigneur de la Pommeraye, du Boisboissel, etc., gentilhomme ordinaire de la chambre par brevet du 26 décembre 1598, écuyer ordinaire de la petite écurie du roi Louis XIII, épousa en 1598, Claude de Brehant, fille d'Antoine, seigneur de la Roche et de Bonneuil-sur-Marne, capitaine du château de la Bastille (V.

branche F), et de Catherine de Reilhac, fille de Guillaume de Reilhac, baron de Guerre en Brie, seigneur de Bonneuil-sur-Marne, et dame d'atours de la reine Marie de Médicis. Le contrat de mariage (Cabinet des titres) est du 9 novembre 1598. Il appert d'un acte original du 9 septembre de l'an 1603 (Cabinet des titres) qu'Antoine de Brehant, seigneur de la Roche, et Catherine de Reilhac, sa femme, avaient « en faveur dudit » mariage baillé et délaissé au dit sʳ vicomte, et à la dite dame » Claude de Brehant, son épouse, et acceptante, la terre et » seigneurie de Hedé, ses appartenances et despendances, sans » en rien réserver, etc. » L'on connaît un autre acte du 16 février 1619 (Cabinet des titres) concernant Jean de Brehant, par lequel on reconnaît qu'il a « rendu bon et fidèle compte de » l'administration qu'il a eue de la personne et des biens de » dame Anne des Chapelles, fille unique et héritière de défunt » messire Claude des Chapelles et de Corneille de Reilhac. » Jean de Brehant rendit aveu par procureur, le 3 décembre 1624, de sa terre du Boisboissel. Selon les *Annales briochines*, on lui doit la fondation du couvent des capucins de Saint-Brieuc, et il mourut en 1640.

De son mariage avec Claude de Brehant sont nés :

1° François de Brehant, chevalier, vicomte de l'Isle, seigneur du Boisboissel, de la Pommeraye, du Rouvre, etc., gentilhomme ordinaire de la chambre du roi, fils aîné, né en 1610, et nommé le 17 décembre de la même année par François de Silli, seigneur de la Roche-Guyon. Il mourut sans laisser de postérité de son mariage avec Françoise du Poulpry, fille de François et de Guillemette du Drenec ;

2° Louis-Antoine, qui suit ;

3° Hercules de Brehant, né en 1616, et nommé le 26 novembre de la même année par messire Hercule de Rohan, duc de Montbason (Cabinet des titres) ;

4° Louis de Brehant, né en 1619, et nommé le 23 avril de la même année par Louis de Rohan, comte de Rochefort (Cabinet des titres) ;

5° Roger de Brehant ;

6° Pierre de Brehant.

L'on ne sait rien de Roger et de Pierre mentionnés seulement dans un acte du Cabinet des titres intitulé : « Dame Claude de Brehant, veuve de Jean de

» Brehant, fait des présents à sa famille, devant
» Jerret et Contesse, notaires ; »

7° Claude de Brehant. Elle épousa, le 21 juin 1642,
François du Tronchay, seigneur de Martigné, secrétaire du roi, grand audiencier de France ;

8° Catherine de Brehant, religieuse en l'abbaye du Val-de-
Grâce. « Le roy, de l'advis de la reyne régente, sa
» mère, après avoir vu le consentement de dame
» Louise de Reilhac, abbesse de ladite abbaye Nostre-
» Dame-du-Val-de-Grâce, ordre de St-Benoist, diocèze
» de Paris, dont acte est passé par devant Bonnier, ta-
» bellion à Bièvre-le-Chastel, en date du 28 du présent
» mois, accorde à la dite Catherine de Brehant, niepce
» de la dite abbesse, la réserve de la dite abbaye pour
» en estre pourvue après le décès de la dite de Reilhac,
» en faisant par la dite de Brehant la profession réquise.
» 24 décembre 1613. » (Acte sur parchemin du Cabinet
des titres). Mais il paraît certain que Catherine ne devint pas abbesse de l'abbaye du Val-de-Grâce, soit
qu'elle n'ait pas fait profession, soit qu'elle n'ait pas
survécu à sa tante Louise de Reilhac ; car il résulte
d'un autre acte du Cabinet des titres du dernier jour de
février 1618, que « le roy estant à Paris, désirant, en
» faveur du vicomte de l'Isle, gratifier et favorablement
» traiter sœur Hélène Bonnet, religieuse en l'abbaye
» du Val-de-Grâce, ordre de Saint-Benoist, diocèze de
» Paris, Sa Majesté lui accorde, faict don de la dite ab-
» baye, vacante par le décès de feue Louise de Reilhac,
» dernière titulaire d'ycelle. »

XI. Louis-Antoine de Brehant, chevalier, vicomte de l'Isle,
etc , né à Paris, épousa Marie Lebrun, fille de Jacques Lebrun,
seigneur de Querprat, veuve avant 1697, selon l'*Armorial
général mss.* (Bretagne), t. I. « Par arrêt du 10 décem-
» bre 1670, rendu dans la chambre de la Réformation au rap-
» port de Mr de Langle, Louis-Antoine de Brehant, sr de
» l'Isle, Jacques-Claude et Louis-Antoine, ses enfans, sont dé-
» clarés nobles d'ancienne extraction, le dit Antoine père et son
» fils aîné maintenus en la qualité de chevalier. » (Cabinet des
titres.) Louis-Antoine de Brehant, avant d'hériter de l'aînesse de
sa maison après son frère François, mort sans postérité, comme
il a été dit plus haut, avait été reçu chevalier de Malte au
grand prieuré de France en 1630, et nommé commandeur
de....., comme on le voit par un acte en date de 1636.

Par un autre acte du Cabinet des titres, « Jean Bon-
» nier, sénéchal de Rennes, atteste que c'est devant lui que
» s'est faite la preuve du chᵉʳ de l'Isle, le 31 mai 1630. Parmi
» les commissaires était Jacques de Brehant. » Il résulte en
outre d'un procès-verbal (Cabinet des titres) que Louis-Antoine
de Brehant commandait en 1639 la frégate *Marie-du-Croizic*.
Sont issus de son mariage avec Marie Lebrun :

1° Jacques de Brehant, vicomte de l'Isle, qui se fit jésuite ;
2° Louis-Antoine, qui suit ;
3° Françoise de Brehant. Elle fut promise en 1693 à Jean-
René-François-Almaric de Brehant, alors fils puîné de
Maurille de Brehant, comte de Mauron, et de Louise de
Quélen ; mais ce mariage n'eut pas lieu, et Françoise se
fit religieuse ;
4° Vincente de Brehant, mariée vers 1680 à François de
Boisbilly ;
5° Marie de Brehant, femme en 1697 de Paul-Alexandre
Petau, conseiller au Parlement de Paris et commissaire
aux Requêtes du Palais (Armorial général de France
mss. de d'Hozier).

XII. Louis-Antoine de Brehant, chevalier, vicomte de l'Isle,
seigneur du Boisboisselle, de la Pommeraye, etc., épousa Nᵒˣˣˣ
Hérisson, dont il eut deux fils :

1° Marie-Jacques, qui suit ;
2° Nᵒˣˣˣ de Brehant, mort sans postérité.

XIII. Marie-Jacques de Brehant, marquis de Brehant,
colonel du régiment de Picardie, maréchal-de-camp, inspecteur général d'infanterie, admis aux honneurs de la cour
en 1751, et décédé en 1765, avait épousé en premières noces,
le 10 mars 1746, Marie-Jeanne-Angélique Delpech, fille de
Nᵒˣˣˣ Delpech, receveur général des finances d'Auvergne. Marie-
Jeanne-Angelique mourut à Paris, le 19 avril 1750, dans la
vingt-sixième année de son âge, et fut inhumée à Saint-Roch,
sa paroisse, ne laissant qu'une fille de son union avec Marie-
Jacques de Brehant, Madeleine-Angélique-Charlotte, qui suit.
Le marquis de Brehant se remaria à Nᵒˣˣˣ Taschereau, fille de
Gabriel Taschereau, seigneur de Baudry et de Linières en
Touraine, ancien maître des requêtes et lieutenant général de
police de la ville de Paris, mort conseiller d'État ordinaire le

22 avril 1755, et de Philippe Taboureau des Reaux, fille de Louis, seigneur des Reaux, d'Orval, etc.

Madeleine-Angélique-Charlotte de Brehant, fille et unique héritière du marquis de Brehant, épousa, le 8 mars 1769, Charles-René, comte de Maillé, duc héréditaire de Maillé en 1784, dont elle eut, entre autres enfants, Charles-François-Armand, duc de Maillé, mort en 1837. La duchesse de Maillé, veuve le 6 janvier 1791, mourut le 26 juillet 1819. Elle avait été dame du palais de la reine Marie-Antoinette. Avec elle a fini la branche des Brehant, vicomtes de l'Isle, fondue dans Maillé.

I. RAMEAU DE SAINT-ELOY

(ÉTEINT).

IV. François de Brehant, seigneur de Saint-Eloy, fils puîné d'Antoine de Brehant (III), vicomte de l'Isle, épousa Peronnelle de Robien, dont :

    1° Bertrand de Brehant, qui suit ;
    2° Tristan de Brehant, employé avec sa mère dans la montre de 1469, paroisse de Ploeuc. Il épousa par contrat du 10 janvier 1468, Catherine de Robien (Blancs-Manteaux, vol. 76°, fol. 2), sa cousine germaine.

V. Bertrant de Brehant, chevalier, seigneur de Saint-Eloy, capitaine de 100 hommes d'armes et gouverneur de Moncontour. Il épousa en 1483 Guillemette le Mintier, fille de Guillaume, seigneur des Granges, et de Marie de la Roche, de la maison de la Touche-Trébry, dont il eut Claude, qui suivra. Bertrand fut nommé en 1497 curateur de Jean le Mintier, son neveu. Guillemette fut partagée en 1408.

VI. Claude de Brehant, seigneur de Saint-Eloy, employé dans la Réf. de 1513, par. de Ploeuc, fut père de :

VII. Antoine de Brehant, seigneur de Saint-Eloy, employé pareillement dans la Réf. de 1513 (par. de Ploeuc, 18 octobre). Il épousa Marie de Visdelou, morte avant 1535, dont :

    1° René de Brehant, qui suit ;
    2° Guillaume de Brehant, employé en ces termes dans la Réf. de 1535 : « Ploeuc : une maison noble à Guillaume » de Brehant, qui fut à Marie de Visdelou, sa mère ; »
    3° Jehanne de Brehant, mariée à Thomas le Mintier. Elle fut partagée en 1558 ;
    4° Marguerite de Brehant, mariée à Jean Piron, écuyer.

VIII. René de Brehant, seigneur de Saint-Eloy, est mentionné dans la Réf. de 1535, par. de Ploeuc. Selon une note manuscrite de dom Brice (Cabinet des titres), René fut chargé en 1558 de faire la revue de l'arrière-ban de l'évêché de Saint-Brieuc, en l'absence de Joachim de Sévigné, commissaire. Il épousa Marguerite de la Lande, fille de Jacques (*de gueules à la fasce contrebretessée d'argent*), chevalier de l'Ordre et écuyer de Catherine de Médicis en 1580, et de Geneviève de la Chapelle, dont :

IX. JACQUES DE BREHANT, seigneur de Saint-Eloy, qui ne vivait plus en 1663, n'ayant laissé qu'une fille :

Anne de Brehant, dame de Saint-Eloy, héritière de sa branche, qui épousa : 1° Florent l'Evesque, seigneur de Langourla, dont elle eut Louis l'Evesque, seigneur de Langourla; 2° Pierre-Anne de Maure, chevalier, vicomte du dit lieu, seigneur de l'Hermitage, sans hoirs d'Anne de Brehant. Anne était veuve pour la seconde fois en 1663.

Le rameau de Saint-Eloy s'est fondu dans l'Evesque, seigneurs de Langourla.

ALLIANCES

DES BREHANT, SEIGNEURS DE L'ISLE, DE LA POMMERAYE, DU BOISBOISSEL,

DE SAINT-ELOY, ETC.

XIV⁰ siècle. — Le Moine.

XV⁰ siècle. — De Robien; de Visdelou, le Mintier; de Couvran; *le Forestier;* Boudart.

XVI⁰ siècle. — *Quillivala;* du Parc; *le Hidoux; le Chaponnier; de la Villéou;* des Deserts; de Turncgoël; *Conen;* du Rouvre; de Brehant; Raoul; de la Lande.

XVII⁰ siècle. — *Le Cardinal; de Pontual;* du Poulpry; *l'Evesque de Langourla; de Maure, du Tronchay; Pétau;* Lebrun; de Boisbilly.

XVIII⁰ siècle. — Delpech; Taschereau de Baudry; *de Maillé.*

SUJETS DU NOM DE BREHANT DONT L'ATTACHE

N'EST PAS CONNUE.

Jean de Brehant et sa mère employés dans la Réf. de 1423, par. de Planguenoual ;
Bertrand de Brehant, seigneur de Carrivan, id.

—

Charlot de Brehant, hermite, autrefois au service du duc (*D. Morice*, t. 2, col. 1727).

—

Guillaume de Brehant, employé dans la Réf. de 1443, par. de Maroué.

—

Pierre de Brehant, seigneur de Bourridel, selon un aveu du 9 novembre 1498 par de Bertrand Glé (*Arch. du départ. des Côtes-du Nord* et *Généalogie de Brehant*).

—

Élisabeth de Brehant, avant 1470.

—

Jacquette de Brehant. Elle fut la seconde femme, vers 1500, de Pierre Le Noir, seigneur de Carlan, fils de Jean et de Jaquette du Cambout (Réf. de 1668, article *Le Noir*).

—

Antoine de Brehant, employé dans la Réf. de 1513, par. de Brehant-Moncontour.

—

« Nobles Siméon de Brehant, Olivier et Jacques de Brehant, » employés dans la Réf. de 1513 (14 mai 1514), par. de Pluduno.

—

Pierre de Brehant. Il est employé en ces termes dans la Réf. de 1535, par. de Plestan : « La maison de la Ville-Auger dans laquelle » demeurent Pierre de Brehant et sa mère, nommée Jehanne Rado. »

—

Anne de Brehant de la Rivière. Elle épousa, vers 1555, Pierre Rogier, seigneur du Crévy, fils de Gilles, seigneur du Cléyo et de Raoulette Charpentier, dont elle eut : 1° Pierre Rogier, marié à Jeanne des Careux; 2° Anne Rogier, mariée à Louis Picaud, seigneur de Québéon (Réf. de 1668, article *Rogier*).

Charles de Brehant, mort avant 1681, selon un aveu de cette année de « messire Gabriel de Boisgeslin, chevalier, seigneur vicomte de » Meneuff, marquis de Cuer, héritier principal et noble de défunt » messire Charles de Brehant, seigneur de la Rivière et autres lieux. »

Il est à croire qu'Anne de Brehant et Charles de Brehant appartenaient à une branche de la maison de Brehant portant le nom de *La Rivière*, mais dont on ne connaît que ces deux membres et au sujet de laquelle on ne possède aucuns renseignements.

Anne de Brehant. Elle épousa N*** Fabrony, dont Pierre Fabrony, seigneur de la Garoullaye, qui fut père de Nicolas, seigneur de la Roche, vivant en 1681.

Bonaventure de Brehant. Elle épousa Jacques de la Binolais, seigneur des Verdières, dont Bonaventure de la Binolais, seigneur de la Motte, déclaré noble d'extraction par arrêt du 13 juillet 1669.

Marguerite de Brehant. Elle fut la seconde femme de Christophe de Pulunyan, seigneur de Kerallio, sénéchal d'Auray. Marguerite fit aveu comme veuve, en 1669, pour le lieu noble du Clud, par. de Plumergat (év. de Vannes).

Marguerite de Brehant. Elle épousa Ernaud de Poilly, dont elle eut : 1° Ernaud de Poilly; 2° Gilles, seigneur du Tertre-Martin et de Courtenval, marié à Barbe Besquin; 3° François, seigneur de Bellenoë; 4° Jeanne. Ces derniers furent déclarés nobles d'extraction par arrêt du 26 octobre 1668.

1771. — N*** de Brehant, seigneur de Quintenic (*Annales Briochines*. Table des trèves et par. de l'évêché de Saint-Brieuc).

APPENDICE

—

PREUVES

—

Tous les actes dont la provenance n'est pas indiquée appartiennent
aux *Titres de Bréhant.*

PREUVES

Partage donné par Geoffroi de Brehant à Pierre, son frère puiné (*D. Morice*, t. 1er, col. 1171).

Accord entre Guillaume et Jean de Brehant (*D. Morice*, t. 1er, col. 1224).

Ces deux actes ont déjà été mentionnés dans le travail généalogique.

DU GOURAY

(Burelé d'or et de gueules.)

Robin du Gouray épousa Jeanne de Brehant, fille de Geoffroi, fils de Guillaume de Brehant (II), et veuve en l'année 1389, dont :

Allain du Gouray, marié à Jeanne de Plorec, dont :

    1° Robin, qui suit ;

    2° Isabeau du Gouray, qui vivait en 1419, et épousa Bertrand de la Vigne.

Robin du Gouray épousa Jeanne du Parc, dont :

Rolland du Gouray, marié à Jeanne de Begadecq, héritière de Collurie, en Limousin *(selon la Gén. mss. de Brehant)*, dont :

Jacques du Gouray, frère de Jacques du Gouray, fils aîné, mort sans hoirs de son mariage avec Olive le Mintier, de la maison des Granges.

Jacques épousa : 1° Guyonne de Pontbriant ; 2° Françoise du Margaro. Il eut de son premier mariage :

Louis du Gouray, seigneur de Launay, qui épousa : 1° en 1513, Jeanne Dolo, dame de la Coste ; 2° Magdeleine de Brehant, dame de la Motte. Il eut de son premier mariage :

Christophe du Gouray, seigneur de Launay et de la Coste, marié en mars 1541 à Catherine de Triac, dont :

1º Olivier du Gouray, seigneur de Launay et de la Coste, fils aîné, sans hoirs de son mariage avec Esther Angier, de la maison de Crapado ;

2º Guy du Gouray, qui suit ;

3º Charles du Gouray, seigneur de la Villeraoul, marié à Catherine de la Moussaye.

Guy du Gouray, seigneur de la Coste, épousa, en 1587, Jeanne du Plessis–Mauron, veuve de Jean de Bréhant (IX), seigneur de Galinée. Leurs enfants furent :

1º Guy, qui suit ;

2º Catherine du Gouray, mariée à Claude du Boisbaudry, seigneur de Trans.

Guy du Gouray, seigneur de la Coste, épousa, en 1616, Renée Budes, sœur du maréchal de Guebriant, dont il eut :

1º Jean–François, qui suit ;

2º Marie du Gouray, mariée, en 1659, à Joseph Tuffin, vicomte de la Rouërie.

Jean–François du Gouray, marquis de la Coste, lieutenant du roi en Basse-Bretagne, épousa, en 1650, Magdelene de Rosmadec, dont :

1º Sainte du Gouray, marquise de la Coste, comtesse de Guébriant, baronne de Sacé en Normandie, dame de Brehant, héritière de sa maison. Elle épousa Louis-Hyacinthe de Brehant, chevalier, comte de Mauron et de Plélo, fils aîné de Maurille de Brehant (XII), comte de Mauron et de Plélo, dont elle n'eut pas d'enfant ;

2º Jeanne-Madeleine du Gouray, mariée à Jean Andrault, comte de Langeron, grand'croix de Saint-Louis, lieutenant-général des armées navales, et gouverneur de la Charité. La comtesse de Langeron hérita, après le décès de sa sœur, la comtesse de Plélo, de tous les biens de la maison du Gouray, fondue par son mariage dans Andrault, seigneurs de Langeron.

PREUVES Nº 4.

IVᵉ DEGRÉ.

Généalogie de la maison Annor de Penthièvre.

Armes : *De gueules à une quintefeuille d'hermines.*

I. Estienne, bâtard d'Estienne, comte de Penthièvre et de Lamballe, épousa Peronne Annor, *alias* Alnor, héritière d'une ancienne maison de Lamballe, dont :

II. Estienne Annor de Penthièvre. Estienne, et ses descendants

après lui, prirent souvent le nom d'Annor sans celui de Penthièvre.
Il épousa Tiphaine de Langan, dont :

III. Alain Annor de Penthièvre, seigneur de la Motte-Mouëxigné,
plus tard Belleissue, marié en 1306 à N*** Orget, héritière, dont :

    1º Jean, qui suit ;
    2º Estienne Annor de Penthièvre, fils puîné ;
    3º Thomas Annor de Penthièvre, marié à Perotte Gouyon.

IV. Jean Annor de Penthièvre, seigneur de la Motte-Mouëxigné,
épousa Aliette Madeuc, en 1337. Leurs enfants furent :

    1º Jean, qui suit ;
    2º Thomine de Penthièvre, mariée à Geoffroi de Brehant,
       chevalier, seigneur de Belleissue, Montbrehant, Saint-
       Alban, etc., et devenue plus tard héritière de sa maison.

V. Jean de Penthièvre, mort sans hoirs de Jacquette de Vaucouleurs.

(Extrait de la Gén. mss.)

BOSCHIER.

Rolland Boschier, Sgr d'Ourxigné, épousa, vers 1430, Mathurine de
Brehant, fille de Geoffroi de Brehan (IV), et de Thomine de la Lande,
dont :

    1º Guillaume Boschier, Sgr d'Ourxigné, qui épousa Marguerite
       de Chalonge, veuve en 1493 ;
    2º Jeanne Boschier, mariée à Roland Jamet.

PREUVES Nos 5 ET 6.

Vº ET VI DEGRÉS.

Bonnet de Brehant épousa Marguerite du Boisboessel, seule fille
de Jean surnommé *le Breton*, chevalier, capitaine d'hommes d'armés
et des ordonnances en 1420, 1425, etc., seigneur de la Villecadoret,
de la Salle, Plestan, du Clos, etc.; et de Jeanne de Vaucouleurs, fille
de Bertrand de Vaucouleurs et de Marguerite Ruffier, l'une et l'autre
maison d'ancienne chevalerie. Marguerite n'avait qu'un frère nommé
Jean de Boisboessel, dit *le Breton*, qui fut, après son père, Sgr de la
Villecadoret, et qui traita avec Eon de Brehant pour le reste du
partage dû à Marguerite, sa sœur, par l'acte qui suit :

« Entre nobles gents Jehan, dit le Breton, sieur de la Villecadoret
» d'une part, *et noble homme* Eon de Brehant et Marguerite le
» Breton, sa femme, sieur et dame de Belleissue, etc., d'autre part, a
» été traité, groyé pour le droit.... appartenant, et qui peut et doit
» appartenir à la dite Marguerite, sœur germaine de Jehan le Breton,
» ès héritages, fiefs, terres et rentes des successions de feus nobles

» homme Jehan le Breton, chevalier, et dame Jehanne de Vaucou-
» leurs, sa femme, leurs père et mère, sieur et dame de la Villecado-
» ret et de la Salle Plestan, ledit Jehan baille et assiette par héritage
» aux mariés l'hostel et manoir appelé le manoir du Clos, et ses
» clotures, appartenances, item un droit, et cours de dixme en la
» dixmerie de Tremelia, item les héritages, rentes, fiefs, et obéis-
» sances que les dits deffunts auroient baillés, assis et ottroyés ès
» dits de Brehant et sa femme, situés au territoire de B... et en la
» dixme du chemin Perroux, ô toutes leurs apartenances et juridic-
» tion, ferme droit, et seigneurie et obéissance que anciennement
» le dit Jehan assis et baillés avait. Ce lundi 26ᵉ jour de mai l'an 1466.
» Signé Jehan baillif passe avec les lignes de J. le Breton et de Jul-
» lien de Brehant présents. »

Jean le Breton, frère de Marguerite, mourut environ le 1ᵉʳ de novembre 1473, comme on le voit par un minu fourni à sa mort de
quelques terres qu'il avait sous les fiefs de Mouessigné, et conçu en
ces termes : « C'est le minu des héritages que noble écuyer Jean le
» Breton, en son vivant, Sʳ de la Villecadoret au temps de son
» deceix qui fut environ le jour de la Toussaint, en l'an 1473, tenoit
» de noble écuyer Guillaume Ruffier, sieur du Botles et de Mouessi-
» gné. Le 8ᵉ jour d'aoust 1474. »

Jean le Breton fut homme d'armes à la grande paye et l'un des
40 lances des ordonnances avec Jehan de Brehant, en 1464. (*Chambre des comptes de Nantes.*)

Comme cette branche de la maison du Boisboessel est périe depuis
plusieurs siècles et tombée dans la maison de Brehant, je rapporterai
quelques titres et quelques preuves de l'ancienneté et noblesse du
nom de Breton-Boisboessel depuis qu'il est séparé de la maison du
Boisboessel. Il est employé dans toutes les réformations. « Saint-
» Brieuc, 1423 : nobles d'entre Try et Gouet : Allain le Breton, noble ;
» Bertrand le Breton, noble ; Eon Lamorgant, noble, etc. — Pa-
» roisse de Ploufragan, 1423 : nobles, Jehan le Breton, Sʳ de la
» Ville-Cadoret ; Jehan Goures ; Olivier de Beaumanoir, Geoffroi le
» Breton, etc. — Ploufragan, 1535. La maison de la Ville-Cadoret,
» aux nobles enfants de feu Lancelot le Breton. »

Dans une montre de 120 hommes d'armes pour le roi à Paris en
1370 : « Olivier le Breton, etc. » Dans une revue reçue à Paris la
même année : « Jehan le Breton, etc. » Dans une revue reçue à l'Isle
en octobre 1386 : « Jehan le Breton, Guillaume Ruffier, etc. » (*Chambre des comptes de Nantes.*)

Dans les comptes de Periou, trésorier en 1420, est marqué pour le
soudoy des gendarmes étant en Poitou en la guerre du Duc : « Jehan le
» Breton, capitaine de 72 hommes, 42 archers et 6 arbalestriers. »
Jehan le Breton employé en 1427 dans un compte de Mauléon.

Robin le Breton ratifie à Saint-Brieuc, en 1381, avec Helie du
Rouvre, Geoffroi des Mordelles et autres gentilshommes des environs

de Saint-Brieuc, un traité de paix entre Charles, Roy de France, et Jean duc de Bretagne. Ce Robin du Boisboessel, *dit le Breton*, met son sceau à un acte latin passé par la cour tant ecclésiastique que séculière de Saint-Brieuc, en 1395, *cum sigillo Robini Britonis*. Le sceau est un escu couché, chargé des armes du Boisboessel brisées d'un lambel surmonté d'un casque antique fermé, placé sur une des pointes de l'escu, pour cimier l'encolure et teste d'un cheval, et pour légende *Bret.-Boisboessel*, en vieilles lettres et gothiques.

J'ai vu au château de Saint-Rihi plusieurs procédures des années 1390 et 1392 constatant qu'Alix le Breton était mariée à Eon de la Lande, chevalier, qu'elle et *ses ancessours* sont issus de la maison du Boisboessel dont ils sont juveigneurs et ramagiers, de laquelle ils ont eu pour leur part et *avenant* la seigneurie de Launay-Balin, partie et issue de celle de la Ville-Cadoret, ancien partage de la seigneurie du Boisboessel, qu'ils portent les armes du Boisboessel ainsi qu'ils en ont droit, et qu'il est de raison comme en étant issus et ramagiers, à l'occasion de quoi ils portent un lambel pour marque de leur jouveigneurie, et que les seigneurs du Boisboessel concédèrent avec la terre de la Ville-Cadoret à leurs puisnés, qui prirent souvent le nom de *le Breton* par sobriquet, plusieurs des droits honorables qu'ils avaient dans la ville de Saint-Brieuc, etc.

Voici une table généalogique de tout ce que j'ai pu découvrir de cette branche de Boisboessel :

1° Alain du Boisboessel, surnommé *le Breton*, nom qu'adopta sa postérité, retint les armes de sa maison brisées d'un lambel d'or, et eut en partage la Ville-Cadoret et Launay-Balin, en 1315; 2° Robin du Boisboessel, dit *le Breton*, seigneur de la Ville-Cadoret, Launay-Balin, etc., dit *le Vieil*, scelle en 1395 de son sceau, qui est celui du Boisboessel, brisé d'un lambel, et épousa Constance de Coëtivi; 3° Robin le Breton, aîné, vendit Launay-Balin. Sans hoirs; 4° Geoffroy le Breton qui hérita et fut seigneur de la Ville-Cadoret; 5° Alix le Breton, femme d'Eon de la Lande, chevalier, 1402; 6° Jean dit *le Breton*, Sr de la Ville-Cadoret, capitaine d'hommes d'armes en 1427, épousa Jeanne de Vaucouleurs; 7° Jean dit *le Breton*, Sr de la Ville-Cadoret, homme d'armes et l'une des 40 lances du duc en 1464; 8° Marguerite du Boisboessel, dite *le Breton*, mariée à Eonnet de Bréhant, Sr de Belleissue (1466). Elle portait au Boisboessel sans brisure; 9° Jean le Breton, Sr de la Ville-Cadoret; 10° Lancelot le Breton, Sr de la Ville-Cadoret, etc., vendit la Salle-Plestan à François le Bigot, chanoine de Saint-Brieuc, par acte du 5 septembre 1522 dans la maison de Maurice le Bigot, abbé de Rillé; 11° Jacques le Breton, Sr de la Ville-Cadoret, retira la Salle-Plestan le 7 septembre 15**.

(Gén. mss.)

LETTRE de François duc de Bretagne, concernant
Julien de Brehant.

François, par la grace de Dieu duc de Bretagne, etc., à notre
amé et féal secrétaire, Yvon Milon, commis au fait et exercice de notre
trésorerie des guerres, par notre amé et féal conseiller, Pierre Lan-
dais, notre trésorier général, salut : De la part de nostre amé et féal
chevalier, Eonnet de Brehant, nous a été en suppliant exposé que
messire Julien de Brehant, son oncle, frère puisné de Gabriel, son
père, estait décédé sans héritier de son corps, et lui ayant succédé le
dit exposant, comme son héritier principal, et noble, dont il avait informé. Lequel Julien, en son temps, fut marié à D. Margot Ourry,
laquelle l'a survécu, que depuis le décès d'icelui Julien, il y a eu dif-
férent sur la succession et appointement, par lequel, entre autres
choses, la dite Margot consentit audit Eonnet qu'il jouit et put jouir,
pour tout le droit d'elle, des habillements de guerre, chevaux et pa-
lefroys qu'avoit à son décès ledit feu messire Julien, qui estoit homme
d'armes de notre garde et ordonnance, et commandant es dites ordonnances, sous la charge de nostre très chier et très amé fils, le
sieur d'Avaugour, aussi de partie de ses autres chevaux, et de ses
gaiges qui estoient dûs au dit feu Jullien, tant de son ordonnance que
de celle de ses archiers, et est le dit exposant fondé et a droit d'avoir
et recueillir entièrement les dits gaiges, qui dûs estoient au dit feu
messire Julien de Brehant, son oncle, de sa dite ordonnance, tant de
lui que de ses archiers jusques à son décès qui fut depuis et environ
Noël dernier; les deniers desquels sont aux mains de vous, nostre
dit secrétaire, suppliant le faire payer et contenter de ce qui estoit dû
au dit feu de Brehant, son oncle, des gaiges tant de luy que de ses
archiers, que même de ceux de lieutenant et de capitaine de la compagnie d'ordonnance dudit sire d'Avaugour, et sur ce luy pourvoir à
notre bon plaisir. Nous, les dites choses considérées, nous mandons
et commandons expressément, que s'il vous appert desdites transac-
tions et appointemens entre le dit exposant et la dite D. Margot, vous
payez. Donné en notre ville de Nantes, le 26 jour d'avril l'an 1482,
par le duc en son conseil.

(*Généalogie Mss. et Archives de Chabrillan.*)

EXTRAIT d'une lettre de M. le vicomte Frédéric du Boisboissel,
en date du 31 décembre 1866.

Monsieur, je trouve dans la réponse que vous m'ayez fait l'honneur
de m'écrire, des détails qui pour moi sont d'un grand intérêt. Il me
parait évident que je vous dois la connaissance d'une branche de la

famille qui jusqu'ici était restée ignorée pour moi, et sur laquelle je ne possède aucune espèce de document.

Je ne mets pas en doute qu'Allain, Sʳ du Fossé-Raffray, second fils de Juhel le Prevost, chevalier, et de dame Gervaise, qui reçut partage, le 14 mai 1317, de son aîné Chesnin, fût le même qu'Allain, mentionné dans la table Généalogique dont vous avez l'obligeance de me donner copie. Je lis dans la Généalogie de ma famille que Chesnin le Prevost, chevalier, Sʳ du Boisboissel, règle par acte du mercredi veille de l'Ascension (14 mai 1317) avec le consentement de dame Gervaise, sa mère, la part qui revenait à Allain et à Juhel, ses frères, dans la succession paternelle, et en fit l'assiette sur tout ce qui lui appartenait en Goëllo, dans les paroisses de Trégomeur, de Plérin et d'ailleurs. Or les héritiers de Maurice, fils d'Allain, ont pendant des siècles habité la paroisse de Tregomeur où se trouvait le Fossé-Raffray, et Jean IIᵉ du nom, marié en 1516, est mentionné comme seigneur du Fossé-Raffray et de *la Villecadoret*, sans que rien de contemporain n'annonce d'où venait cette seigneurie. Ce Jean IIᵉ était lui-même fils de Louis, fils lui-même de Jean Iᵉʳ, père de Marguerite. Ce Jean Iᵉʳ, fils de Maurice, nous ramène par son père à Allain, second fils de Juhel le Prevost.

Voilà bien des probabilités pour que cet Allain fût Allain mentionné dans la Table généalogique de votre famille. Il n'y a que le surnom et la brisure qui m'arrêtent. Quoique je ne trouve aucune mention de Robin, il est possible qu'il fût un des enfants d'Allain, la Généalogie de ma famille énonçant la descendance d'Allain en ces termes : *il eut entre autres enfants Maurice et Perrot*. Ce Robin serait probablement le premier ayant pris le nom de le Breton et la brisure d'un lambel, et, le surnom ayant prévalu sur le nom de famille, il aura été inconnu de ceux qui, à des époques postérieures, se seront occupés de dresser la Généalogie des Boisboissel. Cette branche ayant péri vers 1522, aura par les raisons ci-dessus échappé aux recherches faites beaucoup plus tard. Voilà, monsieur, ce que je crois le plus probable, etc.

BOISBOISSEL.

Cette illustre maison d'origine chevaleresque, qui porta jusqu'au xivᵉ siècle le nom de Prevost, date de Orhant le Prevost, qui vivait en 1035. Il est souvent question d'elle dans les *Preuves* de D. Morice. La branche aînée s'est éteinte, au xivᵉ siècle, dans la personne de Guillaume de Boisboissel, qui épousa Marguerite de la Feillée, fille de Thibaud, Sʳ de la Feillée, et de Catherine de Coëtmen. La descendance s'est continuée dans la branche de Boisboissel connue sous le nom des seigneurs du Fossé-Raffray, branche qui existe encore.

ÉTAT PRÉSENT DE LA MAISON DE BOISBOISSEL.

Branche aînée ayant pour chef Ives-Marie de Boisboissel, actuellement vivant, qui de son mariage avec Mlle Henry de Kermarlin a eu :

1° Charles de Boisboissel, actuellement vivant, et non marié, âgé de 44 ans ;

2° Victor de Boisboissel, mort en 1840, sous-lieutenant d'infanterie de marine ;

3° Octavie de Boisboissel, morte en 1863, non mariée ;

4° Mathilde de Boisboissel, actuellement âgée de 25 ans, et mariée à M. Edmond Trolong du Romain.

Branche cadette :

1° Hyacinthe de Boisboissel, âgé de 47 ans, juge à Guingamp (Côtes-du-Nord), marié à Mlle Lucie Hautrive, dont Edmond de Boisboissel, né le 29 septembre 1849 ;

2° Frédéric de Boisboissel, âgé de 43 ans, non marié.

Les le Breton, seigneurs de la Ville-Rogon et de la Hingandais (*d'argent à la croix dentelée de sable cantonnée de quatre molettes de même*), n'ont rien de commun avec les le Breton du Boisboissel. L'on fait cette observation parce que quelques auteurs désignent les premiers comme ayant été seigneurs de la Ville-Cadoret, ce qui doit être une erreur. Toussaint de Saint-Luc ne leur attribue pas cette qualification dans ses *Mémoires sur l'État de la Noblesse de Bretagne.*

PREUVES N° 7.

VIIᵉ DEGRÉ.

Titre concernant les prééminences et la chapelle dépendante de la seigneurie de Belleissue dans l'église de N.-Dame de Lamballe.

« Dom Allain Marquier, prestre, et l'un des subcurés de N.-Dame de Lamballe, confesse et relate à qui il appartient qu'en ce jour de dimanche, au prosne de la grand messe dominicelle, par moy dite et célébrée dans la dite église, sur la remontrance qu'écuyer Thomas Martel, procureur et gérant de N. et P. Jehan de Brehant, sieur de Belleissue, Beaulieu, etc., a faite aux paroissiens d'icelle paroisse que la chapelle et enfeu du dit seigneur en la dite église, à l'autel de saint Nicolas, où il y avait closture, et un rémoire de bois peint où les armes, alliances, pourtraitures et devises de ses prédécesseurs y estoient, et par raison duquel enfeu il y a rentes qui ont esté baillées à icelle église par les dits seigneurs prédécesseurs, et que par raison de l'édifice nouveau qui a esté fait en icelle église, près le dit enfeu, où il y avait deux tombes élevées avec figures, en et sur icelles, a été le tout d'icelle chapelle détruit et renversé, déclos, et le rémoire osté qui estoit sur et en l'endroit du dit autel. Lequel Martel audit nom et pour garder les droits. Ce qui a été reconnu par les dits paroissiens, et entre autres par Hervé le Moulnier, qui a dit que pour lors qu'il fut trésorier, il avait fait prendre pour faire l'édifice nouveau les tombes dont est parlé, et pour servir au chafaudaige la dite closture de bois et rémoire qui estoient comme dessus à la dite chapelle, et enfeu du dit seigneur, et y auraient été employés. Et de tout ce pour servir au dit seigneur, ce .... en ay baillé cette rolaxion. Fait sous nom signé et le signe de Dom Pasquier Gayot pareillement subcuré, à présent le dimanche 11e décembre l'an 1549. »

Au pied de cet acte est la ratification et mandement d'Olivier du Chastel, évêque de Saint-Brieuc.

« *Ad supplicationem nobilis et potentis Johannis de Brehant, domicelli, domini de Belleissue. Datum sub sigillo nostro die 13 mensis Juanarii anno Domini 1549.* »

(Généalogie mss., et Archives de Chabrillan.)

PREUVES Nos 8, 9 et 10.

VIIIe, IXe ET Xe DEGRÉS.

Françoise Gautron, fille de Raoul Gautron et de Jacquette la Vache, de la maison de la Touche, épousa, par contrat du 18 novembre 1506, noble écuyer Guyon des Cognets, fils de Bertrand, sieur de Galinée, et de Marie de Bodegat. De ce mariage naquit Gilette des Cognets, dame de Galinée, qui épousa Mathurin de Brehant, sieur de Belleissue.

(Blancs-Manteaux, vol. 76e, fol. 57.)

DU PLESSIS-MAURON.

(D'argent à la bande de gueules chargée de trois macles d'or, accostée en chef d'un lion de gueules, armé, lampassé et couronné d'or.)

Mathurin du Plessis, seigneur du Plessis-Mauron, employé dans la Réf. de 1513, épousa Jeanne Josses, dont :

    1º François, qui suit ;
    2º Pierre du Plessis-Mauron ;
    3º Ivon du Plessis, seigneur du Broussais, marié à Jeanne Salomon.

François du·Plessis, seigneur de Grenédan, épousa Jeanne de la Bouexière, dont :

     1° François du Plessis-Mauron, mort en 1591 sans avoir été marié;

     2° Jeanne du Plessis, dame du Plessis-Mauron, de la Morinière, de la Haye–Bouttier et du Blois-Cléret, héritière de la branche aînée de sa maison. Elle épousa : 1° le 27 mai 1572, Jean de Brehant, seigneur de Galinée, Belleissue, des Cougnets, etc.; 2° Jean du Gouray, seigneur de la Coste. (V. *du Gouray, Preuves* n° 1, 2 et 3.)

1596. — *Commission donnée par le duc de Mercœur, chef de la Ligue en Bretagne, à Louis de Brehant.* (Cette pièce est en fort mauvais état et endommagée en divers endroits.)

     Philippe-Emmanuel de Lorraine, duc de Mercœur et de Penthièvre, pair de France, etc., au seigneur de Galinée, salut : Ayant à mettre sus bon nombre de gens de guerre pour le maintien et défense de la religion catholique, apostolique et romaine, qui se voit manifestement en péril, et opposer à l'établissement de l'hérésie, et nouvelle opinion, pour la confiance que nous avons en vostre catholicité et affection au bien de nostre religion, vaillance et expérience au fait des armes, comme nous l'avons éprouvé et éprouvons continuellement dans les grands et signalés commandements... ou les besoins de la guerre... nous ont engagé et nous engagent pour le bien et défense de notre religion... nous avons donné et donnons, sans préjudice aux autres charges et commandements que vous avez de nostre part, la charge et commandement d'une compagnie de deux cents hommes de guerre... que vous leverez et mettrez sus, des meilleurs, plus vaillants et aguerris, et disciplinés soldats catholiques que vous pourrez... Vous garderez néanmoins et... en pied la compagnie d'arquebusiers à cheval que... le parti de la Sainte·Union des catholiques, ou estre ainsi qu'il nous sera par nous... donné à Nantes, le 28e jour de décembre l'an 1596. *Signé* : Philippe-Emmanuel de Lorraine, *et plus bas* : par Monseigneur, Pochin. (*Archives de Chabrillan.*)

     On lit dans un inventaire d'actes que possède M. R. du Cleuziou : « Procuration de Jean du Gouray, sieur du Launay–Gouray, à demoiselle Jeanne du Plessis, sa compagne, pour traiter de sa légitime. »

REQUÊTE

De Louis de Brehant, seigneur de Galinée, au duc de Montpensier, prince de Dombes.

1598. — Monseigneur le prince de Dombes, gouverneur du Dauphiné pour le Roy, en son armée et pays de Bretagne. Supplie humblement Loys de Brehant, seigneur de Galinée, capitaine d'arquebusiers à cheval, âgé de 17 ans, retenu prisonnier de guerre, six semaines sont, ayant été pris par les sieurs de la Motte-Basse, de Cahideuc et leurs soldats dans une rencontre près du château de Montmuran, où le dit La Motte-Basse commande en l'absence du sieur de Campeneuc, de luy faire composition de sa rançon, et de vouloir considérer que le dit sieur du Plessis de Mauron, tuteur et garde du suppliant, auroit esté tué à Brest l'an passé au service du Roy, lequel aurait pris avance de la plus grande partie du bien et du revenu du dit suppliant. Par ce moyen votre suppliant demeure presque dénué de touts moyens, et impossible lui serait de payer grande rançon. Attendu que dessus, qu'il vous plaise de vostre grace modérer à prix raisonnable la rançon qu'il vous plaira adjuger à ceux qui l'ont pris. Et le suppliant priera Dieu pour la prospérité de votre grandeur.

Loys de Bréhan.

(Gén. mss., et Archives de Chabrillan.)

1598. — Monsieur de la Lande, j'ay entendu la charge que vous avez eue des parents du feu sieur de Brehant de Galinée de venir par deça pour vous opposer, comme curateur, au mariage que je désire estre contracté entre le sieur Louis de Brehant, son fils, et la fille du sieur de la Roche. C'est chose que je trouverais mauvaise, si je pensois que vous fussiez à cella envoyé plus pour satisfaire au désir des parents qu'à l'exécution de ma volonté en l'effet de ce mariage, auquel scachant assurément qu'ont consenti les plus notables et plus proches parents du dit de Brehant, je veux et entends que ledit mariage s'accomplisse, et je priray Dieu qu'yl vous ayt, Monsieur de la Lande, en sa sainte garde. Escrit à Monstreuil, le 28e jour de septembre 1598. Henri, et plus bas, Potier.

En apostille à costé de cette lettre est escrit de la main mesme du roy Henry IV : Monsieur de la Lande, croyes que vous me ferez service très agréable de faire ce que je vous mande et vous conformer en cela à ma volonté comme chose que je veux et affectionne. Je sceug qu'yl y a encore quelques parents qui n'ont consenti à ce mariage, faites en sorte qu'yls y consentent, et vous assurant que cella estant, je le reconnoitroy en vostre endroit, en leur faisant entendre comme je l'ay mis entre les mains du sieur de Vitry, capitaine de mes gardes, d'où je veux qu'yl ne bouge que le mariage de lui et de la fille du sieur de la Roche ne soit parachevé. Prenez ma prière comme un très exprès commandement que je vous fais de mayn.

(Gén. mss., et Archives de Chabrillan.)

Lettres de gentilhomme ordinaire de la chambre du roi en faveur de Louis de Brehant.

1601. — De par le roy. — Grand chambellan de France, premier gentilhomme de notre chambre, maistre ordinaire de notre Hostel, maistre et controleur de nostre chambre aux deniers, salut. Scavoir faisons que voulant reconnoistre les bons et agréables services à nous faits par notre cher et amé chevalier Loys de Brehant, sieur de Galinée et de Belleissue, en plusieurs grandes charges et occasions où il a esté employé pour nostre service, et de la qualité et honneur dont il est, iceluy pour ces causes, et pour l'entière confiance et connaissance parfaite que nous avons de ses sens, suffisances, loyautés et prudhommies, l'avons ce jourd'hui retenu, et retenons en l'estat et charge de gentilhomme ordinaire de nostre chambre, pour doresnavant nous servir en icelle aux honneurs, authorités, prérogatives, prééminences, franchises, libertés, et exemptions, gages, droits, profits, revenus et émolumens accoutumés et qui appartiennent tels et semblables, et qui sont attribués par nos estats aux officiers de pareille retenue et dignité, si voulons et vous mandons que pris et reçu le serment du dit de Brehant en tel cas réquis et accoutumé, vous, les présentes enregistrées, et faites enregistrer ès papiers, registres, et escrits de nostre dite chambre, avec celles de nos autres officiers et d'icelui, ensemble des honneurs, authorités, prerogatives, prééminences, laissez jouir et user pleinement et paisiblement, et à lui obéir et entendre es choses concernant le dit Estat, mandons etc., car tel est notre plaisir. Donné à Lyon sous le scel de notre secretaire le 4ᵉ jour de janvier 1601, *signé*: Henry, et plus bas, par le roy, Ruzé. — *Au-dessus des dites lettres est escrit*: Aujourd'hui 6ᵉ jour de janvier 1601, messire Louis de Brehant, chevalier, seigneur de Galinée et de Belleissue, dénommé cy-dessus, a fait et presté le serment dû et accoutumé de l'estat et charge de gentilhomme ordinaire de la chambre du roy. *Signé*: Blondeau.

A ces lettres sont attachés les suivantes: Nous, Roger de Bellegarde, sieur du dit lieu et de Thermes, premier gentilhomme de la chambre du roy et grand-escuyer de France, certifions à tous à qui il appartiendra que messire Loys de Brehant, sieur de Galinée et de Belleissue, chevalier de l'ordre du roy, et gentilhomme ordinaire de la chambre de Sa Majesté, est en cette qualité couché et employé dans l'estat d'icelle aux gages de... par an, servant actuellement sa dite Majesté de son estat et charge, en témoin de quoy nous avons signé la présente à Paris le xvᵉ jour de juin 1601. *Signé*: Rogier de Bellegarde, et plus bas: pour Monseigneur, Blondeau.

(*Archives de Chabrillan.*)

MORO.

Robert Moro, seigneur de Mauguërou, épousa Marie du Boisboissel, fille de François, et d'Anne de Pluvié, dont:

Gilles Moro, seigneur de Mauguërou, qui épousa Marie de Kerverder, dont:

Robert Moro, seigneur de la Villebougault, qui épousa, le 20 novembre 1630, Catherine de Brehant, fille de Louis de Brehant (X), seigneur de Galinée et autres lieux, et de Catherine Huby de Kerlosquet, dont:

Gilles Moro, seigneur de la Villebougault, marié à Louise du Bois-geslin, fille de Robert, seigneur de la Garenne, et de Louise de Mordelles.

ROUXEL.

(D'azur à trois roussettes ou chiens de mer d'argent.)

Toussaint Rouxel, fils de Nicolas Rouxel et de Guillemette Boudart, épousa Peronnelle de Brehant, fille de Louis le Brehant et de Catherine Huby, dame de Kerlosquet, dont :

1º Guillaume, seigneur de Ranléon, sénéchal de Jugon, qui épousa Jacquemine Huby;

2º Louis-Salomon Rouxel, seigneur de la Lande;

3º Nicolas Rouxel, seigneur de la Barre.

DU BOUILLY.

Guillaume du Bouilly, seigneur de Trébry, de la Morandais, etc., épousa Marguerite de Couëspelle, dont :

1º Guillaume du Bouilly, seigneur des Portes, marié à Marguerite de Rosmadec ;

2º Sébastien de Bouilly, seigneur de la Morandais, marié le 13 décembre 1611, à Elisabeth de Brehant, fille de Louis de Brehant (X), seigneur de Galinée, et de Catherine Huby. Sans hoirs.

Le 16 octobre 1666, messire Anthoine de la Motte et dame Françoise Renault, seigneur et dame de la Motte-Rouge, consentirent une rente de 18 livres 15 sols au capital de 300 livres à messire François de Brehant, seigneur de la Lande-Basse, demeurant à sa maison de la Vigne, paroisse de Hénansal. L'acte passé au bourg de Hénansal.

(Archives de la Motte-Rouge.)

PREUVES Nº 11.

XIº DEGRÉ.

Inventaire, en date du 14 avril 1633, des biens meubles trouvés au lieu et manoir de Galinée, paroisse de Saint-Potan, après le décès de messsire Louys de Brehand, seigneur du dit lieu, à la requête de ses enfants, Jean de Brehand (XI), Charles de Brehand, etc. Ont signé: Jean de Brehand, Charles de Brehand, et François Goueon, greffier de la juridiction de Saint-Jacut.

Lettres patentes de Conseiller d'État données à Compiègne le 12ᵉ jour de juin de l'an de grace 1649 en faveur de Jean de Brehant, sieur de Galinée, conseiller au Parlement de Bretagne.

(Archives de Chabrillan.)

ESTAT

De la distribution de l'argent d'une entrée de page dans la grande escurie du Roy.

A M. de Montlome, premier escuyer, commandant la grande escurie.............................. 300 livres.
Aux trois escuyers ordinaires, MM. de Boursuel, Ventelet et Saint-André 300
A l'argentier 30
A l'aumosnier.......................... 24
Au précepteur......................... 24
Au gouverneur......................... 12
Au tireur d'armes...................... 12
Au voltigeur............................ 12
Au baladin............................. 12
Au joueur de lutz...................... 12
Au musicien............................ 12
Au médecin............................ 12
A l'apotiquaire........................ 12
Au chirurgien.......................... 12
Au fourrier............................ 6
Au premier page....................... 12
Au garde-malade 12
Au cuisinier............................ 12
Au lavandier........................... 6
Aux maréchaux......................... 6
Au chartier............................ 6
Au maistre des exercices de guerre........ 24
Au garde-meubles...................... 6
Au garçon de cuisine................... 6
Aux aydes.............................. 6
Au portier et arroseur du manége......... 18
Aux garçons d'office................... 11
Aux maistres palfreniers................ 24
Aux trois garçons des pages............. 18
Pour le festin......................... 10

Vu total............ 985 livres.

Reçu de madame de Galinée, par les mains de M. Gamonet, la

somme de deux mille quarante livres pour deux de MM. ses enfans entrés pages dans la grande escurie du roy dont je la tiens quitte.

Faict à Paris, ce 21 octobre 1658.

L'escuyer du roi en sa grande escurie,
Signé : DE BOURSEUL.
(Archives de Chabrillan.)

Erection de la seigneurie de Mauron en baronnie en faveur de Jean de Brehand.

Louis, par la grace de Dieu roi de France et de Navarre, à tous présents et à venir salut. Comme les marques d'honneur ont toujours été les plus chères récompenses de la vertu et des belles actions, pour cette raison les rois, nos prédécesseurs, ont de tout temps été soigneux d'élever au-dessus du commun ceux qui les ont fidèlement servis; et voulons à leur exemple distribuer les récompenses à nos sujets selon leur mérite, mettant en considération les bons et recommandables services rendus tant au feu roi, notre très honoré seigneur et père, qu'à nous depuis notre avénement à la couronne, par notre amé et féal conseiller en notre parlement de Rennes, Jean de Brehand, sieur de Galinée, du Plessis de Mauron et autres lieux, tant en la dite charge de notre conseiller en notre dit parlement qu'en autres emplois, même les services que ses devanciers ont pareillement rendus à cet état en diverses occasions, et pour l'engager davantage en cette affection, et le sieur du Plessis de Mauron, son fils aîné, aussi notre conseiller audit parlement. Etant bien informé que la dite terre et seigneurie de Mauron, qui lui appartient, située en notre province de Bretagne, sous notre juridiction de Ploërmel, consiste en plusieurs beaux et grands fiefs d'où relèvent nombres de vassaux nobles et autres, tant en proches qu'arrière-fiefs, ayant droit de haute, moyenne et basse justice, lesdits fiefs s'étendant universellement par toutes les paroisses de Mauron et de Saint-Léry, grands domaines, colombiers, bois, garennes et autres dépendances. Laquelle seigneurie de Mauron fut autrefois baillée par Jean, cinquième du nom, duc de Bretagne, à Isabeau de Bretagne, mariée à Guy, comte de Laval, qui l'annexa au comté de Montfort, dont elle fut détachée par la vente qu'en fit le seigneur, duc de la Trémoille, au sieur baron de Saint-Jouan de Rosmadec, qui l'a aussi transportée audit seigneur de Galinée, lequel possède encore les terres et seigneuries du Plessis et du Bois-Jagu qui sont pareillement de grande étendue, tant en fiefs qu'en domaines. Lesquelles terres et seigneuries du Plessis et du Bois-Jagu relevaient prochainement de la dite seigneurie de Mauron, et ainsi par l'acquisition qu'en a faite le dit sieur de Galinée, elles sont unies à icelles, de sorte que par cette union et la qualité des dites terres qui sont encore décorées de toutes les prérogatives qui doivent appartenir à une

terre considérable comme les droits de fondateur et supérieur ès dites
deux paroisses de Mauron et de Saint-Léry, où il y a les prières nominales, en l'une et l'autre bancs et accoudoirs armoiriés de ses
armes aux lieux les plus éminens, ayant aussi ses dites armes posées en pierre et aux vitres, droit de lisières dehors et dedans,
pierres tombales ès dites deux églises, et généralement tous les droits
qui appartiennent aux patrons et fondateurs, juridiction contentieuse
qui s'exerce par ses officiers dans son auditoire, audit bourg de Mauron, tous les vendredis de chaque semaine, droit de patibulaire à
quatre piliers, auquel bourg il y a un marché tous les vendredis, et
cinq foires par an; et au dit bourg de Saint-Léry pareillement un
marché tous les lundis et trois foires tous les ans. Si bien que la dite
terre et seigneurie de Mauron ayant été autrefois une dépendance de
notre duché de Bretagne, et se trouvant par conséquent décorée de
tous les droits, prééminences et prérogatives appartenant à une terre
seigneuriale, de beaucoup augmentée par l'union des dites terres du
Plessis et du Bois-Jagu, et partant capables de porter tel titre et
qualité que nous lui voudrons donner, vu même que le dit sieur de
Galinée possède d'ailleurs plusieurs autres terres et seigneuries qui
composent un grand revenu suffisant pour supporter la dépense con-
venable à la dignié qu'il nous plaira lui attribuer, à ces causes désirant qualifier et favorablement traiter le dit sieur de Galinée en
toutes occasions où nous pourrons lui donner des marques de notre
amitié, et lui faire ressentir par quelque titre d'honneur qui passe à sa
postérité la satisfaction qui nous reste de ses services : Nous avons
de notre grace spéciale, pleine puissance et autorité royale, créé,
érigé et élevé, et par ces présentes signées de notre main créons, éri-
geons et élevons ladite terre et seigneurie de Mauron et celles du
Plessis et du Bois-Jagu, jointes et unies à icelles, avec toutes leurs
appartenances, circonstances et dépendances, en titre prééminence
et dignité de baronnie *qui s'appellera dorénavant la baronnie de
Mauron, pour en jouir par le dit sieur de Galinée, ses enfans, successeurs et ayant-cause, pleinement et perpétuellement au dit titre
de baronnie de Mauron,* la tenir et posséder avec la dite haute,
moyenne et basse justice, et droit susdit, nûment et en plein fief,
de nous, à une seule foi et hommage qu'ils seront, lui et ses dits successeurs, obligés de nous rendre à cause de notre dite seigneurie de
Ploërmel, en la dite qualité de baron, en laquelle ils bailleront en
l'avenir leurs aveux et dénombrement lorsque le cas y écherra. Voulons
que les hommes et vassaux le reconnaissent pour tel, sans néanmoins
qu'à cause de la dite qualité ils soient tenus à autres déhours que ci-
devant, comme aussi que les dits barons de Mauron soient de tous
censés et réputés pour tels, soit en fait d'armes, assemblées de nobles en justice, ou autrement, jouissent et usent de la dite qualité et
dignité de barons, tout ainsi que jouissent les autres barons de la dite
province de Bretagne. Et d'autant que l'une des foires établies par

nous au dit bourg de..... par nos dites lettres du....., le jour de la
Madeleine, se trouve inutile et infructueuse au public et au dit sieur
de Galinée : Nous avons de nos mêmes graces et autorités que dessus,
commué et changé, commuons et changeons, par ces présentes, la dite
foire et icelle voulons être dorénavant tenue tous les ans le premier
lundi d'après le jour et fête de Saint-Barnabé, pourvu qu'à quatre
lieues à la ronde du dit bourg de Mauron, il n'y ait au dit jour autres
foires et qu'elle n'échoit au jour de dimanche, fêtes d'apôtres, ou
autres solennelles, auquel cas elle sera remise au lendemain. Ci don-
nons en mandement à nos amés et féaux conseillers, les gens tenant
notre cour de parlement en Bretagne, chambre de nos comptes au dit
pays, sénéchal de Ploërmel, son lieutenant, et tous nos autres jus-
ticiers et officiers qu'il appartiendra; que nos présentes lettres de
création et érection de baronnie de Mauron et de commutation de
foire, ils fassent enregistrer, et du contenu en icelles faire jouir et
user le dit sieur de Galinée, ses enfans, successeurs et ayant-cause
pleinement, plaisiblement et perpétuellement, tout ainsi et en la forme
que dessus est dit, cessant et faisant cesser tous les troubles et em-
pêchements qui pourraient lui être faits ou donnés au contraire. Car
tel est notre plaisir, et afin que ce soit chose ferme et stable à toujours
nous y avons fait mettre notre scel, sauf en autre chose notre droit
et l'autrui en toutes. Donné à Paris au mois de mai l'an mil six cent
cinquante-cinq, et de notre règne le douzième.

Signé : Louis, et sur le repli par le Roi de Loménie. Et à côté visa,
Molé; et scellé du grand scel en cire verte à lacs de soie rouge et
verte.

Vu la Chambre, les lettres etc. Conclusions du dit procureur général
et tout considéré, la Chambre a ordonné et ordonne que les dites
lettres seront enregistrées pour avoir effet selon la volonté du roy.
Fait en la Chambre des Comptes à Nantes le neuvième jour de mars
mil six cent cinquante-huit.

Signé : C. A. Blanchard et Lemeneust.

*(Livre des mandements, 30ᵉ vol. B 1244-1655-1661. Archives dé-
partementales de la Loire-Inférieure).*

Enregistrement de droit de menée accordé à la baronnie de Mauron.

Vu par la Cour les lettres patentes données à Paris au mois de
septembre mil six cent cinquante-huit, signées Louis, et sur le reply
par le roy, Lomenie; à costé visa, Seguier, et scellées du grand sceau
de cire verte sur lacs de soie verte et rouge, obtenues par messire
Jean de Brehant, sieur de Galinée, baron de Mauron, conseiller en
la dite Cour, lesquelles Sa Majesté en considération des signalés et
recommandables services que les ancêtres du dict sieur de Galinée

ont rendus aux ducs de Bretagne, ou roys de France, ses prédécesseurs, dans leurs armées où ils ont eu des commandemens et des
emplois considérables, et luy, ayant dignement servi dans l'exercisse
de sa charge, aux députations et négotiations qui ont lui esté commises
pour le bien des affaires de sa dite Majesté et de l'estat dont il est très
satisfait, de notre grâce spéciale, pleine puissance et autorité royale,
avons donné, concédé et accordé à la dite baronnye de Mauron le
droit de menée en la juridiction et siège royal de Plouermel immédia-
tement après celle de la baronnye de Gaël, pour en jouir par le dict
sieur de Brehant, ses enfans, successeurs ou ayant-cause, tout ainsy
que font les autres seigneurs ayant ces semblables droits, et même en
la dite juridiction de Plouermel et autres justices royales de Bretagne,
comme plus au long est contenu par ces dites lettres; vu la requête
du dict sieur de Brehant tendant à l'entérinement des dites lettres et
conclusions du Procureur général du roy, tout considéré, la Cour a
ordonné que ces dites lettres soient enregistrées au greffe d'icelle pour
en jouir bien et dûment suivant la vollonté du roy. Faict au palais de
Rennes et par devant Armon, ce dix-huitième juing mil six cent
cinquante-neuf.

Signé : Malescot.

(Archives de Chabrillan).

HAY,

Seigneurs des Nétumières.

Les Hay des Nétumières, originaires des barons de la Guerche, sont
très anciens. La terre des Nétumières, près de Vitré, était entre les
mains des Hay dès l'époque de l'*Assise du comte Geoffroy*, ainsi qu'il
résulte des lettres patentes qui, en janvier 1682, érigèrent en marquisat les terres du Vaufleury, de la Bouexière et du Châtelet, au
profit de Jean Hay.

XII. Jean Hay, seigneur des Nétumières, conseiller au Parlement
de Bretagne, épousa : 1° en 1615, Mathurine Bouan, dame de Tizé;
2° en 1627, Françoise Pinczon. Du premier lit vinrent : 1° Paul, qui
suit; 2° Jean, auteur de la branche de Bouteville.

XIII. Paul Hay, seigneur des Nétumières, conseiller au Parlement
de Bretagne, épousa en 1640, Renée le Corvaisier de Pellaine, fille de
René le Corvaisier, conseiller au Parlement de Bretagne, et de Perrine
de la Monneraye; dont Paul, qui suit, et Renée Hay, mariée en 1663
à Claude de Cornulier.

XIV. Paul Hay, seigneur des Nétumières, épousa en 1664 Françoise
de Brehant, fille de Jean de Brehant, baron de Mauron, et conseiller au
Parlement de Bretagne, et de Françoise le Fer, fille et unique héritière de Jean, seigneur de la Motte-Roussel, dont :

1º Jean-Paul, qui suit ;

2º François-Augustin Hay, chevalier, seigneur de Tizé, qui épousa Gillonne-Marie Bidault, dont :

    Jeanne-Marguerite Hay de Tizé, née à Vitré le 11 octobre 1730, mariée le 2 mars 1751 à Charles-Marie-Félix Hay des Nétumières, son cousin germain.

3º Joseph-Joachim-Marie Hay de Tizé.

XV. Jean-Paul Hay, seigneur des Nétumières, conseiller au Parlement de Bretagne en 1690, épousa Elisabeth de Cornulier.

CORNULIER.

Les Cornulier, ramage de Cornillé, appartiennent à une des plus illustres familles parlementaires de la province de Bretagne, où ils ont occupé des postes élevés dans l'église, la robe, etc. Ils ont été déclarés *nobles et issus d'ancienne extraction noble*, et autorisés à *prendre la qualité d'écuyers et de chevaliers* par arrêt de la Chambre de la Réformation de la noblesse en date du 17 novembre 1668, au rapport de M. Jean de Brehant.

DU POULPRY.

Jean du Poulpry épousa N***, dont :

    1º Alain, qui suit ;

    2º Guillaume, dont l'article viendra après Alain.

Allain du Poulpry, conseiller au Parlement de Bretagne, épousa en 1536 1º Lucrèce le Gac ; 2º Françoise de Toërin. Les enfans issus de ces deux mariages furent :

    1º François, qui suit ;

    2º Ives du Poulpry, chanoine de Léon ;

    3º Marie du Poulpry, mariée à Jacques de Guengat ;

    4º Françoise du Poulpry, qui épousa Pierre de Rosmar, seigneur de Kerdaniel.

François du Poulpry, seigneur de Trébodénic, conseiller au Parlement de Bretagne, épousa Guillemette du Dréneuc, dont :

    1º François du Poulpry, qui épousa 1º Anne-Gabrielle de Penmarc'h ; 2º Guyonne de Tinténiac ;

    2º Françoise du Poulpry, mariée à François de Brehant, vicomte de l'Isle ;

    3º Marie du Poulpry, mariée à Claude de la Corbière, seigneur de Juvigné, conseiller au Parlement de Bretagne ;

    4º Anne du Poulpry, mariée à Mathurin le Ny, seigneur de Coételez ;

    5º Guillemette du Poulpry, qui épousa Guillaume du Bouilly, seigneur de Trébry.

Guillaume du Poulpry, seigneur de Lanvengat, frère puîné d'Alain, épousa Jeanne du Bois, dont :

    1° René, qui suit ;

    2° Jean du Poulpry, seigneur de Kerglas;

    3° Anne du Poulpry, mariée à Charles de Penancoët, seigneur de Quillimadec.

René du Poulpry, seigneur de Keranaouët, sénéchal de Lesneven, épousa Claudine du Bois, dont :

    1° Iver de Poulpry, seigneur de Lanvengat, sénéchal de Lesneven, marié en 1668 à Marguerite de Brehant, fille de Jean de Brehant (XI). Sans hoirs.

La maison de Poulpry, éteinte en 1827, compte au nombre de ses illustrations Macé du Poulpry, qui prit part à la 7e croisade.

ARRÊT DE MAINTENUE.

8 d'Octobre 1668. — Extrait des registres de la Chambre establie par le roy pour la réformation de la noblesse du pays du duché de Bretagne par lettres patentes de Sa Majesté du mois de janvier dernier mil six cent soixante et huit, vérifiées au Parlement le trentième de juin dernier.

Entre le Procureur général, d'une part, et messire Jean de Brehant, chevalier et seigneur de Galinée et de Mauron, conseiller en la Cour, faisant tant pour lui que pour messire de Brehant, chevalier, baron de Mauron, aussi conseiller en ladite Cour, son fils aîné et son héritier présomptif principal et noble, et ses autres enfants, et aussi pour Charles de Brehant, seigneur de la Sorais, et messire François de la Lande, ses frères puînés, défendeurs d'autre part. Vu par la Chambre l'extrait de la comparution au greffe de la dite Chambre par le dit seigneur de Galinée, le trois octobre présent mois, qui aurait déclaré que lui et ses enfants, petits-enfants et frères, sont gentilshommes d'extraction noble, et de temps immémorial ont toujours vécu noblement et joui des avantages, etc., devant la dite Chambre, suivant son induction. Conclusions du sieur Procureur général du roy et tout considéré, la *Chambre* faisant droit sur l'instance, a déclaré lesdits Jean, Maurille, Charles, François de Brehant, nobles d'ancienne extraction, et, comme tels, leur a permis, et à leur descendance en mariage légitime, de prendre les qualités d'écuyer et de chevalier, et les a maintenus au droit d'avoir armes et écussons timbrés appartenant à leur qualité, et à jouir de tous droits, franchises, prééminences et priviléges attribués aux nobles de cette province, et ordonné que leur nom sera employé au rolle et catalogue des nobles de l'Évêché de Saint-Brieuc.

Fait en la dite Chambre, à Rennes, le 8e octobre mil six cent soixante et huit.

                          Signé : MALESCOT.

       (Acte sur parchemin. *Archives de Chabrillan.*)

Contrats en date des 5 mai 1661 et 1665, entre dame Françoise de la Fayette, dame abbesse de l'abbaye du Benoist-Moustier, Saint-Georges de Rennes, et Jean de Brehand, seigneur de Galinée, baron de Mauron, conseiller du Roi en sa Cour du Parlement de Bretagne, et dame Françoise le Fer, sa compagne, qui fixent à la somme de 6,000 liv. la dot d'Anne de Brehand leur fille, ladite somme de 6,000 liv. à jamais acquise au profit du Chapitre et mense conventuelle de la dite abbaye du jour de sa profession (Acte sur parchemin).

Emancipation, en date du 10 mai 1665, de messire Claude de Brehand, âgé de 20 ans, enseigne de M. Dezallier, capitaine aux Gardes, du consentement de messire Jean de Brehand, seigneur de Galinée, conseiller au Parlement de Bretagne, son père.

Maurille de Brehand (XII), au nom et comme procureur de messire Jean de Brehand, son père, et en cette qualité stipulant pour Jean-Gilles de Brehand, écuyer, son frère, traite, sous le bon vouloir et plaisir du roi, d'une charge d'enseigne au régiment des Gardes dans la compagnie du sieur Brandon, moyennant la somme de 19,000 liv. tournois que le dit sieur Brandon a confessé et confesse avoir reçue de messire Maurille de Brehant, au dit nom, qui la lui a baillée. Paris, le 25e jour d'août 1661.   LECAT et ..., notaires.

Inventaire, en date du 14e jour de novembre 1664, fait à la requête de M. le procureur Doffin de la juridiction et baronnie de Plélo, des biens meubles de la communauté d'entre défunt haut et puissant messire Gilles de Quélen (père de Louise de Quélen, mariée à Maurille de Brehand), en son vivant seigneur de Saint-Bihy, le Pellen, l'Oursière, Tressigneaux, et haute et puissante dame Renée du Halegoët, dame douairière de ces lieux, son épouse, tutrice de leurs filles mineures en conservation de leurs droits et intérêts, etc.

                    ROPERT, greffier.

« Induction d'actes que fait, en la Chambre établie par le roi pour » la réformation de la noblesse de cette province (1668), messire » Jacques de Quélen, sieur du dit lieu. » Cette induction contient le passage suivant : « Dit à cet effet ledit sieur du Quélen, qu'à présent, » il se nomme chef du nom et des armes de la maison de Quélen,.... » les maisons des aînés étant tombées en quenouille et passées dans » celle du comte de Lannion il y a plus de trois ans, et dans celle de » M. le baron de Mauron, conseiller à la Cour, par son mariage avec » dame Louise de Quélen, fille aînée, héritière principale de défunt » messire Gilles de Quélen, chevalier, seigneur de Saint-Bihy, qui » avait pour frère puîné messire Claude de Quélen, seigneur de la Ro-» che, père des défendeurs. »

19 Octobre 1670. — Contrat de mariage d'entre messire Claude de Brehand, fils puîné de messire Jean de Brehand, seigneur de Galinée, conseiller du roi au Parlement de Bretagne, et de dame Françoise le Fer, son épouse, et dame Françoise Bouan, dame de la Touche,

fille aînée, héritière principale et noble de feu messire Jean Bouan,
et de dame Geneviève Poullain, seigneur et dame de la Garde... Ledit
seigneur de Galinée, en faveur du dit mariage, donne au dit seigneur
de Brehand, son fils, 3,000 liv. pour aider à meubler les dits mariés, et
outre, tant pour la succession maternelle de la dite le Fer, épouse,
qu'à valoir sur la paternelle du dit seigneur de Galinée, donne la terre
de la Sorays, comme elle se comporte, située aux paroisses de Quintenic, Hénansal, Saint-Alban, métairies, moulins, etc., sans réserva-
tion, à commencer la jouissance de la dite terre du dit jour des épou-
sailles... Le présent, fait en la présence de messire Jean-François du
Gouray, seigneur marquis de la Coste, lieutenant pour le roi en cette
province, et de dame Marguerite Morin, dame des Gages, qui ont aussi
signé avec les autres soussignés présents, Françoise Bouan, Claude de
Brehand, Marguerite Morin, Jean Rouault, Françoise du Gouray, Julien le Noir, Anne le Noir, Jeanne Poullain, Jeanne le Noir, Pierre le
Noir, Peronnelle le Noir.   SOURCONMÈRE et COMPADRE, notaires.

3 Mai 1672. — Jeanne-Marguerite, fille de messire Claude de Brehand, chevalier, seigneur du dit lieu, et de dame Françoise Bouan, sa
femme et compagne, étant née à Saint-Brieuc, le 7e jour de la lune,
3 mai 1672, baptisée du dit jour dans l'église cathédrale du dit lieu,
fut reçue en l'église paroissiale de Saint-Alban aux saintes cérémonies
et imposition du nom le 23 août, dite année, par le prêtre soussigné.
Le parrain fut haut et puissant messire, chevalier, seigneur de Galinée, conseiller au Parlement de cette province de Bretagne ; la marraine, noble et puissante dame, Marguerite Morin, dame des Haies.
Présents : les dames et damoiselles soussignantes Marguerite Morin,
Françoise Bouan, Geneviève Bouan, Jean de Brehand, Claude de
Brehand.

         F. GROVALET, recteur.

     (*Extrait des registres de la paroisse de Saint-Alban.*)

10 Septembre 1675, fut baptisé solennellement dans l'église paroissiale de Saint-Alban, Claude-Agatif-Hyacinthe de Brehand, fils de
haut et puissant messire Claude de Brehand, et de dame Françoise
Bouan, sa femme et compagne, né du dit jour (au manoir noble de la
Villehatte), et le 20 avril 1676 la sainte cérémonie de l'imposition du
nom a été suppléée dans la dite église paroissiale de Saint-Alban. Le
parrain fut haut et puissant messire de Brehand, chevalier, seigneur
du Plessis-Mauron, conseiller du roi au Parlement de Bretagne ; la
marraine, damoiselle Geneviève Bouan. (*Extrait des registres de la
paroisse de Saint-Alban.*)

25 Octobre 1687. — Jeanne-Françoise de Brehand, fille de messire
Claude de Brehand, chevalier, et de dame Françoise Bouan, sa compagne, seigneur et dame du dit lieu, étant née le 28 juin 1677, à sept
heures du matin, en la maison noble de la Villehatte, paroisse de
Saint-Alban, fut baptisée dans l'église paroissiale du dit lieu, par
messire F. Grovalet, prêtre, et toutes les saintes cérémonies baptis-

males faites et accomplies, à l'exception de l'imposition du nom, dif-
férée par permission des supérieurs présents au dit baptême, de M. et
Mme du Frost-Bérard et plusieurs autres, et a été faite l'imposition du
nom, en la ville de Lamballe, ce 25 octobre 1687, auquel fut parrain
haut et puissant messire Paul Hay, seigneur de Tizé et autres lieux,
et marraine noble et puissante dame Jeanne-Marguerite de Brehand,
marquise de Sévigné. Présents : les soussignés Jeanne de Brehand,
Paul Hay, Catherine Gillet, Ursule de Quélen, Margote Poulain, Claire-
Françoise le Bottey, Marie Sébille, Claude Boschier, Anne-Marie Lesquen, Marguerite Morin, Geneviève-Thérèse Bouan, Jeanne Guimar,
Renée-Jeanne du Bouilly, Anne Boschier, Anne Poulain, Françoise
Bouan, Jacques Laisné, prêtre de Saint-Brieuc, assistant, François
Grovalet, recteur de Saint-Alban (*Extrait des registres de la pa-
roisse de Saint-Alban*).

PREUVES, N° 12.

XIIe DEGRÉ.

Contrat de mariage d'entre messire Maurille de Brehand, seigneur
du Plessis, fils aîné, héritier présomptif principal et noble de messire
Jean de Brehand, conseiller du Roi en sa Cour du Parlement de Bretagne, et de dame Françoise le Fer, sa femme, seigneur et dame de
Galinée, du Plessis de Mauron, de la Grée, du Bois-Jagu, la Soraye,
Pontgrossart, Belleissue, etc., et damoiselle Louise de Quélen, fille
aînée, héritière principale et noble de défunt messire Gilles de Quélen, et de dame Renée du Halegoët, sa femme, seigneur et dame de
Saint-Bihy, etc... En faveur duquel mariage les dits seigneur et dame
de Galinée donnent au dit seigneur du Plessis, leur fils aîné, l'office de
conseiller aux enquêtes du dit Parlement de Bretagne, duquel ils ont
traité par contrat du 3e jour du présent mois, et au rapport des notaires soussignés s'obligent d'en acquitter le prix en principal et tous
accessoires, même les frais d'expédition d'icelui, et du tout l'en libérer vers tous et contre tous, et lui donnent en outre mille écus de
rente en fonds d'héritage à commencer sur la terre du Pont-Grossart,
situé en la paroisse de Maroué, diocèse de Saint-Brieuc, et à conti-
nuer de proche en proche sur leurs autres biens jusqu'à la concurrence des dits 3,000 liv. de rente, le tout par avancement de droit suc-
cessif, etc. Et arrivant le prédécès du dit seigneur du Plessis, la dite
damoiselle, sa future épouse, sera endouairée de mille écus de rente,
si mieux elle n'aime prendre le douaire coutumier, etc. Ont signé en la
minute, le 25e jour de janvier 1654, Maurille de Brehand, Louyse de
Quélen, Jean de Brehand, Françoise le Fer, de Quélen (François,
conseiller du Roi, tuteur et curateur de Louise de Quélen, de lui autorisée), Françoise du Halegoët, Renée de Quélen.

DU CHEMIN et BRUTELOT, notaires.

12 Novembre 1665. — Aveu de la terre et baronnie de Mauron, au Roi, par messire Jean de Brehand, conseiller du Roy en son Parlement, mari de feue dame Françoise Le Fer, sa compagne, seigneur de Galinée, Mauron, la Soraye, le Pont-Grossart, Belleissue, La Grée, etc.

Et messire Maurille de Brehand, seigneur de Mauron, aussi conseiller en la Cour, son fils aîné, héritier principal et noble de la dite dame Le Fer, sa mère.

13 Avril 1675. — Autre aveu par Jean de Brehand, seigneur de Galinée, et messire Maurille de Brehand, son fils, héritier principal et noble de Françoise Le Fer, sa mère.

26 Décembre 1676.— Déclaration rendue au Roi, pour la baronnie de Mauron, par messire Jean de Brehand, sieur de Galinée, et messire Maurille de Brehand, seigneur de Mauron, tous deux conseillers en la Cour et Parlement de ce pays.

Déclaration au Roi, du 1er mai 1682, par messire Maurille de Brehand, chevalier, seigneur, baron de Mauron, conseiller du Roi au Parlement, mari de dame Louise de Quélen, dame des dits lieux, propriétaire de la terre et seigneurie de Tressigneau et l'Ourcière.

Déclaration rendue au Roi, le 1er mai 1682, par messire Maurille de Brehand, chevalier, seigneur baron de Mauron, conseiller du Roi au Parlement de Bretagne.

Nota. — Cette seigneurie est venue à la famille de Brehand par suite d'acquêt fait le 25 juillet 1663 d'avec messire Louis de la Trimouille, comte de Lorme, marquis de Royan.

Ville au Bastard, en Cesson :

Déclaration du 1er mai 1682, rendue au Roi par messire Maurille de Brehand, chevalier, baron de Mauron, conseiller du Roi au Parlement de Bretagne, mari de dame Louise de Quélen, dame des dits lieux.

DU HALEGOET.

Jean du Halegoët, seigneur de Luzuron, épousa Céleste de Lanlou, dont :

    1o Philippe du Halegoët, seigneur de la Roche-Rousse, maître des requêtes, marié à Louise de la Bistrade ;

    2o François du Halegoët, seigneur de Kergrec'h, marié à Jeanne Goaffuec, dont :

        Magdeleine du Halegoët, dame de Kergrec'h, qui épousa Armand du Cambout, duc de Coislin, baron de Pont-château.

    3o Renée du Halegoët, mariée à Gilles de Quélen, seigneur de Saint-Bihy, dont elle eut Louise de Quélen, femme de Maurille de Brehant (XII), comte de Mauron ;

    4o Marguerite du Halegoët, abbesse de Saint-Georges de Rennes ;

    5o N... du Halegoët, religieuse à Saint-Sulpice.

ÉPITAPHE DU TOMBEAU DE MAURILLE DE BRÉHANT,

BARON ET COMTE DE MAURON,

Aux Carmes déchaussés de Rennes en Bretagne.

Sta hic, viator,
hic jacet Maurillus de Brehant, comes de Mauron regis ab om-
nibus consiliis, et in suprema Armoricæ curia senator, quem si
non nosti, peregrinus es : Si nosti, desideras : ita in civium
admiratione fuit, et amore; majorum nobilitatis heres, vir-
tutum æmulator plus his retulit gloriæ, quam accepit, posteris
idem, ornamentum futurus et exemplo, Deo sine ostentatione, prin-
cipi sine ambitu, patriæ sine cupiditate serviens; res diversissi-
mas in se conciliavit, fortitudinem Christianam cum moribus
levissimis, magistratus gravitatem cum civili modestia, assidui-
tatem in foro cum otio litterarum, vir tanta opinione æquitatis,
ut nemo non cum judicem optaret, nemo ne damnatus quidem in-
cursaret. Maturus cœlo in terris vivere desiit, anno ætatis suæ
LVIII et januarii MDCLXXXVIII.

Aloysia de Quélen, marito incomparabili ægre superstes, amo-
ris et doloris monumentum posuit.

Maurilio Brientensi dicat hoc monumentum Aloysia de Qué-
len.

(Archives de Chabrillan).

DE QUÉLEN.

Burelé de dix pièces d'argent et de gueules.

Olivier de Quélen, seigneur de Saint-Bihi, épousa Jeanne de Visde-
loü, dont :

Guillaume de Quélen, seigneur de Saint-Bihi, marié à Renée du Halegoët, dont :

Louise de Quélen, dame de Saint-Bihi, héritière de sa branche, qui
épousa Maurille de Bréhant (XII), comte de Mauron, conseiller au Parlement de Bretagne.

DU GOURAY.

(V. précédemment *Preuves* nos 1, 2 et 3.)

Le 25e jour du mois de mai 1688, avant midi, par-devant nous,
notaires royaux héréditaires à Rennes, soussignés, furent présents

messire Charles de Sévigné, chevalier, seigneur marquis du dit lieu, et dame Jeanne-Marguerite de Brehand, son épouse, et de lui bien et suffisamment autorisée, etc., ensemble demeurant d'ordinaire à leur château des Rochers, paroisse d'Étrelles, évêché de Rennes, lesquels de leur bon gré et libre volonté, sans induction ni contrainte, mûs par un sentiment pur et réciproque d'amitié, s'entre font, fait et font donation mutuelle égale du premier mourant au survivant d'eux de tous leurs biens, meubles, acquits et choses réputées pour meubles... une moitié en propriété, l'autre moitié par usufruit, aux charges et conditions portées par la coutume de cette province.

BERTELOT et BRETIN, notaires.

Du 30 mars, 1691. — Dame Marguerite de Brehand, épouse de Charles, marquis de Sévigné, et de lui autorisée, de son bon gré et volonté, sans induction, persuasion, ni contrainte, mais pour la bonne amitié qu'elle porte à messire Paul Hay, chevalier, seigneur de Tizé, et à dame Françoise de Brehand, son épouse, son oncle et sa tante, et à leurs enfants, a donné et donne par les présentes par donation pure et simple, perpétuelle, en la meilleure forme et manière que donation de cette sorte et qualité puisse être faite et doive avoir lieu, à messire Augustin Hay, chevalier, son cousin germain, fils des dits seigneur et dame de Tizé, eux à ce présent et pour lui acceptant, la somme de 50,000 liv. pour être par lui prise, touchée et reçue après le décès de la dite dame donatrice et non plus tôt... Et en cas du décès du dit sieur Augustin Hay, par mort civile ou naturelle, sans enfants ou descendants en ligne directe, la présente donation passera à messire Joseph Hay, frère puîné du dit Augustin... Et en cas de décès du dit sieur Joseph Hay sans enfants, ou à défaut de descendants en ligne directe, la dite présente donation sera reversable au profit de messire Louis-Hyacinthe de Brehand, comte de Plélo, son frère aîné, héritier présomptif principal et noble, ou de celui qui le représentera, etc.

BRETIN et BERTELOT, notaires royaux.

Du 8 juillet 1703. — Extrait du rôle des sommes que le Roi, en son Conseil, veut et ordonne être payées... par les possesseurs des biens aliénés de l'Eglise et des communautés ecclésiastiques et laïques. « Aliénation de l'abbaye de Beauport. Le seigneur de Mauron, ses » successeurs ou ayants-cause, propriétaires ou possesseurs de 78 » boisseaux de froment de rente dus sur la seigneurie de Tressi- » gneaux par fondation aliénée de la dite abbaye, moyennant 214 liv. » 10 sols de rente, suivant le certificat du procureur de la dite abbaye, » du 22 septembre 1676, pour être maintenus et confirmés comme ci- » dessus, payeront pour le quart denier de la dite aliénation la somme » de 1,074 liv. 10 deniers. Signifié audit seigneur de Galinée, à son » hôtel, près la petite rue Saint-Michel du dit Rennes.

» *Signé :* ..., huissier. »

Transport par messire René Le Febvre, chevalier, seigneur de la Falluère, conseiller du roi en s·s Conseils, premier président au Parlement de Bretagne, et dame Françoise Ferrand, son épouse, qu'il autorise, d'un bail d'une maison sise à Paris, rue de Seine, quartier Saint-Germain-des Prés, paroisse de Saint-Sulpice, à messire Jean-René-François de Brehand de Galinée, conseiller du Roi en sa Cour du dit Parlement de Bretagne, et dame Catherine Le Febvre de la Falluère, son épouse, qu'il autorise. Ce transport de bail ainsi fait, moyennant 3,000 liv. de loyer par chacun an. (La fin de l'acte manque, mais il fait connaître que le bail a été passé aux jour et fête de saint Jean-Baptiste, 1703.)

Actes sur parchemin en date du 7 mars et 15 septembre 1714, et 1er septembre 1723 concernant deux maisons situées rues de Verneuille et de l'Université, et appartenant à Jean-René-François-Almaric de Brehant, comte de Mauron.

LE FEBVRE DE LA FALLUÈRE

(d'azur à trois bandes d'or).

René Le Febvre, seigneur de la Falluère, chevalier, premier président au Parlement de Bretagne en 1687, épousa Françoise Ferrand, dont :

    1º Antoine-René, qui suit ;

    2º Catherine Le Febvre, mariée le 23 septembre 1694 à Jean-René-François-Almaric de Brehant, comte de Mauron et de Plélo, etc., conseiller au Parlement de Bretagne.

Antoine-René Le Febvre, seigneur de la Falluère, conseiller au Parlement de Bretagne en 1688, président à mortier en 1695, épousa Louise-Renée du Plessier de Genonville, dont :

    1º René-Antoine Le Febvre, seigneur de la Falluère, né en 1694 ;

    2º Françoise-Louise Le Febvre, mariée en 1719 à Michel-Antoine-Ignace Ferrand, conseiller au Parlement de Paris.

René Le Febvre de la Falluère, dernier représentant mâle de sa famille, est mort jeune, vers 1830, sans avoir été marié, laissant après lui trois sœurs, qui ont épousé MM. de Lantivy, de Kerret et de Quinemont.

PREUVES Nº 13.

XIIIª DEGRÉ.

Estat et Procez-verbal de la chapelle du château et manoir seigneurial de Galinée, fait instant et à la reqüeste de M. Jean Trote procureur fiscal de la jurisdiction de Galinée, suivant les ordres de haut et puissant seigneur messire Jean-René-François-Almaric de Bréhand, chevalier, comte de Mauron et de Plélo, baron de Pordic, seigneur de Galinée, le Pellen, Saint-Bihi, la Grée, Belleissue et Mouëxigné, et auquel procez-verbal a été vaqué par nous maistre François Mornan, sieur de Grand-Champs, séneschal de la cour de Galinée, ayant prié et appelé pour adjoint maistre Louis Trotel, greffier de notre ditte jurisdiction : présents Gabriel Gourneuff et Jullien, les dits demeurants à l'hospital aussi appelés pour plus grand esclaircissement. Et auquel estat a été vaqué ce jour et procédé comme ensuict. En premier :

Nous estant acheminé de notre logis au dit manoir et château de Galinée et y descendu de compagnie, avons trouvé le dit Trotel, procureur fiscal, et les sieur et dame de la Fauvelais, fermiers de la ditte terre de Galinée, d'où nous nous sommes transportés tous ensemble au lieu où est la ditte chapelle de Galinée, que nous avons trouvé scituée à l'extrémité du parc du dit manoir et l'ayant circuite par les deux lignes et pignons du midy et du septentrion avons vu que la ditte chapelle a environ cinquante pieds de long sur vingt-quatre de large, bastie de pierre avec quelques ornements de pierre taillés aux coins, et couverte d'ardoize sur laquelle couverture y avons vu un clocher ou ayguille où est la cloche appendue. Y ayant entré de compagnie par la petite porte dans la longerre du costé du parc, et ayant ouvert la grande porte du costé du dehors dans le pignon du septentrion y avons vû un autel ancien de masse de pierre revestu de bois posé contre le pignon oriental de la ditte chapelle, et derrière l'autel y avons vû une grande vitre séparée en deux par une listre de taille à l'antique, et le haut séparé par compartiments de taille comme de mosaïque. Le dedans de chaque compartiment garni de verre avec les armes, escussons et figures qui suivent : savoir, dans le costé senestre de la vitre est une vierge assise entourée d'ornements et de médailles, et au-dessus de la ditte vierge est la figure d'un chevalier à genoux armé de toutes pièces fors la teste et les mains, son casque avec ses gantelets à ses genoux, l'épée au costé avec sa cotte d'armes armoryée d'une *croix croisée et recroisée d'argent cantonnée de 4 molettes de même en champ de sable,* qu'on nous a dit et que nous connaissons pour estre les anciennes armes de la maison des Cougnets et de Galinée. Derrière lequel chevalier se voit debout la figure de sainct Guy ; de l'autre costé de la ditte vitre se voit la figure d'un crucifix avec les mêmes ornements et médailles que de l'autre part. Et au-dessus avons veu la figure d'une dame à genoux les mains jointes habillée à l'antique comme noble dame avec grandes *(mot illisible)* ornées de joyaux et perles et avec chaisnes d'or, sur la robe de laquelle se voyent un escusson *my-parti des armes cy-dessus et de six coquilles d'argent au fond d'azur* qu'on nous a dit estre les armes de Gautron ; derrière laquelle dame est debout la figure d'un sainct François dans l'habit de son ordre; et pour en venir aux compartiments de verre, dans le plus haut et au lieu le plus éminent est en vitre un escu de forme antique portant de *gueules au léopard d'argent* qu'on nous a dit et que nous connaissons pour estre les armes de la maison de Brehant. Dans celuy qui est au-dessous à la main droitte est un escu *my-parti de la croix d'argent cy-dessus croizée et recroizée cantonnée de molettes en fond de sable* avec un escu *de gueules à trois besants d'hermines* qu'on nous a dit et que nous connaissons pour estre les armes de la maison de Bodégat; de l'autre costé vis-à-vis dans l'autre compartiment sont deux escussons joints, l'un des dits armes des Cougnets, et l'autre *d'azur à six coquilles d'argent*. Plus bas est un escu antique *escartelé*, au 1er, *d'argent à 3 haches d'armes de sable, 2. 1.* qu'on nous a dit et que nous connaissons pour estre les armes des Le Voyer de Trégomart; au 2e, *d'azur au léopard d'argent accompagné de six losanges d'or, 3 en chef et 3 en pointe*, que nous connaissons estre les armes de la maison de La Lande; au 3e, *d'hermines au chef de gueules chargé de 3 macles d'or*, qu'on nous a dit et que nous connaissons estre les armes du Bois-Boessel; au 4e, *d'argent à l'épervier de sable, becqué et grillé d'or*, qu'on nous a dit estre les armes de Quergu (Kergu); sur le tout, *de gueules au léopard d'argent* qui est l'escu de la maison de Bréhand. Vis-à-vis et de l'autre costé est un escu en forme antique qui est un escartelé, au 1er, *de gueules, à 6 roses d'or, 3. 2. 1.* qu'on nous a dit estre Plouër; au 2e, *de gueules, à 3 besants d'hermines, 2. 1.* qui est de Bodégat, comme est cy-dessus dit; au 3e, *d'azur à 6 coquilles d'argent, 3. 2. 1.;* au 4e, *d'argent à deux fasces de sable*, qu'on nous a dit et assuré estre les armes de Quignac; *sur le tout : des Cougnets*, comme il est dit cy-dessus. Plus bas encore est un autre escu antique parti des armes de Brehant que nous connaissons, et d'un *escu chargé de fusées d'hermines accompagnées de besants d'hermines* que nous connaissons et qu'on nous a dit estre les armes de Dinan.

Continuant le dit procez-verbal avons vu et considéré le cintre de la dite chapelle autour duquel est un long cordon d'escussons et alliances dont la description et dénomination s'ensuivent :

En premier, au costé senestre en entrant par la grande porte est un *écartelé, au 1er et 4e des armes de Brehant*, ainsi qu'il est dit cy-dessus; *au 2e et 3e de gueules à 3 macles d'or* que nous connaissons et qu'on nous a dit estre les armes de Rohan anciennes, au-dessus duquel est escrit Estienne de Brehant et Alips de Rohan; l'escu *soutenu de 2 lions*. En outre est écrit ce verset : « *In te, Domine, speranti non confundar in æternum.* »

Après celuy-là se voit un autre escusson *écartelé, au 1er et 4e des armes de Brehant* comme cy-dessus; *au 2e et 3e d'argent, à la bande de gueules chargée de 3 macles d'or* qu'on nous a dit estre les armes de la maison du Plessis-Mauron; au-dessus se voit escrit Johan de Brehant et Jehanne Duplessis, l'escu *soutenu pareillement de 2 lions;* et au tour est escrit : « *Nihil prodeunt impietatis.* »

Au 3° lieu se voit un escusson *escartelé, au 1er et 4° de Brehant,* comme est dit cy-dessus; *au 2° et 3° des armes des Cougnets,* comme est dit pareillement, *l'escu soutenu de deux sauvages,* et pour verset : « *Memoria justi cum lapidibus nomen impium putrefacit,* » et au-dessus est escrit Mathurin de Brehant et Gillette des Cougnets.

Au 4mo lieu se voit un escusson *escartelé, au 1er et 4° des armes de Brehant,* comme est dit cy-dessus, *au 2° et 3° d'argent, à l'épervier de sable becqué, membré et grillé d'or,* qu'on nous a dit comme cy-devant estre Quergu. L'escu soustenu *de 2 levriers au collier de gueules,* et au dessus est escrit : Jehan de Brehant et Françoise de Quergu. Le verset ne se peut lire.

Au 5° lieu se voit un escusson *escartelé au 1er et 4° des armes de Brehant,* comme est dit cy-devant; au 2° et 3° de....... *L'escu soutenu de deux licornes;* au-dessus est escrit,...... *De Brehant....* On n'en peut lire davantage.

Du costé dextre en entrant, en commençant par le haut de la ditte chapelle, avons vu autour du dit cintre : au premier lieu : un escusson *escartelé, au 1er et 4° des armes de Brehant,* comme cy-dessus; *au 2° et 3° d'argent à trois haches d'armes de sable, 2. 1.* qu'on nous a dit estre les armes de Le Voyer-Trégomart, comme cy-devant; au-dessus est escrit Pierre de Brehant et Alliette Le Voyer. Et pour verset : « *Timor Domini principium sapientiæ,* » et pour supports *2 lions avec des mantelets aux armes de Brehant.*

Au second lieu de ce côté-là se voit un escusson *escartelé, au 1er et 4° des armes de Brehant,* comme cy-dessus; *au 2° et 3° d'azur, au léopard d'argent, accompagné de 3 losanges d'or en chef et de 3 en pointe,* que nous connaissons comme est dit cy-dessus pour estre les armes de la maison de La Lande; au-dessus est escrit : Gabriel de Brehant et Thomine de la Lande, et pour verset : « *Hilarem dolorem diligit Dominus,* » et pour supports les mêmes que cy-dessus.

Au 3° lieu de ce costé-là est un escusson *escartelé au 1er et 4° des armes de Brehant, au 2° et 3° d'hermines au chef de gueules, chargé de trois macles d'or,* qu'on nous a dit et que nous connaissons pour les armes de la maison du Boisboëssel; au-dessus est escrit : Eon de Brehant et Marguerite du Boisboëssel, dite *le Breton.* — Supports : *deux sauvages.* — Le reste ne se peut lire.

Au 4° lieu est un escusson, *escartelé au 1er et 4° des armes de Brehant,* comme cy-dessus au 2° et 3° de gueules, *à 3 escus d'hermines,* qu'on nous a dit estre les armes de Beaufort; au-dessus est escrit : Jehan de Brehant et Sibille de Beaufort; pour supports : *deux levrettes.*

Au 5° lieu est un escusson *escartelé au 1er et 4° des armes de Brehant,* comme est dit cy-dessus; *au 2° et 3° d'or escartelé d'azur,* qu'on nous a dit estre les armes de Tournemine. — Au-dessous est escrit : Guillaume de Brehant et Sibille Tournemine; pour supports : deux lions, et pour verset : « *Dominus refugium meum et virtus est.* »

Le présent *Rapport, estat et Procez-verbal* de la ditte chapelle du dit château et manoir de Galinée conclu et arresté par nous dits sénéchal, procureur fiscal et greffier de la ditte jurisdiction de Galinée, aux présences des cy-devant dénommés et autres qui ont signé ce vingt-cinquième jour d'aoust mil sept cent onze.

Signé :

Illisible.	GOURNEUFF.
Dᵒ	JULIEN.
RENÉE-ANNE-MARIE DE LA CHAPELLE.	TROTEL, *greffier.*

(*Archives de Chabrillan.*)

Du 10 mars 1715. Consultation de M. Hévin au sujet d'une contestation entre le comte de Mauron, jadis seigneur de cette terre, et M. de Calbët, qui l'avait achetée de M. de la Morandais.

Le 10 janvier 1717, sommation et commandement à messire Jean-René-François-Almaric de Brehand, chevalier, seigneur comte de Mauron, tant pour lui que pour ses consorts, héritiers collatéraux de défunte dame Marguerite de Brehand, dame de Lanvengat (baronne de Poulpry), de payer dans trois jours pour tout délai ès mains du sieur Buisson, le centième denier des biens de la dite succession; comme aussi de payer en outre le droit de centième denier de la cession à lui faite par M. d'Andigné de la Chasse, comme fondé de procuration de messire Claude de Brehand, de la portion qui lui revenait de la succession de la dite dame de Lanvengat, moyennant la somme de 23,000 liv., par acte passé à Dinan, le 5 octobre 1714. — PUHON, huissier.

EXTRAITS d'un inventaire d'actes fait en Bretagne, à dater du 17 avril 1719, après le décès de dame Catherine le Febvre de la Falluère, première femme du comte de Mauron :

Autre contrat de vente fait par le dit seigneur comte de Mauron au sʳ du Tertre Micault de Lamballe, de la terre de Lourmel, pour la somme de 8,200 liv., aux fins du contrat du 6 octobre 1710, au rapport de Goguier et son confrère, notaires royaux à Rennes;

Autre contrat de vente fait par le dit seigneur comte de Mauron, de la terre du Pont-Grossard, au sieur Planchet, pour la somme de 81,000 fr., 21 octobre 1713, au rapport de Trachemen, notaire à Dinan;

Autre contrat de vente fait par le dit seigneur comte de Mauron, de son office de conseiller ordinaire au Parlement de Bretagne, à M. du Lattay (Louis-Célestin de Saint-Pern), pour 70,000 liv., du 29 juin 1713, au rapport de Bertelot, notaire à Rennes;

Contrat de vente du 9 avril 1705, de l'office de lieutenant de messieurs les maréchaux de France, ayant appartenu à M. le comte de Plélo, son frère, à M. de Bois-Adam, pour la somme de 75,000 liv.;

Par contrat du 9 septembre 1712, vente de la terre et seigneurie de Galinée, le parc et ses dépendances, au s' de la Vicomté, pour 81,000 liv.;

Donation faite par Maurille de Brehant à M. le comte de Mauron, son fils puîné, de la somme de 60,000 liv., à prendre sur ses meubles et effets mobiliers, en date du 8 janvier 1688, avec la ratification de Louise de Quélen, douairière de Mauron;

Contrat d'acquisition de la terre de Pordic, moyennant 135,000 liv., et pour l'insinuation et contrôle, 1,503 liv., 11 s.;

Transaction du 20 avril 1715 pour la terre de la Villepied vendue à M. Croisat pour 73,000 liv. Déclaration de M. de Mauron que les lods et ventes lui ont coûté 9,125 liv.;

Acquisition du 7 février 1714 de la terre de Keroter pour 23,000 liv. 916 liv. 13 s. pour les ventes;

Traité de la charge de sous-lieutenant des gendarmes de Flandres du 15 septembre 1715, moyennant 90,000 liv.;

Acquisition du tiers appartenant à MM. de Brehant et des Nétunières dans la succession de Madame de Lanvengat (Marguerite de Brehant, baronne de Poulpry) au moyen de 46,000 liv.;

Retrait féodal des fiefs de Bouyer, 29 avril 1705, pour 2,875 liv.;

Acquisition d'un hôtel, rue de Verneuil à Paris, pouvant valoir 120,000 liv.

2 février 1738. — TESTAMENT DE JEAN-RENÉ-FRANÇOIS-ALMARIC DE BREHANT, COMTE DE MAURON, par lequel il lègue à Jean-Almaric, à Maurille-Almaric et à Bihi-Almaric de Brehant, ses enfants du second lit, tous les biens dont il peut disposer, suivant les coutumes qui les régissent, son fils aîné du premier lit, le comte de Plélo, ayant été suffisamment et avantageusement partagé. Il les recommande, pour l'avenir, par ce testament à son petit-fils, Théodore-Cerbon de Brehant, comte de Plélo, et nomme le marquis de Béthune son exécuteur testamentaire (Titre original et copie imprimée conforme).

Extrait des registres des convoys de l'Église paroissiale de Saint-Sulpice à Paris. — Le vingt-cinq may mil sept cent trente-huit a été fait le convoi et enterrement de très-haut et très-puissant seigneur messire Jean-François-René-Almaric de Brehan, comte de Mauron, seigneur de Saint-Bihy, Pordic et autres lieux, mort hier en son hôtel, rue de Verneuil, âgé de soixante-dix ans, et y ont assisté très-haut et très-puissant seigneur messire Hippolyte, marquis de Béthune, exécuteur testamentaire, et messire Claude-Hyacinthe de Brehan, conseiller au grand conseil, cousin germain du dit défunt, qui ont signé. *Pris sur copie collationnée à l'original.*

Sentence de la juridiction du Châtelet, en date du 21 février 1739, qui condamne le sieur Claude Robert, ancien prévost de la ville de Cezanne, lors tuteur de la duchesse d'Agénois (plus tard duchesse d'Aiguillon), à payer à dame Radegonde le Roy de la Boissière, veuve

de Jean-René-François-Almaric de Brehant, chevalier, comte de
Mauron et de Plélo, non commune en biens, selon leur contrat de
mariage, la somme de 40,000 liv. de dot par elle apportée au dit feu
son mari, etc.

Requête de la dame Radegonde le Roy de la Boissière au lieutenant
particulier, pour que, en raison de non peyement de cette somme
de 40,000 liv., on lui permette de faire saisir et arrêter sur la succession et héritiers du dit défunt comte de Mauron, dont la dite duchesse
d'Agénois est héritière principale et noble, tout ce qu'elle saura et
trouvera être dû et appartenir aux dits succession et héritiers.

Ordonnance du 18 octobre 1747 par laquelle il est fait droit à
cette requête.

Parcatis sur vue sentence du Châtelet de Paris, sur vue requête
présentée au sieur lieutenant particulier du dit Châtelet, et sur vue
commission du sieur Prévot de Paris, pour l'exécution des dits jugement et ordonnances. Par le roi en son conseil, 15 juin 1748.

1749. — *Extrait des registres mortuaires de l'Église royale et
paroissiale de Saint-Germain-l'Auxerrois à Paris.* — Le vendredi
sept mars mil sept cent quarante-neuf, dame Radegonde le Roy de
la Boissière, âgée de quarante-cinq ans, ou environ, veuve de défunt
messire Jean.-René-Almaric de Brehant, comte de Mauron, décédée
le mercredy cinq du présent mois à dix heures du soir, rue Saint-
Thomas-du-Louvre de cette paroisse, a été inhumée en cette église en
présence des seigneurs Jean-Almaric de Brehant, comte de Mauron,
et Bihy-Almaric de Brehant de Mauron, élève tonsuré du diocèse de
Saint-Brieuc, tous deux fils de la défunte, et de messire Jean-Gabriel
Lioult, prêtre-docteur en théologie de la Faculté de Paris, principal
des boursiers du collège d'Harcourt, ami de la défunte. Lesquels
ont signé avec nous. *Pris sur copie collationnée à l'original.*

PREUVES N° 14.

XIVᵉ DEGRÉ.

21 janvier 1735. — Dépouillement de l'inventaire fait après le décès
de Louis-Robert-Hippolyte de Brehant, comte de Plélo. *Papiers :*
dans cet inventaire est mentionnée, cote 1ʳᵉ, l'expédition du contrat
de mariage du de Plélo et de Louise-Françoise Phelippeaux de la Vrillière, passé devant Durand et son confrère, notaires, le 7 mai 1722.
Les principales dispositions y sont rappelées.

On lit, cote 76 du même inventaire : «Un brevet de 10,000 liv. de
» pension annuelle accordé par Sa Majesté aux enfans du dit seigneur,
» comte de Plélo. »

PRÉCIS HISTORIQUE ET GÉNÉALOGIQUE

Sur la maison de Moreton de Chabrillan.

La maison de Moreton de Chabrillan, l'une des plus anciennes et des plus illustres de l'ancienne chevalerie de Dauphiné, a aussi porté originairement le nom de Guigues; mais le nom de Moreton a fini par prévaloir seul pendant plusieurs siècles sur celui de Guigues.

Sa Généalogie établie en 1518 par Jean Jarsains ne fait remonter sa filiation qu'à Guillaume de Moreton, seigneur de la Palud, vivant en 1250; mais les titres des Adhémar, anciens souverains dans le bas Dauphiné, en Provence, en Languedoc, prouvent la grande existence de la maison de Moreton au xıᵉ siècle.

Elle porte : *d'azur à une tour crénelée de cinq pièces, sommée de trois donjons, chacun crénelé de trois pièces, le tout d'argent maçonné de sable; à la patte d'ours d'or, mouvant du quartier senestre de la pointe et touchant à la porte de la tour.* Raymond et Godefroy de Moreton revenant en Espagne sous les ordres de du Guesclin en 1366, sommés de rendre un fort qu'ils commandaient, firent cette fière réponse castillane qui est devenue la devise de leur maison : *Antès quebrar que doblar* (Plutôt rompre que ployer).

Sous les règnes de saint Louis, de Philippe le Hardi, de Philippe le Bel, la maison Guigues de Moreton occupait une position élevée en Dauphiné, et dans plusieurs provinces limitrophes. La terre de Chabrillan qui fut pendant 400 ans son principal domaine, et qu'elle possède encore, lui est venue par échange en 1450 du Dauphin (depuis Louis XI) auquel elle céda ses droits, sur la ville, château et territoire de Pierrelatte que ses ancêtres possédaient en majeure partie. Cette terre a été érigée en marquisat par lettres patentes de Louis XIV du mois d'octobre 1674.

Il y a eu comme un usage établi dans cette famille de vouer à chaque génération un ou plusieurs chevaliers à la défense de la religion. Les Annales de l'Ordre de Malte et les historiens attribuent à ces chevaliers beaucoup de faits honorables. La plupart sont parvenus aux premières dignités, et deux ont été portés comme candidats au magistère.

Elle a fourni beaucoup d'officiers généraux et d'officiers supérieurs distingués, un pair de France, des députés aux Assemblées législatives, un grand nombre de chevaliers de Saint-Louis et de la Légion-d'Honneur, un chevalier de l'Ordre du roi, deux commandeurs de Saint-Lazare. Elle a été admise aux honneurs de la Cour en 1787, et a rempli des postes élevés près du roi et des princes de sa famille; dans l'église, dans l'armée où elle a compté des lieutenants généraux, des maréchaux de camp, ainsi qu'un grand nombre de colonels.

Elle a contracté ses principales alliances avec les maisons de Montoison, d'Adhémar, de Pierrelatte, de Vesc, de Narbonne-Pelet, de Seytres de Caumont, du Puy-Montbrun, d'Urre, de Vichy, de Grolée-Viriville, d'Astuand de Murs, de Richelieu d'Aiguillon, de Caumont-la-Force, de Choiseul-Gouffier, de Belbeuf, de Masin, de Saint-Vallier, de la Tour-du-Pin, d'Agoult, de Croy.

Plusieurs régiments ont porté son nom. L'un deux fut entièrement détruit à la bataille d'Hochstett en 1704, et son colonel Bertrand-Joseph de Moreton, chevalier de Malte, y périt, ainsi que deux de ses frères, pareillement chevaliers de Malte, capitaines dans le même corps. Chacune de ses générations a glorieusement et largement versé son sang sur les champs de bataille de la monarchie et de l'Empire.

On compte parmi les membres de cette maison : Guigues de Moreton, qui fit partie de la croisade de Philippe-Auguste, ainsi que le constate un acte passé devant Saint-Jean d'Acre en 1191 ; Guillaume de Moreton, vivant en 1250 avec Meinette de Montoison, sa femme ; Hugues de Moreton, tué à la bataille de Varegen en 1325 ; Antoine de Moreton qui, en 1450, échangea la terre de Pierrelatte contre celle de Chabrillan ; Charles de Moreton, compagnon de Bayard, cité pour sa bravoure à la bataille de Cérisolles en 1544 ; François de Moreton, général des Galères de Malte, et bailli de Manosque en 1570 ; Sébastien de Moreton, capitaine des gardes de la Porte, gouverneur de Provins et de Château-Gaillard, chevalier de l'ordre du roi en 1581 ; Bertrand de Moreton, grand prieur de Saint-Gilles en 1652 ; Joseph de Moreton, lieutenant du roi, 1er marquis de Chabrillan en 1674 ; César-François de Moreton de Chabrillan, colonel du régiment de son nom à Fontenoy, maréchal de camp, admis aux honneurs de la Cour en 1767 ; Antoine - Apollinaire, grand'croix de l'ordre de Malte, bailli de Manosque, capitaine des gardes et premier écuyer de M. le prince de Conty en 1752 ; Joseph-Dominique, premier écuyer de Madame la comtesse d'Artois en 1773, commandeur de Saint-Lazare, maréchal de camp ; Hippolyte-César, premier écuyer de Madame la comtesse d'Artois, député de la Drôme, gentilhomme de la chambre du roi Charles X ; Pierre-Charles-Fortuné, colonel de la Légion de la Drôme en 1815 ; Jacques-Almar, lieutenant-général, capitaine des gardes de Monsieur, Commandeur de Saint-Lazare en 1779 ; Aimé-Jacques-Marie-Constant, officier d'ordonnance de l'Empereur en 1812, gentilhomme de la chambre du roi en 1826 ; Charles-Fortuné-Jules, officier supérieur de cavalerie en 1830 ; Alfred-Philibert-Victor, pair de France en 1824, 6e marquis de Chabrillan en 1835, et chef actuel de sa maison.

Membres de la famille de Moreton de Chabrillan qui descendent en 1867 de Joseph-Dominique, marquis de Chabrillan, et d'Innocente-Aglaé d'Aiguillon, fille de Louise-Félicité de Brehant, comtesse de Plélo, duchesse d'Aiguillon.

1° Alfred-Philibert-Victor-Guigues de Moreton, marquis de Chabrillan, épousa en 1823 Charlotte-Pauline de la Croix de Chevrières de Saint-Valier, dont :

A. Louis-Hyppolyte-René, comte de Chabrillan, marié à Marie-Joséphine de la Tour-du-Pin-Montauban de Soyans, veuve le 13 septembre 1866, dont :

1° Louise-Marie-Victoire, née le 13 mai 1855;

2° Paul-Jacques-Marie-René, né le 5 juillet 1856.

B. Paul-François, comte de Chabrillan, marié à Alix-Antoinette d'Agoult : sans enfants;

C. Louise-Françoise-Eulalie, mariée au comte Raymond d'Agoult : sans enfants.

2° Joséphine-Marie-Zoé de Chabrillan, veuve d'Antoine-Joseph, comte de Belbeuf, dont postérité;

3° Les enfants de Fortuné-Louise-Innocente-Malvina de Chabrillan, comtesse de Masin, décédée le 7 janvier 1866;

4° Aimée-Sophie-Léontine de Chabrillan, non mariée. Les trois dernières, sœurs du marquis de Chabrillan.

Petits-neveux du marquis de Chabrillan, fils de Charles-Fortuné Jules, comte de Chabrillan, et de Joséphine-Philis-Charlotte de la Tour-du-Pin de Gouvernet de la Charce :

1° Hippolyte-Camille-Fortuné Guigues de Moreton, comte de Chabrillan, marié à Anne-Françoise, princesse de Croy Dulmen;

2° Louis-Robert-Fortuné Guigues de Moreton, comte de Chabrillan, non marié.

PHELYPEAUX.

Branche des marquis, puis ducs de la Vrillière.

VIII. Balthazar Phelypeaux, marquis de Châteauneuf, secrétaire d'État, avait épousé par contrat du 20 décembre 1670 Marie-Marguerite de Fourcy, fille de Jean de Fourcy, seigneur de Chessy, conseiller au Grand Conseil, et de Marguerite de Fleuriau, dont, entre autres enfants :

IX. Louis Phelypeaux, II° du nom de sa branche, marquis de la Vrillière, de Châteauneuf, etc., secrétaire d'État. Il avait épousé le 1er septembre 1700, Françoise de Mailly, fille de Louis, comte de Mailly, et de Marie-Anne de Sainte-Hermine, dont :

1° Louis, qui suit;

2° Marie-Anne, morte à 16 ans;

3° Marie-Jeanne, née en mars 1704, et mariée le 19 mars 1718 à son cousin germain, Jean-Frédéric Phelypeaux, comte de Maurepas, mentionné au degré X° de la branche suivante;

4° Louise-Françoise Phelypeaux, mariée le 21 mai 1722 à Louis-Robert-Hippolyte de Brehant, comte de Plélo.

X. Louis Phelypeaux, III° du nom, né le 18 août 1705, comte de Saint-Florentin, secrétaire d'État, avait épousé le 10 mai 1724 Ernestine, née comtesse de Platen, dont il n'eut pas d'enfants. Connu sous le nom de comte de Saint-Florentin jusqu'en 1770, et créé duc cette même année. Il fut le dernier de sa branche.

BRANCHE DES COMTES DE PONTCHARTRAIN ET DE MAUREPAS.

IX. Jérôme Phelypeaux, comte de Pontchartrain et de Maurepas, secrétaire d'État, mort le 8 février 1747, avait épousé 1° Éléonore-Christine de la Rochefoucault de Roye dont il eut :

1° Frédéric, qui suit;

2° Paul-Jérôme Phelypeaux de Pontchartrain, né le 15 avril 1703, lieutenant général.

Il eut de sa seconde femme, Hélène-Rosalie-Angélique de l'Aubépine, qu'il épousa le 13 juillet 1713 :

1° Hélène-Angélique-Françoise, née en 1705, mariée le 18 décembre 1750 à Louis-Jules-Barbon-Mancini-Mazarini, duc de Nivernais;

2° Marie-Louise-Rosalie, née en juin 1714, mariée le 12 mai 1729 à Maximilien-Emmanuel de Watteville, marquis de Conflans.

X. Jean-Frédéric Phelypeaux, comte de Maurepas, né le 9 juillet 1701, décédé en 1781, premier ministre à l'avénement de Louis XVI au trône, avait épousé, le 19 mai 1718, sa cousine, Marie-Jeanne Phelypeaux, dont il n'eut pas d'enfants.

La descendance de Louise-Phelypeaux, comtesse de Plélo, représentée par sa fille, Louise-Félicité de Brehant, duchesse d'Aiguillon, et sa petite-fille, Innocente Aglaé d'Aiguillon, mariée à Joseph-Dominique Guigues de Moreton, marquis de Chabrillan, a recueilli toute la succession des Phelypeaux, à l'extinction de cette illustre famille.

EPITAPHE de Louis-Robert-Hippolyte de Brehan, comte de Plélo, telle qu'on peut la voir encore dans la chapelle du château de Saint-Bihi, par. de Plélo.

Virtuti sacrum et honori Lud. Robert. Hippolyti de Brehan, comitis de Plélo, qui fuit Johannis Alm. de Brehan, comitis de Mauron, filius. Ludovicæ Phelypeaux de la Vrillière amantissimæ uxoris conjux amantissimus. Militum equipeditum Tribunus pacatâ Europâ militiâ otiosâ cessit qui paci conservandæ operam daret. Legatus ad Fredericum Daniæ regem cum iniqua factio Moscovitarum sustentata viribus Stanislaï Poloniæ regis ancipitem faceret coronam solâ jussus virtute, non cessit quin generosissimæ et fidissimæ urbi regique periclitanti succurreret. Ex oratore dux factus milites ære proprio conduxit mare pervolavit certiorem mortem, dubiam victoriam prædiceret. Rerum necessitate et gallici nominis gloria citus hostes duplici aggere cinctos aggreditur, primoque superato dum in alterum irruit. Eheu ! Eheu ! variis telis perfossus morte sublatus est. Vir morum comitate simplex, bonarum artium cultu eruditus, animi indole philosophicus, fortitudine heros, hostibus ipsis desideratus. Occubuit An. vulg. M. DCCXXXIV Æt. XXXV.

Sparge lauris sepulcrum, viator, et benedic nomini Armorico. Hic quoque in mortui patris sinu recubant Frederici filii infantuli graciles artus sinu quo exórti erant. Quam post mortem reversi lauris adde rosas et lilia, viator !

(Archives de Chabrillan).

PREUVES N° 15.

XVᵉ DEGRÉ.

1ᵉʳ avril 1749. Sentence du Châtelet de Paris, portant homologation des lettres de bénéfice d'âge obtenues le 12 mars 1749 par messire Jean-Almaric de Brehant, comte de Mauron, âgé de 18 ans accomplis, et messire Bihy-Almaric de Brehant, vicomte de Mauron, âgé de 14 ans accomplis, fils de feu messire Jean-François-René-Almaric de Brehant, comte de Mauron et Plélo, baron de Pordic, et de dame Radegonde Le Roy de la Boissière, son épouse.

Figurent dans cet acte comme témoins : messire Claude-Hyacinthe de Brehant, conseiller au grand Conseil et son doyen, cousin paternel des dits mineurs ; messire René-François du Breil de Pontbriant, abbé de Saint-Marien d'Auxerre, cousin issu de germain paternel ; messire Guillaume-Marie du Breil de Pontbriant, prêtre, docteur en théologie, chantre de l'église cathédrale de Rennes et abbé de Lanvaux, aussi cousin issu de germain paternel ; messire Alain-Marie de Kergorlay, lieutenant aux gardes ; messire Jean-Gabriel Lioult, prêtre docteur en théologie de la Faculté de Paris, principal des boursiers du collége d'Harcourt, amis, tous en personne; Me Maubert, au nom de fondé de procuration annexée à la minute d'Armand du Plessis-Richelieu, duc d'Agenois, pair de France, etc., neveu paternel à cause de dame Louise-Félicité de Brehand-Plélo, son épouse, et messire Louis-Théodore Andrault, comte de Langeron, lieutenant-général des armées du roi, cousin issu de germain paternel.

Inventaire, en date du 15 avril 1745, des biens meubles après décès de dame Radegonde Le Roy de la Boissière, comtesse de Mauron, à la requête de messire Jean-Almaric de Brehan, chevalier, comte de Mauron, demeurant à Paris, au collége d'Harcourt, rue de la Harpe, fils de défunt haut et puissant seigneur messire Jean-René-François-Almaric de Brehan, chevalier, comte de Mauron et de Plélo, baron de Pordic, et de feue haute et puissante dame Radegonde Le Roy de la Boissière, son épouse, l'un et l'autre émancipés d'âge, suivant des lettres par eux obtenues en chancellerie le 12 mars dernier, signées par le Conseil, etc.... Gaucher et d'Aoust, notaires.

8 novembre 1750. Brevet de sous-lieutenant dans le régiment d'infanterie du roi, compagnie de Rostaing, en faveur de Jean-Almaric de Brehant, comte de Mauron. Louis, et plus bas, le Voyer d'Argenson.

Lettre de M. le Voyer d'Argenson, en date du 15 septembre 1755, au comte de Mauron (Jean-Almaric de Brehant), pour lui faire savoir que le roi l'a nommé capitaine dans le régiment des dragons de la reine.

Du 13 janvier 1756. Constitution d'une rente de 350 liv. au principal de 7,000 liv., par Pierre Salles, écuyer, à demoiselle Suzanne Hennequin, fille mineure, subrogée aux droits, actions, privilége, etc., de Jean-Almaric de Brehan, comte de Mauron. Lecointe, notaire.

Extrait du partage des biens dépendans de la succession noble de haut et puissant seigneur, messire Jean-René-François-Almaric de Brehan, chevalier, comte de Mauron. 8 août 1758. Me Lecointe, notaire.

..... Au moyen de quoi il revient de net aux dits seigneurs comte de Mauron et chevalier de Brehant, etc., etc. Toutes ces sommes montant ensemble à celle de 677,428 liv. 19 s. 9 d.

Pour fournir aux d. seigneurs comte de Mauron et chevalier de Brehant la dite somme de 677,428 liv. 19 s. 9 d., ils auront, et leur appartiendra à titre de partage, compte et liquidation, etc. :

1° La baronnie de Mauron, avec toutes ses dépendances et telle qu'elle est employée, soit dans la masse des présentes, soit dans le grand qui y est annexé, et ce pour 158,178 liv. 15 s.;

2° La terre du Pelen, avec toutes ses circonstances et dépendances, y compris même le domaine de Keruel, qui en fait une des principales; sçavoir : 10,000 liv. pour le domaine de Keruel, et 125,349 liv.

3 sols 9 deniers, à quoi monte l'estimation de ce qui est compris au dit grand du Pelen ;

3° L'hôtel de la rue de Verneuil, tel qu'il est employé dans la masse des présentes, pour la somme de 90,000 liv. ;

4° L'hôtel de la rue de l'Université, employé dans la masse des présentes pour la somme de 70,000 liv., sous la réserve que fait Mme, dame duchesse d'Aiguillon, des glaces qui lui appartiennent de son chef, et qu'elle entend faire apprécier ;

5° Enfin la somme de 211,143 liv. 15 s. 10 d., à quoi montent toutes les sommes qui ont été prises, retenues ou reçues, tant par feue la dite dame comtesse de Mauron, que par les dits seigneurs ses enfants, suivant l'état qui en a été dressé, etc.

N. B. Au nombre des pièces jointes au partage se trouve cet extrait des registres du Conseil d'État :

Sur la requête présentée au roi, étant en son Conseil, par Emmanuel Armand du Plessis-Richelieu, duc d'Aiguillon, pair de France, maréchal des camps et armées du roi, noble Génois, et Louis) de Brehant, son épouse, de lui autorisée, communs en biens par leur contrat de mariage, et Jean-Gabriel Lioult, prêtre docteur en théologie, curateur aux causes et actions, et tuteur aux actions immobilières de Jean-Almaric de Brehant, comte de Mauron, et de Bihi-Almaric, chevalier de Brehant, enfans mineurs du second lit de Jean-René-François-Almaric de Brehant, comte de Mauron, nommé aux dites qualités par sentence du Châtelet de Paris, etc.,

Le Roi étant en son Conseil, du consentement des parties qui demeurera annexé à la minute du présent arrêt, a évoqué et évoque à soi, et à son dit Conseil, le partage à faire entre les dites parties des successions du dit Jean-René-François-Almaric de Brehant, comte de Mauron, et de Maurille-Almaric de Brehant, son fils du second lit, et les constitutions et questions qui pourraient naître du dit partage, et le tout avec ses circonstances et dépendances. Sa Majesté a renvoyé et renvoye par devant les s^{rs} Gillet et Delpech, avocats au Parlement de Paris, pour être par eux jugé en dernier ressort, par un ou plusieurs jugements interlocutoires, ou définitifs, sans frais et sur les simples mémoires que les parties se communiqueront respectivement, etc.

Subdivision et partage (de la succession de Jean-René-François-Almaric de Brehant, comte de Mauron) entre MM. les comte et chevalier de Mauron, 30 janvier 1761. M° Horque de Cerville, notaire.

Nous, François d'Azemard de Panal, comte de la Serre, seigneur de la Motte-la-Brosse, lieutenant-général des armées du roi, inspecteur général, grand'croix de l'Ordre royal et militaire de Saint-Louis, et gouverneur de l'Hôtel royal des Invalides, etc.,

Certifions qu'en exécution des ordres dont le roi nous a honoré le vingt-sept avril mil sept cent soixante et un, nous avons conféré aujourd'hui huitième mai de la même année la croix de chevalier de l'Ordre militaire de Saint-Louis à Monsieur Jean-René-François-Almaric de Brehant, comte de Mauron, capitaine dans le régiment des dragons de la reine.

En foi de quoi nous lui avons délivré le présent, signé de notre main et cacheté de nos armes.

Fait à Paris, dans le dit Hôtel royal des Invalides, le huitième jour du mois de may mil sept cent soixante et un.

Signé : La Serre.

1763. — Acte de rentrée et reprise de possession par messire Jean-Almaric de Brehant, chevalier, comte de Mauron, ancien capitaine de dragons au régiment de la reine, et messire Bihy-Almaric, chevalier de Brehant, chambellan ordinaire de Sa Majesté le roi de Pologne, de deux maisons situées à Pantin et dépendances, faute du payement du prix d'icelles par le sieur Salles. Paris, 1763. Boutard, notaire.

———

Subdivision de partage entre messeigneur et dame duc et duchesse d'Aiguillon, et messeigneurs chevalier de Brehant et comte de Mauron, des biens de monseigneur duc de Coëslin, évèque de Metz. 23 avril 1764. M° Horque de Cerville, notaire.

———

Du 10 mai 1780. Sentence du Châtelet déclarant que messire Bihy-Almaric, comte de Brehant, est et demeure tuteur de demoiselle Marie-Jacques-Almaric de Brehant, sa fille mineure, à l'effet de régir et gouverner ses personne et biens, et que le sieur Louis-Antoine Bellanger est et demeurera subrogé-tuteur de ladite demoiselle, sa petite-fille. Collationnée. *Signé* : Moréau.

———

Du 11 mai 1780. Inventaire après décès de haute et puissante dame Marie-Louise Bellanger, comtesse de Brehan, à la requête de haut et puissant seigneur Bihy-Almaric, comte de Brehan, mestre de camp de dragons, chevalier de l'Ordre royal et militaire de Saint-Louis, son époux. Sauvage et Hemart, notaires.

———

20 mai 1780. Renonciation par messire Antoine-Louis Bellanger, chevalier, vicomte d'Hôtel, Essentis et autres lieux, châtelain de Vesly, quart comte de Soissons, conseiller d'État, comme tuteur *ad hoc* de haute et puissante demoiselle Marie-Jeanne-Almaric de Brehan, mineure, sa petite-fille, à la communauté de biens d'entre les seigneur et dame, comte et comtesse de Brehan, comme étant plus onéreuse que profitable à la dite demoiselle de Brehan. Guillaume et Hemart, notaires.

———

20 mai 1780. Garde noble conférée par sentence du Châtelet à

Bihy-Almaric, comte de Brehan, père de Marie-Jeanne-Almaric de Brehan, mineure. Duprez, greffier.

24 mai 1780. Sentence du Châtelet qui nomme messire Antoine-Louis Bellanger, tuteur *ad hoc* de Marie-Jeanne-Almaric de Brehan, sa petite-fille, et l'autorise à renoncer à la communauté de biens d'entre le comte et la comtesse de Brehan, et à liquider les reprises et créances de la comtesse de Brehan. Moreau, greffier.

27 mai 1780. Liquidation des reprises et créances de Mademoiselle de Brehan vis-à-vis du comte de Brehan, son père. Sauvage et Hemart, notaires.

13 juillet 1784. Convention à titre d'arrangement irrévocable de famille entre messire Antoine-Louis Bellanger, et Bihy-Almaric, comte de Brehan, de ce qui leur revient de la succession de Marie-Jeanne-Almaric de Brehan, leur petite-fille et fille. Boulard et Hemart, notaires.

Constitution d'une rente viagère de 3,000 liv. que la dame Hypolite-Radegonde Loz de Beaucours, veuve de René-Joseph de Begasson-Durox, s'oblige à payer à Bihy-Almaric de Brehan, ce acceptant, pour se libérer de la somme de 20,000 liv. restant due sur le prix de la vente des domaines de Saint-Nicolas-du-Pellen, le Keruel et dépendances, passée devant Gibert jeune, notaire, le 7 décembre 1785. Fait à Paris le 28 prairial an VIII de la République française. Petit, notaire public.

Une des lettres adressées à la marquise de Brehant par la reine de Prusse (Frédérique-Louise de Hesse-Darmstadt).

2 septembre 1795.

Je ne puis vous exprimer le plaisir que je viens d'avoir en recevant une lettre de votre part. Votre amitié et le vif souvenir des moments où nous nous vîmes à Berlin se retracent toujours avec joie à ma mémoire. Combien de changements depuis, combien d'êtres intéressants de moins dans ce vilain monde, et de quelle manière! Vous qui savez si bien sentir en souffrez avec moi; et quand verra-t-on la fin de tout ceci? Vous qui paraissez avoir de l'amitié pour ma famille, vous verrez deux de mes fils établis et mariés. J'attends le titre de grand'mère avec impatience, et d'ici à deux mois tout au plus je me flatte de l'être par mon fils aîné, et pour la seconde fois par mon fils Louis qui a une si jolie enfant. Ma pauvre fille d'Orange me fait une peine sensible par le malheureux accident qui lui ôte la satisfaction d'être mère de nouveau. Il n'est pas étonnant, après tant de revers, que sa constitution, naturellement délicate malgré sa taille, ait succombé en quelque manière. Je remercie Dieu de me l'avoir conservée. Adieu, mon aimable marquise.

Souvenez-vous quelquefois de celle qui vous aime, et sera toujours votre affectionnée amie,

FRÉDÉRIQUE.

J'attends avec bien de l'empressement l'estampe dont vous me parlez. Elle me sera fort précieuse, étant un don et une marque de souvenir de vous. Je vous en rends mille graces d'avance.

Lettre autographe du roi Louis XVIII à la marquise de Brehan.

A Grosfield, ce 4 octobre 1808.

Je ne sais en vérité, Madame, quelles excuses vous faire d'un si long silence. J'ai été vivement touché de votre aimable présent, de vos jolis vers et du sentiment qui les a dictés; mais, Madame, vous savez dans quelles circonstances je les ai reçus. J'étais dans l'attente du bien le plus précieux à mon cœur. Il est enfin arrivé; votre âme est trop sensible pour ne pas comprendre que j'aye pu longtemps oublier jusqu'à la reconnaissance. Je n'en suis pas moins confus, et je vous prie, Madame, en me pardonnant, de recevoir l'assurance de tous mes sentiments pour vous.

LOUIS.

Paris, le 7 avril 1818.

Madame la Marquise,

J'ai l'honneur de vous faire savoir que le Roi, connaissant votre dévouement à sa personne, et les malheurs que vous avez éprouvés, vient, malgré les circonstances affligeantes et difficiles où se trouve Sa Majesté, de vous accorder une pension annuelle de quinze cents francs que vous cumulerez avec celle dont vous jouissez déjà, etc., etc.

Le présent brevet annule celui qui vous a été délivré sous le n° 868, registre B, et qui devra être renvoyé au Ministère, ―

Recevez l'assurance des sentiments respectueux avec lesquels j'ai l'honneur d'être, Madame la Marquise, votre très-humble et très-obéissant serviteur.

Le Directeur général ayant le Portefeuille,

Signé : Comte de Pradels.

A Madame la marquise de Brehan (Anne-Flore Millet), née à Paris le 22 mai 1749.

MILLET

(D'une ancienne famille du Parlement de Paris).

Charles-Simon Millet, receveur général des finances du Bourbonnais avant la Révolution, épousa Anne-Gabrielle-Flore Ménage (décédée le 23 février 1813), fille de messire François-Joseph Ménage de Mondésir, conseiller secrétaire du roi honoraire en la grande Chancellerie de

France, seigneur de la Chapelle-Montaudier, etc. De ce mariage sont nés :

     1º Annne-Flore Millet, née le 22 mai 1749, morte le 27 avril 1826. Elle avait épousé en 1766 Jean-Almaric de Brehant (XV), comte de Mauron, marquis de Brehant, dont elle eut Amand-Louis-Fidel, marquis de Brehant ;

     2º Louise Millet, décédée en juin 1783. Elle eut de son mariage avec Eléonore-François-Elie, comte, puis marquis de Moustier, Clément-Edouard, marquis de Moustier, père du ministre actuel des affaires étrangères ;

     3º N*** Millet, qui épousa N*** Thouron de Bertinval, dont elle eut Charles-Marie Thouron de Bertinval, baron de Bressoles, auditeur au conseil d'État sous le premier Empire.

PREUVES Nº 16.

XVIᵉ DEGRÉ.

Extrait du registre des actes de naissance de la paroisse de Saint-Eustache pour l'année 1770.

Du lundi seize juillet mil sept cent soixante-dix, fut baptisé *Amand-Louis-Fidel*, né d'hier, fils de haut et puissant seigneur messire Jean-Almaric *de Brehan*, comté de Brehan, chevalier de l'ordre militaire de Saint-Louis, ancien capitaine de dragons, et de haute et puissante dame Anne-Gabrielle-Flore *Millet*, son épouse, demeurant rue Notre-Dame-des-Victoires. Le parrain, messire François-Joseph Ménage de Mondésir, écuyer, conseiller-secrétaire du roi honoraire en sa grande chancellerie de France, seigneur des terres et seigneuries de la Chapelle, etc., représenté par messire Charles-Simon Millet, receveur général des finances du Bourbonnais ; la marraine, très-haute et très-puissante dame Louise-Félicité de Brehan de Plélo, duchesse d'Aiguillon, épouse de très-haut et très-puissant seigneur, monseigneur Emmanuel-Armand du Plessis-Richelieu, duc d'Aiguillon, pair de France, comte d'Agenois et Condonnois et de Plélo, baron de Pordic, etc.

     Signé : BREHAN DE PLÉLO, duchesse D'AIGUILLON, MILLET, marquis DE BREHAN, BREHAN, MÉNAGE, MILLET et SECOUSSE.

Pour extrait conforme,

Paris, le 4 mars 1861,

     Pour le secrétaire-général empêché,

Le conseiller de Préfecture délégué :

(Signature illisible).

Extrait des minutes de la Secrétatrerie d'État.

Au palais de Strasbourg, le 5 vendémiaire, an xiv.

NAPOLÉON, Empereur des Français et Roi d'Italie,
Nous avons nommé et nommons pour remplir les fonctions ci-
après désignées, auprès de notre sœur, la princesse Pauline,
Madame de Brehan de Plélo, dame pour accompagner.

Signé : NAPOLÉON.
Par l'Empereur :
Le secrétaire d'Etat, *signé :* HUGUES B. MARET.

LETTRES PATENTES DU TITRE DE BARON

(SANS MAJORAT).

NAPOLÉON, par la grâce de Dieu, Empereur des Français, etc., à
tous présents et à venir, salut, etc.

Par l'article treize du premier statut du premier mars mil huit cent
huit, nous nous sommes réservé la faculté d'accorder des Titres que
nous jugerions convenables à ceux de nos sujets qui se seront distingués par les services rendus à l'Etat et à nous.

La connaissance que nous avons du zèle et de la fidélité que notre
cher et amé le sieur de Brehan a manifestés pour notre service, nous
a déterminé à faire usage en sa faveur de cette disposition. Dans
cette vue, nous avons par notre décret du trois décembre mil huit
cent neuf nommé notre cher et amé le sieur de Brehan, baron de
notre Empire. En conséquence et en vertu de ce décret, ledit sieur
de Brehan s'étant retiré par devant notre cousin le prince archi-
chancelier de l'Empire, à l'effet d'obtenir de notre Grâce les lettres
patentes qui lui seront nécessaires pour jouir de son Titre, nous
avons, par ces présentes signées de notre main, conféré et conférons
à notre cher et amé le sieur Louis-Amand-Fidel de Brehan, le Titre
de baron de notre Empire, ledit Titre transmissible à sa descendance
directe, légitime, naturelle ou adoptive, de mâle en mâle, par ordre
de primogéniture après qu'il se sera conformé aux dispositions contenues en l'article six de notre premier statut du premier mars mil huit
cent huit. Permettons audit sieur de Brehan de se dire et qualifier baron de notre Empire dans tous actes et contrats tant en jugements
que dehors ; voulons qu'il soit reconnu partout en ladite qualité,
qu'il jouisse des honneurs attachés à ce Titre après qu'il aura prêté le
serment prescrit en l'article trente-sept de notre second statut, devant celui ou ceux par nous délégués à cet effet, qu'il puisse porter

en tous lieux les Armoiries telles qu'elles sont figurées aux présentes. Écartelé au premier d'argent au lion de sable armé et lampassé de gueules (qui est de Crécy) ; au deuxième des barons pris parmi les propriétaires ; au troisième d'argent au comble de gueules ; au quatrième écartelé d'azur et d'or : sur le tout de gueules au léopard d'argent (qui est de Bréhan). Chargeons notre cousin le prince archi-chevalier de l'Empire de donner communication des présentes au Sénat et de les faire transcrire sur ses registres. Enjoignons à notre grand-juge, ministre de la Justice, d'en surveiller l'insertion au *Bulletin des lois* ; mandons à nos procureurs généraux près nos Cours d'appel, et à nos procureurs impériaux sur les lieux de faire publier et enregistrer les présentes à la Cour d'appel et au domicile du sieur de Bréhan, et partout où besoin sera. Car tel est notre bon plaisir, et afin que ce soit chose ferme et stable à toujours, notre cousin le prince archi-chancelier de l'Empire y a fait apposer par nos ordres notre grand sceau en présence du Conseil du Sceau des Titres.

Donné à Paris, le quatorze février de l'an de grâce mil huit cent dix.

NAPOLÉON.

Scellé le seize février mil huit cent dix.

Le prince archi-chancelier de l'Empire,
CAMBACÉRÈS.

Transcrit sur les registres du Sénat, le dix-sept février mil huit cent dix.

Enregistré au Conseil du Sceau des Titres R. P. M. 2. F° 52.

Le secrétaire-général,
DUDON.

Au palais impérial des Tuileries, le 12 janvier 1814.

NAPOLÉON, Empereur des Français, etc., etc.

Nous avons décrété et décrétons ce qui suit :

Est nommé le sieur, baron de Bréhan, capitaine de la .... compagnie du 1er bataillon de la 1re légion de la garde nationale de Paris.

Notre Ministre de l'Intérieur est chargé de l'exécution du présent décret.

Signé : NAPOLÉON.

Par l'Empereur, etc., etc.

Je certifie que le jour de l'entrée des armées coalisées, le 31 mars 1814, à dix heures du matin, j'ai vu *M. le marquis de Brehan* à la tête d'une compagnie de la garde nationale de Paris, devant la mairie du premier arrondissement, arborer la cocarde blanche, en faire reconnaître le Roi par tout son poste, dans un moment où cette marque de dévouement était une preuve de courage et de détermination digne de son rang et de son nom.

Signé : LE DUC DE ROHAN.

Paris, le 17 septembre 1814.

J'atteste les faits ci-dessus, de la plus grande exactitude et comme en ayant été témoin.

Signé : LE CORDIER,
Maire du 1er arrondissement.

Pour copie conforme à l'original qui m'a été présenté et que j'ai rendu,
A Rouen, le 28 août 1824,

L'intendant militaire de la 15e division,
Signé : PRÉVOST.

NOUS CHARLES-FERDINAND, DUC DE BERRY, fils de France, colonel général des chasseurs à cheval et lanciers, commandant en chef de l'armée royale en Belgique, etc.,

Certifions que *M. le marquis de Brehan* (Amand-Louis-Fidel), lieutenant-colonel, a suivi le Roi en Belgique, qu'il a fait partie du corps d'armée sous mon commandement et qu'il y a donné des preuves de fidélité, de zèle et de son dévouement pour le service de Sa Majesté.

En foi de quoi nous lui avons fait expédier le présent certificat, que nous avons revêtu de notre signature et auquel nous avons fait apposer le sceau de nos armes.

Fait au château des Tuileries, le 1er janvier 1816.

Signé : CHARLES-FERDINAND.
Par Son Altesse royale,
Le secrétaire général,
Signé : Col.-cher DE FONTANÈS.

Pour copie conforme à l'original qui m'a été présenté et que j'ai rendu,
A Rouen, le 28 août 1824,

L'intendant militaire de la 15e division,
Signé : PRÉVOST.

EMPIRE FRANÇAIS

PAR ORDRE DU MINISTRE SECRÉTAIRE D'ÉTAT DE LA GUERRE,

Le Conseiller-d'État, directeur, CERTIFIE *que des registres matricules et documents déposés aux archives de la Guerre a été extrait ce qui suit :*

NOM et SIGNALEMENT du militaire	DÉTAIL DES SERVICES		
MARQUIS **DE BREHAN** (Amand-Louis-Fidel) Fils de Jean-Almaric et d'Anne-Gabrielle-Flore Millet; Né le 15 juillet 1770 à Paris. —	Sous-lieutenant au régiment Royal-Lorraine (cavalerie), le.........	28 juillet	1785
	Garde surnuméraire du Corps du Roi à la compagnie de Luxembourg, le	3 octobre	1787
	A accompagné le comte de Moustier dans sa mission aux Etats-Unis, en		1787
	Rentré en France en............		1789
	Commissionné capitaine de cavalerie le......................	16 octobre	1790
	A suivi de nouveau le comte de Moustier dans son ambassade en Prusse; entré au service de cette puissance comme capitaine, en...........		1792
	Démissionnaire en.............	mars	1805
	Nommé major (lieutenant-colonel), le. (*Pour prendre rang du 26 fév. 1815.*)	15 novembre	1815
	Mis en non activité le..........	1er janvier	1816
	Employé près le maréchal de Bellune le..................	25 décembre	1816
	Compris comme lieutenant-colonel dans l'organisation du corps d'état-major, le..............	27 mai	1818
	Disponible le.................	1er janvier	1819
	Chef d'état-major de la 20ᵉ division militaire, le...............	30 août	1820
	Chargé du commandement militaire de la place de Rennes, le........	6 janvier	1821
	Chef d'état-major de la 15ᵉ division militaire, le...............	22 février	1823
	Colonel le..................	23 mai	1826
	Désigné pour être employé dans l'état-major des places, le...........	9 décembre	1826
	Lieutenant de Roi au Havre le.....	7 janvier	1827
	Décédé le..................	28 septembre	1828
	### DÉCORATIONS		
	Chevalier de la Légion d'honneur le	20 avril	1823
	Chevalier de Saint-Louis le.......	25 août	1814

Fait à Paris, le 6 juin 1866.

(Ici le timbre sec du Ministre de la Guerre).

Pour le Conseiller d'Etat, Directeur :
Le Sous-Directeur,
Signé : DE FORGES.

Du registre des actes de décès de la ville du Havre a été extrait ce qui suit :

Du lundi vingt-neuvième jour du mois de septembre, l'an mil huit cent vingt-huit, à cinq heures du soir : Acte de décès de M. Amand-Louis-Fidel, marquis *de Brehan*, colonel, lieutenant de roi de troisième classe, commandant la place du Havre, chevalier des ordres royaux de Saint-Louis et de la Légion d'honneur, âgé d'environ soixante ans, né à Paris, département de la Seine, et demeurant au Havre, au quartier militaire, fils de feu M. Jean-Almaric *de Brehan*, et de feue Anne-Gabrielle-Flore *Millet*, époux de dame Jeanne-Françoise de Chantal *de Crécy*, sur la déclaration à nous faite par Jean-Pierre Boissel, lieutenant et adjudant de place, âgé de cinquante ans, et par Guillaume Romain, Pierre Fauconnet, secrétaire de place, âgé de trente-cinq ans, tous deux amis du défunt, et demeurant au Havre.

Lesquels ont signé, après lecture faite, le présent acte fait double en leur présence, et constaté suivant la loi par nous Alexandre-Prosper Eyries, adjoint de M. le maire de la ville du Havre, remplissant les fonctions d'officier public de l'état civil.

Signé : BOISSEL, P. FAUCONNET et EYRIES.

Extrait de la Généalogie de la Maison de Crécy.

XIV. Guillaume de Crécy, seigneur de Chaumergy, Chavanne, etc., épousa, le 27 mai 1700, Henriette de Balay, fille d'Emmanuel Philibert, seigneur de Châteaurouillard, et de dame Anne-Catherine de Marnix, dont :

1° Pierre-Paul, qui suit ;
2° Gabrielle-Ursule de Crécy, mariée, le 13 mars 1732, à Jacques-Antoine de Rosières, chevalier, seigneur de Grachaux, fils de Jean-Simon de Rosières, marquis de Soran, mestre de camp, de cavalerie, et de dame Jeanne-Baptiste de Hénin-Liétard.

XV. Philippe-Paul, comte de Crécy, seigneur de Chaumergy, etc., né le 11 juillet 1702, chevalier de l'ordre de Saint-Georges, épousa, le 2 juin 1741, Victoire-Aimée de Mornay, fille de Henry de Mornay, chevalier, seigneur de Pon son, et de dame Elisabeth-Denise-Guillemette de la Fontaine-Solare, dont :

1° Ferdinand-Denis, qui suit ;
2° Etienne-Bonaventure de Crécy, né le 5 mai 1745, fut reçu le 11 juillet 1767 chevalier de Saint-Jean de Jérusalem. Les quartiers qu'il prouva, étaient Crécy et Laborey, Balay et Marnix, Mornay et du Quesnel, La Fontaine-Solare et Bail de

Lignières. La filiation de la maison de Crécy y est remontée jusqu'en 1370. Il mourut le 27 juin 1768 ;

3° Gaspard-Emmanuel de Crécy, seigneur de Fouvencourt, colonel au service d'Espagne, naquit le 20 septembre 1752. Mort sans postérité de son mariage avec Duval d'Essertenne, fille de Duval, seigneur d'Essertenne ;

4° et 5° Philippe-Grégoire-Hermand de Crécy, et Louis-Emmanuel de Crécy, morts jeunes ;

6° Henriette-Denise de Crécy, religieuse de la maison de Saint-Louis à Saint-Cyr ;

7° Emmanuelle-Henriette de Crécy, chanoinesse de Beaume-les-Dames, puis abbesse de Troarn, en Normandie, le 4 mars 1786 ;

8° Aimée-Pauline de Crécy, née le 14 novembre 1746, et chanoinesse de Poulangy en 1772 ;

9° Marie-Josèphe de Crécy, mariée le 27 juillet 1768 à Jean-François Bourée, chevalier, seigneur de Neuilly-l'Hôpital ;

10° Hermandine-Elisabeth de Crécy, fut reçue chanoinesse de Migette le 16 avril 1776, et épousa Pierre-Denis de Fergeol, marquis de Villiers, maréchal des camps et armées du Roi ;

11° Louise-Françoise-Victoire de Crécy, née le 24 décembre 1750, fut reçue chanoinesse de Migette le 14 février 1775 ;

12° Henriette-Ursule de Crécy, née le 27 novembre 1754, fut comme toutes ses sœurs, élève de la maison de Saint-Cyr.

XVI. Ferdinand-Dénis, comte de Crécy, etc. (V. la *Gén. de Bréhant*). Le comte de Crécy avait épousé, le 15 décembre 1777, Anne-Alexandrine du Bois de Bours, fille unique et héritière de Guillaume-Nicolas-François du Bois, chevalier, comte de Bours, seigneur de Gueschart, et de dame Anne-Elisabeth-Renée de Saint-Blimont. Peu de mois après son mariage, la comtesse de Crécy fut présentée au Roi et à la famille royale, le 5 avril 1778, par madame la marquise de Soran, femme de M. le marquis de Soran, cousin-germain de son mari. De ce mariage sont issus les enfants suivants :

1° Blimont-Ferdinand de Crécy, mort en bas âge ;

2° Louis-Théodore de Crécy, qui suit ;

3° Marc-Emmanuel de Crécy, chevalier de Malte de minorité, et mort en 1791 ;

4° Félix-Pierre-Denis-Hermand de Crécy, né le 2 octobre 1790, sortit à dix-huit ans de l'Ecole militaire, et fut envoyé en Espagne où il se distingua et reçut la croix pour une action d'éclat. Plus tard, prisonnier de guerre, et conduit sur les pontons anglais, en vue des côtes de France, il se noya malheureusement en tentant de s'évader ;

5° Alexandrine-Françoise de Crécy, née le 23 septembre 1778, fut reçue chanoinesse de Remiremont, le 26 août 1786. Ses preuves de noblesse, jurées par MM. les comtes de Soran, de Brye et de Montjoye, furent acceptées comme valables. La plupart des quartiers avaient été jurés à Remiremont; celui de Crécy, juré plusieurs fois, remontait par titres originaux jusqu'en 1246 ;

6° Ferdinande-Emmanuelle-Renée de Crécy, née le 22 septembre 1779 ;

7° Jeanne-Françoise-Chantal de Crécy, née le 15 juin 1786, et mariée le 13 brumaire, an XIII, à Amand-Louis-Fidel, marquis de Bréhant ;

8° Louise-Victoire de Crécy, née le 25 juin 1787.

XVII. Louis-Théodore, comte de Crécy, baron de Rye, né le 11 juillet 1783, servit en 1802 dans le 3e régiment de hussards, sous-lieutant en 1806 ; lieutenant en 1811, capitaine le 16 mai 1813, il fit les campagnes des ans XII, XIII, les deux de l'an XIV, celles de 1806, 1807, 1808, 1809, 1810, 1811, 1812, 1813 et 1815. Il y reçut dix blessures. Il mourut le 28 mai 1825. Le comte de Crécy avait épousé Gabrielle-Félicité-Gasparine de Jouffroy-Gonssans, dont :

1° Raoul, qui suit ;

2° Gaston de Crécy, mort célibataire le 2 juillet 1848 ;

3° Philippe, mort en bas âge ;

4° Octavie de Crécy, morte jeune ;

5° Aimée de Crécy, morte au mois d'avril 1843.

XVIII. Raoul, comte de Crécy, baron de Rye, chef actuel de sa maison, entra à l'École de Saint-Cyr et obtint ses premiers grades au choix. Mais à la mort de sa mère, il donna sa démission : il a épousé le 12 septembre 1849 Marie-Jeanne-Françoise de Courtivron, dont sont nés : Jean de Crécy et quatre filles.

DU BOIS,

SEIGNEURS DE BELHOTEL ET DE LA FRESNAYE.

Charles du Bois, chevalier, Sgr de Belhotel et de la Fresnaye, fils de François, marié en 1613 à Madeleine de Biars, épousa en 1633 Marie de Montmorency-Bours, fille de Benjamin de Montmorency-Bours, chevalier, baron d'Esquenoust, chevalier des Ordres du Roi, et de Madeleine le Prevost de Neuville, dont :

Messire François du Bois, chevalier, Sgr de Belhotel, marié en 1670 à Élisabeth de Viel, dont :

Messire César-Alexandre du Bois, Sgr de Belhotel, chevalier, marié à Anne-Julienne de Robillard, dont :

Messire-Guillaume-François-Nicolas du Bois de Belhotel, chevalier, comte de Bours, vicomte de Villeroy, Ser de Gueschart et de Belhotel, marié en 1765 à Anne-Élisabeth-Renée de Saint-Blimont, dont :

Demoiselle Anne-Alexandrine du Bois de Belhotel, comtesse de Bours, vicomtesse de Villeroy, dame de Gueschart et de Belhotel, héritière de sa maison, mariée par contrat du 15 décembre 1777 à messire Ferdinand-Denis, comte de Crécy, ser de Chaumergy, etc., dont, entre autres enfants :

Jeanne-Françoise Chantal de Crécy, mariée en 1804 à Amand-Louis-Fidel, marquis de Brehant, baron de l'Empire, dont, entre autres enfants :

Napoléon-Charles-Bihi, marquis de Brehant, baron de l'Empire, né le 15 août 1805, marié le 1er août 1840 à Harriet Peacock. (V. *Crécy*, Musée des Croisades, par Amédée Boudin.)

Les du Bois, seigneur de Bours, de Belhotel, de Gueschart, etc., appartenaient à une famille chevaleresque de Normandie, et illustre par son ancienneté, ses alliances et ses services. Geoffroy du Bois (du Bouays) était au combat des *Trente*.

> « Grand soif oust le baron : à boire demanda.
> » Messire Geoffroy du Bouays tantost respondu a :
> » Bois ton sang, Beaumanoir, la soif te passera. »

Dans les Preuves pour le chapitre de Remiremont, faites par Alexandrine-Françoise-Victoire de Crécy, les du Bois sont remontés jusqu'en 1340.

PONT DE RENNEPONT.

Cette maison, une des plus anciennes de la province de Champagne, y possède depuis plus de 400 ans la terre de Rennepont, qui relevait de la Ferté sur-Aube.

X. Claude-Alexandre, marquis de Rennepont, d'abord chevalier de Malte, maréchal de camp, épousa par contrat du 7 février 1711 Anne-Dorothée de Bettainville, dont :

1º Claude-Alexandre, qui suit ;
2º Marie-Gabrielle de Pont, née le 19 novembre 1741, chanoinesse de Poulangy ;
3º Magdelène, née le 21 septembre 1713, morte le 17 décembre 1753. Elle avait épousé le 20 février 1732 Nicolas-François, comte de Rennel et du Saint-Empire, ministre d'État en Lorraine ;
4º Jeanne-Henriette, née le 30 septembre 1717, mariée à N***, comte de Jouffroy ;
5º Anne-Dorothée, morte le 10 janvier 1744, veuve du 4 août 1743 de Claude-Marie, comte de Scoraille, seigneur de

la Faye, capitaine au régiment de Sassenaye-Cavalerie, qu'elle avait épousé le 23 juin 1738;

    6° Marie-Anne, née le 2 décembre 1723, et mariée le 14 mai 1746 à Claude-François-Alexandre-André des Forges, comte de Caullières.

XI. Claude-Alexandre de Pont, marquis de Rennepont, né le 2 janvier 1721, épousa le 20 août 1742 Marie-Louise Chrestienne de Saint-Blimont, sœur d'Anne-Élisabeth-Renée de Saint-Blimont, mariée à Guillaume-François-Nicolas du Bois de Belhotel, comte de Bours, aïeul de Jeanne-Françoise Chantal de Crécy, marquise de Brehant. Du mariage de Claude-François-Alexandre de Pont avec Marie-Louise-Chrestienne de Saint-Blimont est né, le 20 août 1751 :

XII. Alexandre-Bernard-Élisabeth, comte de Pont, marquis de Rennepont, marié le 9 mars 1775 à N*** de Chestret, et père du marquis actuel de Rennepont.

SAINT-BLIMONT.

    La terre et seigneurie de Saint-Blimont, en Ponthieu, qui a donné son nom à une maison d'ancienne chevalerie (*d'or au sautoir dentelé de sable*), fut érigée en marquisat par lettres du mois d'avril 1682, enregistrées le 8 du mois suivant, en faveur d'André de Saint-Blimont, baron d'Oidre, première baronnie du Boulonnois.

    Claude de Saint-Blimont, chevalier, marquis de Saint-Blimont, seigneur de Panlé, décédé le 10 mars 1743, épousa Jacqueline-Louise-Charlotte de Monceaux d'Auxy, morte le 1er janvier 1739, dont il eut :

    1° François de Saint-Blimont, marquis de St-Blimont, qui suit;
    2° Marie-Louise-Chrestienne, mariée le 21 août 1741 à Claude-Alexandre de Pont, marquis de Rennepont;
    3° Anne-Élisabeth-Renée, qui épousa Guillaume du Bois, sgr de Belhotel, etc., père d'Anne-Alexandrine du Bois de Bours, mère de la marquise de Brehant.

    François de Saint-Blimont, marquis de Saint-Blimont, fut le père de Marie-Louise-Agnèse de Saint-Blimont, marquise du dit lieu, dernière héritière de sa maison, décédée le 24 janvier 1852. Elle avait épousé François-Désiré-Marc-Ghislain, vicomte et prince de Berghes, maréchal de camp, décédé le 14 juin 1802, père de Charles-Alphonse-Désiré-Eugène, vicomte et prince de Berghes, duc et pair de France.

    L'on peut consulter sur l'illustre maison de Berghes-Saint-Winock l'*Almanach de Gotha* à dater de 1856.

PREUVES N° 17.

XVII° DEGRÉ.

L'acte de naissance du marquis de Brehan (XVII) ne porte qu'un seul prénom, celui de *Napoléon*, tandis que l'extrait de son acte de baptême lui en donne deux autres : *Charles-Bihi.* L'on peut voir aussi par cet acte que le marquis de Brehan n'a été baptisé régulièrement que cinq ans après sa naissance.

« L'an mil huit cent, dix-neuf août, a été baptisé par nous, prêtre » soussigné, Napoléon-Charles-Bihi, né le quinze août 1805, fils de » M. Amand-Louis-Fidel de Brehan, baron de l'Empire, et de dame » Jeanne–Françoise de Chantal de Crécy, son épouse, demeurant rue » d'Anjou Saint-Honoré, n° 20. Le parrain a été S. A. S. monsei- » gneur Charles-Maurice, prince de Bénévent, etc.; la marraine a été » S. A. I. la princesse Élisa, grande-duchesse de Toscane, etc., les- » quels ont signé avec nous. COSTAR, curé, etc. »

MINISTÈRE DE L'INTÉRIEUR.

ARRÊTÉ.

Nous, ministre secrétaire d'État au département de l'intérieur, Sur la proposition de M. le sous-secrétaire d'État,
Arrêtons ce qui suit :

M. le marquis de Brehan, sous-préfet de l'arrondissement de Lou-déac, est nommé inspecteur général adjoint des prisons du royaume.
Paris, le 1er avril 1844.

Signé : DUCHATEL.
Pour ampliation :
Le sous-secrétaire d'État,

A. PASSY.

DU RIEU DE MARSAGUET.

Cette famille fort ancienne et originaire de Périgueux, dont la filia-tion remonte à Pierre du Rieu, Sgr des Rives, a été anoblie par Louis XIV au mois de juin 1653, en considération des nombreux ser-vices militaires de ce dernier et de son père.

Joseph-Charles du Rieu de Marsaguet, né en 1780, chevalier des ordres militaires de Saint-Louis et de la Légion-d'Honneur, capitaine aux chasseurs de la garde royale, et démissionnaire en 1830 par refus de serment, est entré très-jeune au service et a fait toutes les campagnes du premier Empire. Il épousa, le 12 juillet 1834, Mary-Anne Peacock, fille d'Anthony-Taylor Peacock, esqre, et de Mary Willson, et sœur de Mme de Brehant. Sont nés de ce mariage :

1° Alfred du Rieu de Marsaguet, né le 4 août 1838, sous-lieutenant au 1er régiment des chasseurs d'Afrique. Il a pris part à l'expédition du Mexique ;

2° Caroline, née le 3 février 1836, décédée le 15 septembre 1863. Elle avait épousé, en 1856, Charles Hoarau de la Source, membre du Conseil général de la Dordogne, maire de Rouquette, dont elle eut : 1° Louis, né en 1859 ; 2° Angelle, née en 1857 ;

3° Blanche, née le 21 mai 1841, mariée, le 10 février 1866, à son beau-frère Charles Hoarau de la Source. Est née de ce mariage, le 6 janvier 1867, Servanne Hoarau de la Source.

Il est à peu près certain que les Hoarau de la Source établis à l'île Bourbon sont une branche cadette de la famille noble Hoarau de Courcy, originaire de Normandie ; branche issue d'un fils puîné qui, comme beaucoup de cadets de bonne maison, alla tenter fortune aux colonies au XVIIe siècle. — Un document généalogique original de vieille date établit le fait de l'émigration à l'île Bourbon d'un membre de cette famille.

PREUVES N° 18. — (A.) BRANCHE DE BREHANT-GLÉCOET. D'ESTIMBRIEUC.

Philippe d'Estimbrieuc, seigneur de Valeine, eut pour enfants :

1° Raoullet d'Estimbrieuc, tué à la bataille de Saint-Aubin ;

2° Simon d'Estimbrieuc, seigneur de Valeine et de Passey, employé dans la Réf. de 1513, et qui épousa Jacquette de Brehant, fille d'Alain de Brehant, Ser de Glécoët, et d'Aliette de Coëtuhan, dont :

a. Abel d'Estimbrieuc, mort sans alliance ;

b. Olivier d'Estimbrieuc, Ser de Passay, marié à N*** de Carderan.

DE LARLAN.

Jean de Larlan, seigneur de Kerbourc'his, épousa Aliette de Brehant, fille d'Alain de Brehant, seigneur de Glécoët, et d'Aliette de Coëtuhan, dont :

1° Jean de Larlan, qui épousa, en 1478, Marie Roland, fille de Guillaume, et de Marguerite Duval ;

2° Guillaume de Larlan, qui vivait en 1498, et épousa Alcénor de la Haye.

Réformation de 1535. — « Par. de Brehand-Loudéac : la maison » et métairie noble de Marec, appartenant à Gilles de Brehand et à » Isabeau de Marec, sa femme. »

DU QUENGO.

Selon la Chesnaye-des-Bois, t. 11, page 661, Jean du Quengo (VI) épousa Françoise de Linières, fille de François, chevalier, seigneur de la Motte-Rouge, et de Jeanne du Belley ; et à la suite de l'article qui le concerne, on lit ce qui suit :

« Dans une enquête du 30 avril 1564, composée de plusieurs té-
» moins, faite par le présidial de Vannes, à la réquisition d'André de
» Brehant (René, *suivant l'assignation de douaire faite à Adelice*
» *de Brehant, veuve de Tristan de Rohan, seigneur de Poulduc*),
» seigneur de Glécoët, on trouve que François de Brehant, fils aîné
» d'Alain, avait épousé Isabeau du Quengo, dont il eut Jean, père
» dudit André. Ce François de Brehant mourut en 1519. Le premier
» témoin dépose avoir connu plusieurs filles de la maison de Brehant,
» dont une avait été mariée dans la maison du Quengo, l'autre dans
» celle de Poulduc, et la troisième dans celle du Vau. »

Il n'est nullement question dans l'*Assignation de douaire* qu'on vient de citer, d'un Jean de Brehant, père d'André (René) de Brehant, qui s'y trouve mentionné comme fils aîné de défunt François de Brehant.

Transaction passée au manoir de Poulduc, le 15 septembre 1561, par laquelle Jehan de Rohan, seigneur de Poulduc, de Kerneuzen et du Grand-Haulier, cède et transporte la seigneurie de Poulduc à madame Adelice de Brehant, sa mère, tant pour ses deniers dotaux que pour son douaire, à la charge de ne rien vendre, aliéner ou démolir (Archives de Poulduc, *D. Morice*, t. III, col. 1391).

Cet article des *Preuves* de D. Morice n'est qu'un résumé de l'acte, tel qu'on le trouve en son entier dans le *Portefeuille des Blancs-Manteaux*, t. III, 92, f° 159-161, sous le titre de : « Assignation de
» douaire faicte à Adelice de Brehant, veuve de Tristan de Rohan,
» Sr de Poulduc. Jan de Rohan, fils aîné héritier principal de Tristan
» de Rohan et d'Adelice de Brehant, » et dont voici les principales dispositions :

« Par notre cour de Porhoët, etc., y figurent nobles gents, Adelice
» de Brehant, dame de Poulduc, veuve de feu Tristan de Rohan, sei-
» gneur en son temps de Poulduc, de Kerneuzen, et du Grand-Hau-
» lier, d'une part, et noble homme Jehan de Rohan, fils aîné héritier
» principal et noble du dit feu Tristan de Rohan, et de la dite de Bre-
» hant, lesquelles parties sont connoissantes et confessantes l'ajour-
» nement et libellé intimé audit de Rohan.

» Adelice de Brehant déclare que son mary est mort laissant six
» cents livres de rente tant de la pièce de Poulduc que de la seigneu-
» rie du Grand-Haulier.

» Jan de Rohan demande qu'on lui fasse une assiette de 400 livres
» de rente provenant de la succession de François de Brehant, sei-

» gneur de Glécoët et de Coëtuhan, et de la damoiselle Isabeau du
» Quengo, père et mère de la dite Adelice de Brehant. Le droit à cette
» succession fut vendu par Tristan de Rohan et transporté à René
» de Brehant, fils ainé de défunt François de Brehant, et frère ainé
» de la dite Adelice de Brehant, etc.

» En conséquence des dits considérants, la dite de Brehant accepte
» pour elle et ses hoirs la maison, manoir et metayrie de Poulduc,
» moulins, étangs, etc.

» Ce fait et agrée en la maison et manoir de Poulduc, en la salle
» basse du dit lieu, le quinzième jour de septembre l'an mil cinq
» cent soixante et un, et parce que la dite de Brehant a dit ne savoir
» signer, a signé à la requeste Jehan de Rohan, etc. »

Autre « transaction en forme de partage passée à la cour de Porhoët,
» le 27 janvier 1578, par laquelle Louis de Rohan, seigneur de Poul-
» duc, s'oblige à payer à Françoise de Rohan, sa sœur, la somme de
» 600 livres monnoyé tant pour ce qui lui compète et appartient en
» la succession de Tristan de Rohan, leur père, que dans celles de
» Jean et Ives de Rohan, tous enfants de Tristan de Rohan, mort en
» 1557, et d'Adelice de Brehant, qui vivait encore la présente année
» 1578. » (Archives de Poulduc, *D. Morice*, t. III, col. 1441).

BRANCHE DE ROHAN-POULDUC

Issue d'Eon de Rohan, fils d'Alain de Rohan, vicomte de Rohan,
VIª du nom, et de Thomasse de la Roche-Bernard.

VI. Jean de Rohan, Sᵉʳ de Trégalet, épousa :
1º Guillemette Malor, dame de Marzein ; 2º François Laurens,
dont il eut :
    1º Tristan, qui suit ;
    2º Gilette de Rohan, dame de Marzein, mariée à Maré, Sᵉʳ de
     Carné.

VII. Tristan de Rohan, Sᵉʳ de Poulduc, de Henleix, etc., épousa
Adélice de Brehant, fille de François, Sᵉʳ de Glécoët et de Coëtuhan,
et d'Isabeau du Quengo, dont :

VIII. Louis de Rohan, Sᵉʳ de Poulduc, marié en décembre 1577 à
Michelle de l'Hôpital de la Rouandais.

Vente de la terre de Marec.

7 septembre 1579. — Le septième jour de septembre l'an mil cinq
cent soixante-dix-neuf, sachent tous présents et à venir que par devant nous notaires jurés ou reçus ès cours et juridictions de la Chèze,
du Gué de l'Isle et de la Rivière, et par l'une et chacune d'icelles et
esquelles parties ci-après nommées, etc., s'est comparu et représenté
en sa personne noble homme Louis de Brehant, seigneur de Marec,
demeurant au lieu et manoir de Marec, en la paroisse de Brehant-Loudéac, lequel en ce jour en notre pièce pour lui et ses hoirs succes-

seurs, a vendu, cédé, quitté, et pour l'avenir transporté héritelle-
ment avec la condition de racquit ci-après rapporté, à noble homme
Bertrand de Brehant, seigneur de Glécoët et de Coëtuhan, faisant sa
résidence au lieu et maison de Coëtuhan, en la dite paroisse de Brehant-Loudéac, présent et acceptant pour lui et ses hoirs successeurs,
savoir est : le lieu, manoir, maison et métairie de Marec avec toutes
et chacunes ses appartenances et dépendances, etc. La vente et
transport entre les dites parties, etc., pour le prix, somme et nombre
de trois cent trente écus et tiers d'écu... réduits ensemble à la somme
de mille livres tournois, quelle somme le dit sieur de Glécoët a présentement et devant nous, au découvert, payée, baillée, comptée et
nombrée au dit vendeur en espèces de quarts d'écus et demi-quarts
d'écus d'argent jusques la concurrence d'icelle somme, etc. Le présent contrat fait en présence et du consentement de damoiselle Françoise le Veneur, femme compagne et épouse du dit Louys de Brehant, etc., et même en présence et du consentement de damoiselle
Dorable le Douarain, mère du dit Louys de Brehaut, etc. Gré et consenti au bourg de Brehant-Loudéac en la demeurance d'Allain Rouil-
lart sous le signe du dit acquéreur et du dit vendeur, et parce que
la dite le Douarain et la dite le Veneur nous ont dit et vérifié par ser
ment ne savoir, lire, écrire, ne signer, et ont prié et requis André
Cadoret présent de signer à leur requête les dits jour et an que devant, etc.

Le présent délivré à damoiselle Jeanne de Brehant, dame de Glécoët et de Coëtuhan. Signé : J. Huguet.

*(Extrait d'une copie collationnée délivrée par J. Lamare,
archiviste du département des Côtes-du-Nord.)*

Partage de la succession de Jeanne de Brehant, dame de Glécoët.

13 décembre 1658. — Après que partage jugé aurait été en la succession de défunte Jeanne de Brehand, dame de Glécoët et de Coëtuhan,
en la juridiction de Gaël, entre dame Marguerite de Bois-Jagu, héritière principale et noble de la dite défunte dame de Glécoët et de
Coëtuhan, et autres ses consorts en la dite succession, prisage et estimation faits d'icelle d'autorité de la dite cour par priseurs et arpenteurs
à cette fin convenus par les dits parties et héritiers, et désignation
ensuite faite par la dite du Bois-Jagu à ses dits cadets et héritiers en
icelle succession le 19e jour de juin dernier en icelle juridiction de
Gaël, et icelle désignation subdivisée entre messire Jean des Grées,
seigneur de Lesnée, comme représentant dame Marie Avril, sa mère,
et messire René du Coscat, seigneur du dit lieu, etc., comme ayant les
droits de dames Gillette, Françoise, Guillemette, et Grégoire les Avril
aussi cadets et consorts en la dite succession, a été icelui tiers et désignation mis en cinq lottyes, etc.

De tout quoi avons rapporté le présent acte, à valoir et servir au dit
seigneur du Coscat, le requérant, comme appartiendra, qui a promis

, et juré le tenir. A quoi faire, nous notaires, l'y y avons condamné de son consentement. Fait, grée et consenti au manoir noble de Timadeuc, en la paroisse de Brehand-Loudéac, sous le signe du dit seigneur du Coscat et les nôtres, ce jour treizième de décembre mil six cent cinquante et huit, avant midi, signé en la minute René du Coscat, Jacques Gambert, notaire, et Pintrel, notaire.

Pour collation : l'Archiviste du département des Côtes-du-Nord, J. Lamare.

Assignation pour la tutelle des enfants de Louis de Brehand et de Françoise le Veneur.

23 et 24 avril 1601. — Soussigné sergent général des cours du Bois de la Roche, et du Bois-Jagu et Glécoët, rapporte à requête et instance de M. le procureur fiscal de la dite cour de Glécoët demandeur ajourné par ladite cour de Glécoët aux généraux plaids d'icelle qui sont assignés tenir au mardi huitième jour de mai prochain venant vers, et au bourg de Brehant-Loudéac, environ les neuf heures du matin au lieu accoutumé à exercer justice par devant M. le sénéchal d'icelle, nobles gents Jan de Brehant, sieur de la Touche, écuyer Mathurin le Veneur, sieur de Cariollet, Bertrand de Brehand, sieur de Marec, et chacun défendeur, comparoir en la dite cour de Glécoët quant et afin de soi voir interrogé de dire et déclarer leurs records de vérité séparément les uns après les autres, savoir lequel d'eux serait le plus proche et profitable capable d'avoir la charge et garde des personnes et biens de Jacques et Françoise de Brehant, enfants mineurs de défunts nobles gents Louys de Brehant et Francoyse le Veneur, leur père et mère, vivant sieur et dame de Marec, et en prendre la charge et l'administration pour l'avenir, leur intimant que s'ils font défaut de comparoir au dit terme, qu'ils seront exécutés ô commination chacun d'eux en leurs biens en la somme de six écus, et outre ils seront contraints par détention de leurs personnes jusques avoir obéi à droit ; fait savoir aux dits défendeurs en parlant au dit Jan de Brehant étant en sa demeurance qui est située en la ville de Rohan, et au dit sieur de Carriolet étant trouvé au bourg de Plessala, et pour le regard du dit Bertrand de Brehand en parlant à damoiselle Raoulette du Sel sa compagne, étant au lieu maison de Marec en la dite paroisse du dit Brehant, et chacun d'eux j'ai baillé et délivré par copie un autant de ce que dessus que du présent mon exploit, et je fais commandement à la dite du Sel de avertir son dit mari et lui faire tenir cet exploit, ce qu'elle m'a promis de faire. Le présent fait en présence de Guillaume Roullart et Jullien Roullart et autres, mes recors de Brehant, lesquels ne savent signer, le vingt et trois et quatrième jour d'avril mil six cent et un avant et après-midi des dits jours et an de ce.

Pour collation : l'archiviste du département des Côtes-du-Nord, J. Lamare.

PINCZON DU SEL ET DES MONTS.

Olivier Pinczon, seigneur du Sel, des Monts et de la Gaillardière, fils de Pierre, et d'Andrée de Lessart, épousa Charlotte Ferron, dame de la Fontaine, dont :

1º Rolland Pinczon, seigneur des Monts et de la Gaillardière, marié à Françoise de la Touche;

2º Briand Pinczon;

3º Julien Pinczon, seigneur du Rocher;

4º Raoulette Pinczon du Sel, dame du Bois Bossard, qui épousa : 1º le 27 janvier 1586, Abel de Gréal, seigneur de la Roche-Fleuret; 2º Bertrand de Brehant, seigneur de Coëtuhan et de Marce, fils d'Alain, et de Dorable le Douarain, dont elle eut :

Guillemette de Brehant, mariée à René Guéheneuc, seigneur de la Porte.

5º Jeanne Pinczon. Elle épousa Pierre de Préauté, écuyer.

DESGRÉES.

X. Jean Desgrées, IIIe du nom, chevalier, seigneur du dit lieu, de la Vallée, de la Galiotais, de la Noë, de Lesnée et de la Griponnière. Ayant perdu son père fort jeune, il resta sous la tutelle de Mathurin de Rosmadec, seigneur de Saint-Juan, baron de Guerre, suivant une sentence de la juridiction de Becherel, du 11 septembre 1628. Il épousa Marie Avril, dame du Lou, sœur cadette de Gillette Avril, femme de Jean du Coscat, seigneur de Timadeuc, de Harlay et de la Touche, sans enfants, et fille de Pierre Avril, IIe du nom, chevalier, seigneur du Lou, et de Jeanne de Brehant, fille aînée de Bertrand, seigneur de Glécoët et de Coëtuhan, et de Marguerite de Coëtlogon. Jean Desgrées mourut en 1635, et laissa de son mariage avec la dite Marie, que sa sœur partagea le 21 juillet 1639, et qui se remaria en secondes noces au sieur du Breil :

XI. Jean Desgrées, IVe du nom, seigneur du dit lieu et du Lou, par la démission que lui fit de tous ses biens Gilette Avril, douairière de Timadeuc, sa tante maternelle, par acte passé devant Chouët, notaire de Gaël, le 1er mars 1656, et connu sous le nom de comté Desgrées, se maria par contrat passé devant Chesnel, notaire royal à Rennes, le 8 mai 1659, avec Anne Judes du Buchet, fille de Judes du Buchet, seigneur du Buchet et de la Herbinais, écuyer, et mourut en juillet 1665.

(La Chesnaye des Bois, t. 5, page 563).

On lit ce qui suit dans un article sur la paroisse de Noyal Muzillac publié par l'abbé Piederrière dans la livraison de la *Revue de Bretagne et de Vendée* du 15 avril 1867 :

« De 1622 à 1634, dame Isabeau de Brehant, femme et compagne

» de François de Noyal, seigneur du Closne, tient un certain nombre
» d'enfants sur les fonts de baptême. Parfois elle signe seulement
» *dame du Closne*. En 1648 Adrien de Noyal, fils de François et de
» dame du Quengo, est baptisé, François de Noyal est donc remarié.
» L'acte est signé entre autres par Suzanne de Brehant. Sébastien de
» Noyal, chevalier, seigneur du Closne, est le dernier de ce nom qui
» soit mentionné sur les registres, en 1671. »

PREUVES Nᵒˢ 20 et 21. — *C.* BRANCHE DE LA ROCHE-BREHANT.

BOISGESLIN.

1. Amaury du Boisgeslin, seigneur de Pontrivily, épousa en
   1507 Françoise Conen, dont :
2. Christophe du Boisgeslin, seigneur de Pontrivily, marié à
   Marie de Brehant, fille de Julien de Brehant, frère puîné
   d'Alain, seigneur de la Roche-Brehant (VIII), dont il eut :
3. Thibault du Boisgeslin, seigneur de Pontrivilly, qui épousa
   Radegonde de Rosmadec.

25 janvier 1522. — Acte par lequel Madelon de Brehant dame de la
Motte, femme d'écuyer Louis du Gouray, seigneur de Launay, reconnaît que le receveur de Lamballe l'a laissée jouir du rachat acquis à
la seigneurie par le décès de Jean de Guegen, son premier mari, du
tiers des héritages, terres et rentes dont était propriétaire le dit de
Guegen, et ce à raison du douaire, de la dite de Brehant.

(Archives départementales des Côtes-du-Nord).

DE SAVONNIÈRES.

Les enfants de Charles de Savonnières et de Jeanne de Brehant
furent :

1º Damian de Savonnières, reçu chevalier de Malte à Poitiers
   le 10 mai 1610, en même temps que René de Savonnières,
   son frère consanguin;
2º Philippe de Savonnières, mort en Picardie au régiment des
   gardes ;
3º Ralh de Savonnières, sieur d'Entre-deux-Bois;
4º Christophe de Savonnières, mort au siége de Casal;
5º Guillaume de Savonnières, seigneur d'Anvers;
6º Charles de Savonnières;
7º François de Savonnières, tué au secours de Casal ;
8º Louise de Savonnières, religieuse Carmélite au couvent
   d'Escoëts, près Nantes.

(Histoire généalogique de la maison de Savonnières,
par Trincart.)

DU BOUAYS.

(De sable à la fasce d'argent, bordée de gueules.)

Jean du Bouays, seigneur de Puymaugueur, épousa Perrine de la Lande. Il vivait en 1450.

François du Bouays, seigneur de Couësbouc, épousa : 1° Rollande Le Roux, fille et héritière de Jean le Roux, seigneur de la Chastière; 2° Perrine Fournier, dont :

Julien du Bouays, seigneur de Couësbouc, qui épousa, en janvier 1619, Marguerite de Brehant, dame de Builin, fille de Jacques de Brehant, seigneur de la Roche, et d'Anne Gédouin, dont :

> 1° Pierre du Bouays, seigneur de Couësbouc, marié à Pétronille du Perrier, dame du Larguet;
>
> 2° Jacques du Bouays, seigneur du Larguet, marié à Vincente Volance.

Janvier 1628. — Jean de la Rivière, sieur du Plessix-Hérupet, fils puîné de haut et puissant seigneur Charles de la Rivière et de dame de Lys, seigneur et dame de la Rivière, du Plessix et autres lieux, de la paroisse de Ploeuc, évêché de Saint-Brieuc, d'une part, et dame Françoise de Brehant, native de la paroisse de Vieuxviel, évêché de Rennes, fille de haut et puissant seigneur Gilles de Brehant, et de dame Philippe de la Piguelais, seigneur et dame de Launay, de la Roche-Brehant, le Chastellier et autres lieux. Le dit seigneur de Branieux et du Plessis, et la dite damoiselle du Chastellier de Brehant ont contracté publiquement et solennisé entre eux le saint Sacrement du mariage par paroles du présent, après avoir eu dispense attendu qu'ils étaient parents au 3e degré, ce qui les a obligés de se pourvoir vers sa Sainteté, notre Saint-Père, le pape Innocent XI, qui leur a accordé les dispenses le 3e jour de novembre dernier 1627, et en conséquence de ce qu'il leur a accordé dispenses, nous les avons légitimés et légitimons au saint Sacrement de mariage, dans notre église d'Yffiniac, après les bans faits des dits futurs époux tant à Ploeuc qu'à Vieuxviel en date du 1er janvier, 8 et 15 du même mois. Fait au prône de notre grande messe paroissiale sans aucune opposition ni empêchement. *Ont signé* : Françoise de Brehant; Jean de la Rivière; Louis-Jean Rault; Marguerite le Vicomte; Jacques de Brehant; Louis de Brehant; Tiennette Heliguen, dame de la Villehatte; Jacquemine de Lys, mère de l'époux; Peronnelle de la Rivière. (*Extrait des registres de la par. d'Yffiniac.*)

LA RIVIÈRE.

La maison de la Rivière (*d'azur à la croix engreslée d'or*), l'une des plus anciennes et des plus illustres de la province de Bretagne, et maintenant éteinte, datait de Geoff'oi qui vivait en 1250. Elle a donné cinq gouverneurs à la ville de Saint-Brieuc.

Le 29 mars 1629, fut baptisé Jacquemine, fille d'écuyer Jean de la Rivière et de dame Françoise de Brehant, seigneur et dame du Plessis-Hérupet et de Branieux. Parrain : écuyer Georges Jegou, sieur du Merdy ; marraine : Philippette de la Piguelais. Présents : Jacques de Brehant, sieur du Bras, Tiennette Héliguen, dame du Bras, Jean de la Rivière, père. Houze, recteur. (*Extrait des registres de la paroisse de Saint-Alban.*)

Le 2 avril 1629, le corps de haute et puissante dame Françoise de Brehant, dame du Plessis-Hérupet et de Branieux, a été inhumé dans la chapelle de la Villehatte, qui est en cette église de Saint-Alban. La dite dame morte le 2e jour d'avril, quatre jours après avoir accouché au château de la Villehatte l'an 1629. Présents : René du Breil, le sieur de la Villebouguays, Jacques Pansart, et autres qui ne signent. (*Extrait des registres de la paroisse de Saint-Alban.*)

PREUVES N° 22.

E. BRANCHE DE LA PLESSE ET DE LA VILLEHATTE.

L'on a dit dans le Mém. prél. que la filiation des seigneurs de la Plesse du nom de Brehant était établie sans interruption jusqu'à Guillaume do Brehant, fils de Bertrand et de Jeanne le Bigot, qui vivait en 1550 ; mais que, faute de titres, l'on n'avait pas été à même de certifier les degrés entre Guillaume et Claude de Brehant, seigneur de la Villehatte. Des renseignements survenus depuis et pour la plupart basés sur des pièces authentiques, permettent maintenant de donner la suite de la filiation d'une manière à peu près certaine. Cependant l'auteur de ce volume doit ajouter qu'il est seul responsable de cette continuation.

Au sujet de la Villehatte, il est à propos de faire remarquer ici, pour écarter toute confusion, qu'il existe deux terres de ce nom en Bretagne, l'une dans la par. de Saint-Alban que possédaient les Brehant de la branche do Galinée, l'autre sur le territoire de Corseul, ayant appartenue à la branche à laquelle elle a donné son nom.

12 mars 1507. — Acte de reconnaissance des droits de banc et d'enfeu dans l'église de la Bouillie à Jehan de la Motte, seigneur de la Motte-Rouge. Parmi les témoins Jehan de Brehant.

(*Archives de la Motte-Rouge.*)

Extrait des registres de la paroisse de la Bouillie, évêché de Saint-Brieuc.

1515. — Acte de baptême de Jacques de la Motte, fils d'Alain de la Motte, seigneur du Champ-Chappel, et de Merguerite Boulleuc. Parrain, Jean de Brehand, seigneur de la Plesse

Le 13 juillet 1519, fut baptisé Julien de la Motte, fils de François de la Motte, écuyer, et de Jeanne Rouxel, seigneur et dame de la Motte Rouge. Les parrains furent Valère Rouxel, seigneur de l'Hôpital, et Allain Gaultier. Marraine : Isabelle de Brehand.

1522. — Jean de Brehand, seigneur de la Plesse, parrain de Jean de la Motte, fils de François de la Motte, et de Jeanne Rouxel, seigneur et dame de la Motte Rouge.

Le 7 janvier 1523, Marguerite de Brehand, dame de Crehen, est marraine de Jean Rubé, fils d'Olivier et de Françoise Rouxel, seigneur et dame de la Ville Roland. Bertrand de Brehand, parrain.

24 avril 1526. — Jean de Brehand est parrain de Jean de la Motte.

1531. — Acte de baptême de Jeanne le Pugneix, fille de Guillaume et de Jeanne de Brehand.

1532. — Marguerite de Brehand, marraine de Marguerite Rouxel, fille d'Olivier et de Françoise Corfantou.

1533. — Acte de baptême d'Isabelle le Pugneix, fille de Guillaume et de Jeanne de Brehand. Isabelle de Brehand est marraine.

1533. — Jean de Brehand, seigneur de la Plesse, est parrain de François Boquien, fils d'Alain et d'Isabelle Guillemet.

1537. — Jean de Brehand, seigneur de la Plesse, est parrain de Jean Rouxel, fils d'Alain et de Marguerite Mahé.

1539. — Jeanne le Bigot (femme de Bertrand de Brehand) est marraine, avec Bertrande de Brehand, de Jeanne le Pugneix, fille de Guillaume et de Jeanne de Brehand. Le parrain est Jean Bocquien, seigneur de la Ville-Bellanger.

1539. — Gilles le Porc, seigneur de la Brousse, est parrain de Marie de Brehand, fille de noble homme Jean, seigneur de la Plesse, et de Radulpha du Fournel.

Le 11 octobre 1545, fut baptisé Jacques de la Motte, fils de Julien de la Motte et de Marguerite de Brehand, sa compagne, dame du Saint-Esprit. Parrains : Jean Mouesson, seigneur du Miroir, et Jean de la Motte, seigneur du Champ-Chappel; marraine : Anna de la Marie, dame de la Ville-Bellanger.

1546. — François Rouxel est parrain de Julienne de Brehand, fille de Bertrand et de Jeanne le Bigot.

1546. — Marguerite de Brehand, dame du Saint-Esprit, est marraine de Laurent de la Motte, fille de Jacques et de Jacquette Rogon, seigneur et dame du Champ-Chappel.

Le 25 septembre 1547, fut baptisé Jacques de la Motte, fils de Julien et de Marguerite de Brehand, seigneur et dame du Saint-Esprit. Parrains : Jacques Visdelou et noble homme Celanus Bosquien, seigneur de la Noë; marraine : Radulpha du Fournel, dame de la Plesse.

1548. Marguerite de Brehand est marraine de Jacques de Brehand, fils de Jean de Brehand, seigneur de la Plesse, et de Radulpha du Fournel.

1549. — Jean de Brehand, seigneur de la Plesse, et Marguerite de Brehand, sont parrain et marraine de Guillaume de Brehand, fils de Bertrand et de Jeanne le Bigot.

Le 5 octobre 1550, fut baptisé Jean de la Motte, fils de Julien et de Marguerite de Brehand, son épouse, seigneur et dame du Saint-Esprit. Parrains : Jean de Quellenec, seigneur de Bienassis, et François de la Motte, seigneur de la Motte-Rouge ; marraine : Louise de la Hunaudaye, dame de Bellonza.

Le 20 juillet 1554, fut baptisé Julien Rogon, fils d'Allain, seigneur de la Ville-Bargouet, et de Marguerite de Brehand. Parrains : Gilles de la Motte, seigneur du Pont-Hédé, et Jacques de la Motte ; marraine : Françoise Abraham, dame de la Ville-Gourhand.

En 1644, noble François de Brehand, sieur du Tertre, fut inhumé dans l'église de la Bouillie, à côté de l'escabeau de la Plesse.

En 1715, Renée de Brehand, dame de Trémereuc, est marraine de Pélagie de la Motte de la Tochaudière.

(Communiqué par M. le comte de la Motte-Rouge.)

La *Généalogie mss.* contient, sous forme de note séparée, le passage suivant qui ne se rattache pas à la filiation de la branche de Galinée, de Mauron et de Plélo ; mais il est évident que l'auteur a puisé ce renseignement à une source certaine, et qu'il est bien question ici de Jean de Brehant (V), seigneur de la Plesse, et de sa fille Marguerite : « Marguerite de Brehant, fille de Jean de Brehant, chevalier, et » de Guillemette de la Feillée, mariée à Jean Hérisson, seigneur de » la Villehelouin et du Chesnaye. »

20 décembre 1540. — Echange par Julien de la Motte, seigneur du Saint-Esprit, tant en son nom qu'en celui de damoiselle Marguerite de Brehand, son épouse, d'une pièce de terre contre 3/4 de froment de rente, mesure de Lamballe.

1641 et années suivantes. — Actes concernant le procès intenté à Pierre de la Motte, seigneur de la Motte-Rouge, par Gilles de la Motte, seigneur des Noës, et Vincent de la Motte, seigneur de la Ville-Agan, concernant la succession de Marguerite de Brehand, leur bisaïeule commune, femme : 1° de Julien de la Motte, seigneur du Saint-Esprit ; 2° d'Allain Rogon, seigneur de la Ville-Bargouet.

28 avril 1641. — Accord et transaction entre messire Pierre de la Motte, seigneur de la Motte-Rouge, et Marguerite Gaultier, femme de Noël Fynot, seigneur d'Angereville, au sujet de la succession de Marguerite de Brehand, leur aïeule, femme en premier mariage de Julien de la Motte, aïeul de Pierre de la Motte, et en second mariage d'Allain Rogon, seigneur de la Ville-Bargouet, dont : Françoise Rogon, qui épousa Louis Gaultier.

Extrait des archives de la Motte-Rouge, communiqué par Charles de la Motte, comte de la Motte-Rouge.

Le 13 juillet 1866.   C. DE LA MOTTE-ROUGE.

ACTE DE PARTAGE DE 1539.

L'Arrêt de la Réformation de 1668 concernant la famille le Pugneix contient le passage suivant :

8 mars 1539.— « Acte de partage, noble et avantageux, baillé par » Bertrand de Brehand, comme fils aîné, héritier principal et noble, à » Barthélemy le Saulnier, comme mari époux d'Isabeau de Brehand, sa sœur, et à Guillaume le Pugneix; aussi comme mari » époux de Jeanne de Brehand, aussi sa dite juveigneure, en la succession de défunte damoiselle Marie de la Motte, leur mère, que » femme épouse avait été en secondes noces de défunt Jean de Brehand, leur père, en date du 8 mars 1539, dûment signé et garanti. » (*Titres de le Saulnier de la Cour*).

Les le Pugneix appartenaient à une maison d'ancienne extraction éteinte dans la personne de Florianne le Pugneix de la Chesnaye, bisaïeule de Bonaventure Marie le Saulnier de la Cour, capitaine de frégate, marié, le 23 août 1854, à Marie-Frederica Grivel, fille du vice-amiral baron Grivel, sénateur.

LA MOTTE-ROUGE,

RAMAGE DE DINAN :

De sable, fretté d'or de six pièces.

Julien de la Motte, seigneur de la Motte Rouge, épousa, en 1536, Marguerite de Brehand, fille de Jean, seigneur de la Plesse, dont :

1º Jacques de la Motte, seigneur de la Motte-Rouge, marié à Catherine Rouxel, dont :

Jean de la Motte, seigneur de la Motte-Rouge, qui épousa Julienne de Kerbout ;

2º Jacques de la Motte, seigneur du Saint-Esprit, marié à Anne, dont :

Louis de la Motte, seigneur de Merille, qui épousa Raoulette de la Selle, héritière principale et noble de Fleury de la Selle, seigneur de la Sécardais ;

3º Jean de la Motte, seigneur de la Roche-Droux, marié a Catherine de Tréméreuc, dont :

Gilles de la Motte, seigneur du Tertre, qui épousa Anastase Bouan du Pridéro.

ROGON :

D'azur à trois roquets d'or 2. 1.

Allain Rogon, fils de Bertrand Rogon, seigneur de la Villebargouët, et de Françoise Collas, épousa, avant 1558, Marguerite de Brehand, veuve de Julien de la Motte, seigneur de la Motte-Rouge, dont il eut neuf enfants, entre autres :

    1º Julien, qui suit ;

    2º Françoise Rogon, qui épousa Louis Gauthier ;

    3º Jeanne Rogon, mariée à Clément le Sage, seigneur du Rocher.

Julien Rogon, seigneur de la Villebargouët, épousa Françoise de Visdelou, dont :

    Gilles Rogon, seigneur de la Villebargouët. Il épousa :
        1º en décembre 1616, Isabeau de Launay ; 2º en 1620, Jacquette de Treal. Ses enfants furent ;

    Du premier lit :

    1º Jean Rogon, seigneur de la Villebargouët ;

    2º Julien Rogon, seigneur de la Plesse ;

    3º Charles Rogon, seigneur de Kertanguy.

Les Rogon ont été déclarés nobles, d'ancienne extraction, par arrêt rendu en la Chambre de la Réformation le 15 mai 1669.

Extrait tiré de l'induction de l'arrêt de maintenue de noblesse de la maison de la Motte-Rouge du 18 janvier 1669.

Jacques de la Motte était fils de Julien de la Motte et de damoiselle Marguerite de Brehand, personnes d'illustres naissances, et ce Julien était fils de François de la Motte et de damoiselle Jeanne Rouxel, fille noble de la maison noble de la Bougrie.

Ces deux différents degrés de filiation se justifient par deux seuls actes, mais qui ne peuvent pas recevoir de contestation, et un acte de maintenue et de sauvegarde.

Le premier est le contrat de mariage passé entre ledit Jacques de la Motte et damoiselle Rouxel, qui est d'une ancienne maison noble du Val Roussel, et où ledit seigneur Jacques de la Motte, seigneur du Saint-Esprit, qui fut fils aîné, était héritier principal et noble d'autre noble écuyer François de la Motte, son père, et daté du dix-septième février mil cinq cent soixante.

Le deuxième est aussi le contrat de mariage dudit Julien de la Motte et dame Marguerite de Brehand, seigneur du Saint-Esprit, qualifié fils aîné présomptif, héritier principal et noble de François de la Motte, et daté du vingt-troisième octobre mil cinq cent trente-six ; plus des lettres de maintenues concédées par le roi Henri à François et Julien de la Motte, père et fils, pour les troubles à eux faits dans la possession de leurs terres et seigneuries, en date du cinquième jour de juin mil cinq cent quarante-six, et pour le montrer, induits lesdits trois actes signés, garantis et ensemble attachés, chiffrés et cotés.

Certifié conforme, le 15 octobre 1860.

                C. DE LA MOTTE-ROUGE.

Etat présent de la maison de la Motte-Rouge.

La branche directe vient de s'éteindre dans la personne de Charles-Marie, comte de la Motte-Rouge, fils de Charles-Louis-Hubert de la Motte, marié, en 1860, à Marguerite-Pauline-Nizida de Bigorie de Laschamps, mort sans enfants le 12 novembre 1866. Ses sœurs ont épousé : 1º Céline, née en 1828, Louis, comte de Lambilly ; 2º Elisa, née en 1840, Félix-Guérin de la Houssaye ; 3º Azélie, née en 1844, Léonce de la Goublaye de Menorval.

La branche aînée est représentée aujourd'hui par Joseph-Emmanuel-Désiré de la Motte (frère cadet de Charles-Louis-Hubert), comte de la Motte-Rouge, né en 1794, qui a épousé Julie-Augustine-Marie-Anne-Alexandrine de Goyon du Vaurouault, de la maison de Matignon, dont : 1º Raoul-Prosper-César-Henri-Joseph, né en 1824, marié en 1851, à Olympe-Marie le Bouëtoux de Bréjerac, dont : a. René, né en 1853 ; b. Raoul, né en 1854 ; c. Georges, né en 1855 ; d. Alain, né en 1859 ; e. Olympe, née en 1862. 2º Marie-Josèphe-Julie-Sévère-Louise, née en 1828 ; 3º Charles-Marie-Auguste-Jules-Joseph, lieutenant de vaisseau, chevalier de la Légion d'honneur, décoré de l'ordre de Medjedich, et des médailles de Crimée et de Chine, marié en 1867 à Marie-Elisabeth-Joséphine Longueville ; 4º Auguste-Henri-Charles-Marie, lieutenant de vaisseau, chevalier des ordres de la Légion d'honneur et de Saint-Ferdinand d'Espagne, et décoré des médailles de la valeur militaire de Sardaigne, d'Italie et de Chine, né en 1831, marié en 1863 à sa cousine germaine, Angélina-Bonne de la Motte-Rouge, dont : Louise-Marie-Augustine, née en 1864.

Le Iᵉʳ rameau est représenté par un second frère de Charles-Louis-Hubert : Armand-Marie-René de la Motte, vicomte de la Motte Rouge, né en 1795, marié, en 1826, à Marie-Augustine-Armande Floyde, morte en 1863, dont : 1º Armand-François-René-Auguste, né en 1829, marié en 1861 à Louise-Marie Esmangart de Bournonville, dont : Henri-Louis-Marie, né en 1862. 2º Marie-Augustine, née en 1827 ; 3º Julie-Caroline, née en 1863 ; 4º Angélina, née en 1838, mariée en 1863 à son cousin ; 5º Antonin-Jules, né en 1843.

Le IIº rameau est représenté par les enfants d'Emmanuel-Marie de la Motte, vicomte de la Motte-Rouge, capitaine de cavalerie, chevalier de l'ordre de la Légion d'honneur, né en 1799, marié en 1822 à Victorine Couppé des Essarts, mort en 1860, cousin germain de Joseph-Emmanuel-Désiré, et d'Armand-Marie-René. Ses enfants sont : 1º Edouard-Jules-Marie, vicomte de la Motte-Rouge, né en 1827, marié en 1864 à Berthe Martin, dont : Olivier. 2º Marie-Hyacinthe, née en 1823, mariée en 1848 à Charles de Lourmel, comte de Hourmelin ; 3º Victorine, née en 1826, mariée en 1847 à Henri du Pontavice de Bois-Henry ; 4º Marie-Thérèse, née en 1830 ; 5º Adèle, née en 1835 ; 6º Alphonse, sous-lieutenant, né en 1829 ; 7º Félicie, née en 1842.

Le III° rameau est représenté par les enfants de Joseph Marie de la Motte, de la Motte-Rouge, chef de bataillon au 5° régiment de la Garde royale pendant la Restauration, chevalier des ordres de Saint-Louis, de la Légion d'honneur et de Saint-Ferdinand d'Espagne, né en 1770, marié en 1802 à Agathe-Julie de la Motte de la Gûyomarais, mort en 1848, aussi oncle des précédents, dont : 1° Joseph-Edouard de la Motte-Rouge, général de division, grand-officier des ordres de la Légion d'honneur et du Medjedich, chevalier grand'-croix de l'ordre de Saint-Stanislas de Russie, chevalier-compagnon de l'ordre du Bain, grand-officier de l'ordre de Saint-Maurice et Lazare, décoré des médailles de Crimée, et de la valeur militaire de Sardaigne et d'Italie, marié le 12 octobre 1840 à Marie Pocquet de Livonnière, fille de Scevole Pocquet et de demoiselle Adélaïde de la Mothaye, descendant, en ligne directe, de Claude Pocquet, célèbre jurisconsulte, auteur de la *Coutume* d'Anjou et de plusieurs autres ouvrages ; 2° Agathe-Julie-Césarine, née en 1804, mariée en 1825 à François-Marie de la Goublaye de Ménorval ; 3° Adolphe-Casimir, né en 1809, décoré de l'ordre de Medjedich, marié en 1859 à Marie-Clotilde-Berthe le Sénéchal de Kerdreoret, dont : Marie-Joséphine, née en 1863. — Armes : *de sable, fretté d'or de six pièces.*

PREUVES N° 23.

F. BRANCHE DE LA ROCHE-BONNEUIL.

Les preuves relatives à cette branche sont rapportées dans le cours de la *Généalogie* et aux pages 60, 61 et 62 du *Mém. prél.*

PREUVES N° 24.

G. BRANCHE DU CHESNAYE, DE LOURME & DE LA MARCHE.

Toutes les recherches qu'on a faites pour établir la filiation et l'attache de cette branche sont restées sans résultats, et c'est en vain qu'on a tenté de recourir à cet égard aux registres anciens des paroisses où ses membres étaient possessionnés, les secrétaires des mairies auxquels on s'est adressé n'ayant pas répondu, probablement parce que ces registres anciens n'existent plus. L'on a consulté, dans le même but, plusieurs copies de la Réformation de 1668, entre autres celles des bibliothèques de l'Arsenal et de Nantes, dans l'espoir d'y trouver des inductions ou tables généalogiques de nature à fournir les renseignements absents, mais toutes ces copies se bornent à rapporter l'arrêt de maintenue rendu le 17 avril 1668 en faveur de François de Bréhant, seigneur du Chesnaye, et de Georges, seigneur de La Marche. Georges est mentionné comme neveu de François dans la copie de la Réformation de 1668, classée par ordre d'habitation, qui existe à la bibliothèque de Nantes.

PREUVES N° 25.

H. BRANCHE DE BREHANT DE L'ISLE.

1598. — Lettres patentes de gentilhomme ordinaire de la Chambre du Roi, en faveur de Jehan de Brehant, vicomte de l'Isle, données à Saint-Germain-en-Laye, le 26° jour de décembre 1598.

Signé : HENRY, et plus bas, par le Roi : Fusé.

(Acte du cabinet des Titres).

7 juillet 1583. — Transaction au sujet de la terre de Lestevenet, entre le seigneur vicomte de l'Isle, et messire Alain du Poulpry, comme mari époux de dame Françoise du Rouvre, sa compagne. Sont mentionnés dans cet acte : Antoine de Brehand, Jean de Brehand, Françoise du Rouvre, Alain du Poulpry, damoiselle du Poulpry, femme épouse de feu Claude d'Argentré, Antoine le Forestier, Bertrand du Rouvre, Nycollas du Rouvre, Gilles de Sévigné, François Harpin.

RIBAULT et LOCHET, notaires.

(Cabinet des Titres).

1663. — Acte de vente, en date du 16 avril 1663, moyennant la somme de 50,000 liv. au profit de N*** des Cognets, seigneur du Tertre, et de Jeanne Doudart, sa femme, de la terre et seigneurie de Saint-Eloy (par. de Ploeuc) par Anne de Brehant, héritière pure et simple de défunt son père, Jacques de Brehant, seigneur de Saint-Eloy, veuve en premières noces de messire Florent l'Evesque, seigneur de Langourla, et en second mariage de messire Anne de Maure, seigneur de l'Hermitage. *Signé :* Villemam, notaire (*Cabinet des Titres*).

LA RIVIÈRE.

XIV. Guillaume de la Rivière, seigneur de Saint-Quiollet, Kernouan, etc., vivait en 1471. Il épousa Jeanne Conen, héritière et dame de Boquého de la Motte et de la Ville Polo, fille de Jean Conen, écuyer, et de Marie de Visdelou. Dame de Boquého donna partage à Marguerite de Brehant, femme de Jean Piron, écuyer, laquelle Marguerite de Brehant était fille de Jeanne de Visdelou, et de son second mariage avec N*** de Brehant.

(Blancs-Manteaux, t. 76, partie cotée C., fol. 113).

Les autres preuves concernant la branche de l'Isle sont rapportées dans le cours de la Généalogie et aux pages 62, 63 et 64 du Mém. prél.

Fragment des Souvenirs de Madame de Brehant *dont il est question à la page* 54 *du Mémoire préliminaire. Ce passage a été
écrit peu de temps avant le décès de l'auteur arrivé dans le cours
de* 1860.

Au nombre de mes connaissances les plus assidues à cette époque,
je ne dirai pas la plus récréative, je citerai encore M. de T..., chargé
d'affaires de ..... Si je m'arrête un instant à cet insignifiant personnage qu'aucune qualité du cœur et de l'esprit ne recommandait essentiellement aux sympathies des autres, c'est uniquement parce
qu'il passait dans le monde moqueur des salons pour le premier
pique-assiette de Paris. Il pouvait dire avec la chanson : « Je dîne
» chaque jour en ville, et ne soupe jamais chez moi. » M. de T...
se gardait bien de protester contre cette réputation ridicule qui
avait trop son bon côté pour qu'il ne lui fît pas le sacrifice de sa
dignité personnelle. C'est là qu'il a donné la meilleure preuve de ses
talents diplomatiques. En somme peut être dans cette circonstance
était-il plus à plaindre qu'à blâmer, et devait-on s'en prendre principalement à la parcimonie de son gouvernement qui ne lui allouait
pour le représenter à Paris, la ville du luxe et des dépenses coûteu-
ses, qu'une chétive somme annuelle de 10,000 fr. sur laquelle il lui
fallait d'abord prélever ses frais de voiture ; une voiture est une exi-
gence à laquelle tout membre du corps diplomatique accrédité ne
saurait convenablement se soustraire. Réduit à cette maigre pitance,
M. de T..., qui n'était pas riche, aurait eu fort à faire pour avoir
maison montée.

M. de T.. parlait peu, probablement parce qu'en sa qualité de diplomate il croyait toujours avoir quelque chose à cacher. Je suis d'un caractère trop franc pour m'être jamais plû beaucoup dans la société
de Messieurs les diplomates, gens dont l'amabilité, entièrement factice
et de convention, est doublée de dissimulation et d'arrière-pensées, et
qui pour être à la hauteur de leur position doivent, selon lord Mal-
mesbury, savoir écouter et retenir, surprendre les secrets des autres
sans laisser soupçonner les leurs, et se présenter partout avec une
contenance ouverte mais impénétrable. M. de T... n'obéissait qu'à la
dernière de ces prescriptions, la nature s'y refusait. Il y avait chez lui
l'étoffe d'un robin et, Français, il aurait fait un excellent juge de première instance dans une petite ville de province.

L'on dit que les belles manières et la politesse traditionnelle du
siècle dernier ne sont plus guère pratiquées que par les personnes

attachées à la diplomatie; cela est vrai le plus souvent, et je pourrais citer à cet égard le comte Pozzo di Borgo que je rencontrais fréquemment chez le prince Paul de Wurtemberg, et le comte Elie de Moustier, oncle par alliance de M. de Brehant (grand-père du marquis de Moustier, présentement ambassadeur de France en Autriche), modèles de courtoisie et d'urbanité qu'on rencontre rarement à notre époque où la grossièreté et la morgue semblent être à l'ordre du jour, parfois même chez des gens haut placés que l'usage du monde et leur naissance devraient préserver de ces allures de parvenu; mais qui malheureusement pour eux n'ont rien de *chevaleresque* que leur origine. Ils sont vraisemblablement de l'avis d'un certain employé de chemin de fer auquel on reprochait sa rudesse, et qui répondit pour s'excuser qu'il n'avait pas le temps d'être poli. L'on en rencontre, de ces hommes, auxquels l'enivrement du pouvoir et un orgueil sans mesure ont complétement tourné la tête, à ce point que si l'on prenait la liberté grande de leur demander satisfaction d'une offense, « ils se plaindraient peut-être de leur grandeur qui les attache au rivage. » Pourtant ont-ils toujours raison d'être si vains de leur élévation ? Ne sait-on pas qu'avec des talents parfois très-contestables, mais rehaussés par un nom aristocratique et sonore, une réputation intacte et un grande fortune, l'on est certain de faire son chemin dans les régions gouvernementales pour peu qu'on ait cette ambition et qu'on fasse bon marché des antécédents politiques de sa famille. Placé dans ces conditions, l'on n'est évidemment alors qu'un personnage de parade et de représentation. Il en est de l'admission aux fonctions publiques, surtout dans la diplomatie, comme de celle à l'Académie française, dans l'un et l'autre cas la considération du nom et de la personne est plus souvent consultée que le vrai mérite.

Qu'on ne vienne pas nous dire après cela que la noblesse est devenue une distinction purement honorifique et qu'elle a perdu tous ses priviléges, puisqu'à l'aide d'une illustration nobiliaire habilement mise en lumière par des réclames généalogiques retentissantes, l'on peut arriver et prétendre à tout, se voir porté comme par enchantement et sans transition au faîte du pouvoir, et se poser hardiment homme d'état aux yeux du vulgaire, principalement si l'on a su se créer une spécialité en politique, celle, par exemple, de posséder à fond l'éternelle question Chinoise. Quel homme est assez sûr de sa philosophie pour accueillir un pareil coup de fortune sans concevoir la meilleure opinion de lui-même et sans se croire un rouage indispensable dans l'État ! Il faut certes déployer une bien grande supériorité d'esprit et de talent pour légitimer et se faire pardonner une position acquise aussi facilement.

Il fut un temps aussi où je voyais beaucoup M. Viennet. Il faisait alors profession d'être mon ami, mais depuis plusieurs années nos relations sont devenues moins fréquentes. Il est évident que son amitié pour moi n'a plus la même verdeur que par le passé et qu'il

me garde rancune de quelque chose. De quoi ? je ne saurais trop le
dire ; mais j'y pense ; peut-être dois-je attribuer sa froideur relative
à mon égard à une cause qui lui donnerait raison si je m'étais réellement rendue coupable du méfait qu'il me reproche. Voici le fait : un
jour, vers la fin du règne du roi Louis-Philippe, à la suite d'une dis-
cussion politique quelque peu orageuse, je me laissai aller, dans la vi-
vacité de la conversation, à le traiter de vieux niais. M. Viennet habitué à mes accès de franchise ne prit nullement la chose en mauvaise
part et ne fit qu'en rire. Mais voilà bien une autre affaire : à quelques
jours de là le *Charivari*, à cette époque on ne peut plus mal disposé
pour mon honorable ami, sa bête noire privilégiée, le choisit pour
sujet d'un article malveillant dans lequel il le qualifiait exactement
comme je l'avais fait lors de sa dernière visite, son nom devenant de
la part de ce journal le prétexte d'un pitoyable jeu de mots, étrange
coïncidence, il en faut convenir! Comment vous peindre la colère de
M. Viennet qui arrive furieux chez moi et m'accable de reproches,
m'accusant de complicité avec le *Charivari*? Moi complice du *Charivari* ! C'est en vain que je proteste très-sérieusement de mon inno-
cence, il se refuse à croire à mes chaleureuses dénégations, et me
quitte comme un tourbillon. J'affirme de nouveau n'avoir rien eu à me
reprocher dans cette circonstance. J'ajouterai même qu'au moment
où usant ou, si on l'aime mieux, abusant des droits de l'amitié, j'ai
apostrophé M. Viennet en termes un peu lestes, j'étais à cent lieues
de songer à l'odieux calembour qu'il m'attribuait...

Mes rapports avec M. Viennet datent de 1820. Nous occupions
alors l'un et l'autre un appartement dans une maison située boule-
vart de la Madeleine, qui a disparu depuis pour faire place à de nouvelles contructions. Il me prêtait force livres et m'honorait fréquemment de ses visites, bien que nous fussions rarement d'accord. Nous
ne nous entendions ni en religion, ni en politique; mais c'est pour cela
sans doute que nous nous convenions si bien. J'ai toujours pensé que
si nous avions été toujours du même avis, nous nous serions vus
moins souvent. D'ailleurs, la contradiction chez les autres ne me ré-
pugne nullement quand j'ai affaire à des gens de sens et d'esprit,
parce que me méfiant de mes propres raisonnements, je crains toujours de n'avoir pas fait, dans mes appréciations, une part assez large
à l'opinion adverse.

M. Viennet est un de ces hommes que le cardinal Mazarin appréciait
tant : il est né heureux; jugez-en : il est académicien, il a été député,
pair de France, l'*ami* du roi Louis-Philippe; il est arrivé, sain de
corps et d'esprit, à l'âge patriarcal de 83 ans, et antérieurement il a
rencontré sur le chemin de la vie une femme avec de la fortune qui
l'a épousé pour l'amour de ses vers. Cette séduction opérée sur le
cœur par la renommée poétique de M. Viennet m'a toujours un peu
surprise, sans doute parce que je me sentais incapable de l'éprouver à
ce point. Il a bien fallu cependant que ce mariage n'ait pas eu d'au-

tres motifs, car; quoique poète, M. Viennet ne rappelle guère physiquement l'Apollon du Belvédère, son patron, et il lui manque, comme moyen d'attraction, la belle tête de lord Byron ou de M. de Lamartine.

M. Viennet appartient à une de ces vieilles familles de la haute bourgeoisie qui, comme on le disait avant la Révolution, vivaient *noblement*, sans appartenir toutefois à la noblesse, bien que souvent, sous le rapport de l'ancienneté d'extraction, ils pussent rivaliser avec avantage avec certaines maisons des plus huppées du royaume au point de vue de la position aristocratique et des prétentions nobiliaires. Ces familles avaient leurs Généalogies, qui parfois s'appuyaient sur de curieuses traditions. Celle des Viennet, par exemple, fait remonter leur auteur à un Viennet, ministre de Didier, dernier roi des Lombards (173). Certes, voilà une origine que feraient valoir orgueilleusement bien des gentilshommes de nos jours dont les ancêtres ont monté péniblement dans *les carrosses du roi*, quand ils ont eu à faire leurs preuves de 1400.

Quiconque connaît son Paris n'est pas sans avoir vu ou entendu parler du célèbre docteur K...., si recherché des gens d'esprit, dont il était lui-même un des membres les plus brillants, sinon le plus châtié. Ses visites m'étaient particulièrement agréables, tant sa conversation était piquante et originale. On lui reprochait du cynisme dans ses discours; peut-être n'avait-on pas entièrement tort, et on lui aurait su gré d'avoir fait un peu plus souvent la toilette de son esprit en même temps que celle de sa personne; car le docteur, il faut en convenir, n'était pas toujours d'une propreté irréprochable sur lui.

Je crois que M. K...., avait plus d'amis que de malades. Quant à moi, je n'ai jamais songé à m'enrôler parmi les derniers. Il me semble qu'il était trop homme du monde pour avoir pu s'occuper sérieusement de médecine. Le médecin qui aspire à acquérir l'expérience indispensable à sa profession pour ne pas mettre en péril la vie de ses clients, doit constamment étudier, observer et se tenir au courant des progrès de la science; sa place est au chevet des malades, dans les hôpitaux, dans son cabinet de consultation, et nullement dans les salons, où il ne doit se montrer qu'incidemment et jamais à titre d'habitué. Il ne faudrait pourtant pas conclure de ce que je viens de dire, que le docteur K.... fût dépourvu de connaissances médicales; je suis même tout disposé à penser qu'il avait passé ses examens et soutenu sa thèse de la manière la plus brillante. Je crains seulement qu'une fois son diplôme de médecin en poche, il ait plus songé à plaire à ses semblables qu'à soulager leurs maux,...

M. K.... était né à Berlin, et c'est là que M. de Brehant avait fait sa connaissance pendant l'émigration, ainsi que celle du baron Delmar, également prussien. Plus tard, ces messieurs se retrouvèrent à Paris avec plaisir...

LISTE

De quelques ouvrages à consulter au besoin sur la maison de Bre-
hant et divers de ses membres. Ceux dont il a déjà été question
dans la GÉNÉALOGIE DE BREHANT *n'y sont pas mentionnés, sauf*
quelques exceptions.

Mémoires pour servir de preuves à l'Histoire ecclésiastique et civile
de Bretagne, par *D. Morice. T. 1.* BRIENT, BREHANT : col. 513,
524, 686, 701, 704, 1010, 520, 523, 655, 1026, 1039, 1087, 1234,
1289, 1505, 1514, 1582, 1644, 1650, 1655 et 1657. *T. 2,* col. 104,
436, 669, 766, 903, 1103, 1303, 1306, 1307, 1308, 1513, 1554, 1578,
1580, 1717, 1727 et 1754. *T. 3,* col. 121, 125, 388, 972, 1098, 1243,
1391, 1441 et 1442. — Histoire de Bretagne, par *D. Lobineau. T. 2,*
p. 964, 1051, 639, 425, 495, 574, 1051, 1053, 1054, 1123, 1208, 1368
et 1469. — Histoire généalogique des grands officiers de la Couronne,
par le *P. Anselme. T. 4,* p. 79. *T. 6,* p. 518. *T. 7,* p. 1519 et 729.
T. 10, p. 336. — Armorial général, par *d'Hozier. 1er registre*, p. 335,
623, 634. — Armorial général de France de 1696 mss. par Charles
d'Hozier, BREHANT. Bretagne, *T. 1,* p. 4, 5, 128, 249, 252, 405,
413, 459, 473, 541, 615. *T. 2,* p. 219. — Portefeuille des Blancs-
Manteaux, mss. de la Bib. Impér[le], 3584. *T. III*[b], p. 159, 161.
T. LXXVI[d], p. ...... — Armorial général de l'Empire français, par
Henri Simon, 1812. — Indicateur nobiliaire, par *d'Hozier*, 1815. —
Annuaire historique, par Saint-Allais, année 1835. — Armorial général de Bretagne, par *Briant de Laubrière*, 1844. — Souvenirs *de*
Créqui : le 10e vol. — Annuaire de la Noblesse, par *Borel d'Haute-*
rive, années 1843 et 1849-1850. — État de la noblesse bretonne d'ancienne extraction, par le *comte H[te] du Plessis de Grenédan*, 1844.
— Nobiliaire et Armorial de Bretagne, par *P. Potier de Courcy*,
3 vol. in-4°, 1862. — L'Ouest aux Croisades, par *H. de Fourmont*,
3 vol. in-8°, 1866. — Indicateur du Grand Armorial général, par
C. d'Hozier, in-8°, Paris, Bachelin-Deflorennes. — État présent de
la noblesse française, in-4°. Paris, Bachelin-Deflorennes, années 1866
et 1867. — Bibliothèque danoise, 2e partie, p. 434 à 444. — Recueil
de l'Académie royale des Sciences. — Recueil de pièces intéressantes
et peu connues, par *de la Place*. — Chronologie militaire, T. 8, p. 434
et suivantes. — *Le Comte de Plélo*, roman historique publié en 1866
dans le *Grand Journal*, par *M. d'Almbert*. Ces cinq derniers ouvrages ont rapport au comte de Plélo.

TABLE DES MATIÈRES

VERSAILLES. — IMPRIMERIE CERF, 59, RUE DU PLESSIS.

www.ingramcontent.com/pod-product-compliance
Lightning Source LLC
Chambersburg PA
CBHW062219270326
41930CB00009B/1792